教育部人文社会科学一般项目（青年基金11YJC720019）研究成果
宁波工程学院学术专著出版基金资助出版

*Resuscitation of Rationalism:*
*Study on Chomsky's Philosophy of Language*

# 理性的复兴
## ——乔姆斯基的语言哲学思想研究

胡朋志 著

北京师范大学出版集团
BEIJING NORMAL UNIVERSITY PUBLISHING GROUP
安徽大学出版社

**图书在版编目(CIP)数据**

理性的复兴:乔姆斯基的语言哲学思想研究/胡朋志著. —合肥:安徽大学出版社,2014.4

ISBN 978-7-5664-0728-3

Ⅰ.①理… Ⅱ.①胡… Ⅲ.①乔姆斯基,N—语言哲学—研究 Ⅳ.①H0

中国版本图书馆 CIP 数据核字(2014)第 041845 号

## 理性的复兴——乔姆斯基的语言哲学思想研究　　　胡朋志 著

| | |
|---|---|
| 出版发行: | 北京师范大学出版集团 |
| | 安 徽 大 学 出 版 社 |
| | (合肥市肥西路 3 号 邮编 230039) |
| | www.bnupg.com.cn |
| | www.ahupress.com.cn |
| 印　　刷: | 中国科学技术大学印刷厂 |
| 经　　销: | 全国新华书店 |
| 开　　本: | 170mm×230mm |
| 印　　张: | 14 |
| 字　　数: | 225 千字 |
| 版　　次: | 2014 年 4 月第 1 版 |
| 印　　次: | 2014 年 4 月第 1 次印刷 |
| 定　　价: | 32.00 元 |

ISBN 978-7-5664-0728-3

| | | | |
|---|---|---|---|
| 策划编辑:钱来娥 | | 装帧设计:李　军 | |
| 责任编辑:钱来娥　李　梅 | | 美术编辑:李　军 | |
| 责任校对:程中业 | | 责任印制:赵明炎 | |

**版权所有　　侵权必究**

反盗版、侵权举报电话:0551—65106311

外埠邮购电话:0551—65107716

本书如有印装质量问题,请与印制管理部联系调换。

印制管理部电话:0551—65106311

# 前　言

乔姆斯基作为语言学家的地位已得到举世公认，但他在哲学领域却一直没有受到应有的重视，这种情况在国内尤为突出。本研究将主要关注乔姆斯基语言研究的哲学贡献，通过理论梳理与对比分析，论证乔姆斯基重要哲学家的身份，并明确他对复兴传统理性主义认识论所做出的卓越贡献。

乔姆斯基对于哲学的关注源于他对语言的思考。以下三个问题及乔姆斯基的回答表明了其语言与哲学研究的整体思路。首先，什么是语言？乔姆斯基的回答是：语言是人类的生理官能，它是内在的、个体的、内涵的，不存在公共的语言。其次，为什么要研究语言？乔姆斯基认为，在当前自然科学还无法解释人类认识现象的情况下，对于语言的研究将会为解开人类认识之谜提供一把钥匙。最后，如何研究语言？乔姆斯基采用了内在化、理想化、形式化的路径，分别强调了人类生理基础赋予的猜测本能、突出重点的自然科学研究模式与形式演绎的理论构建方法。乔姆斯基对语言的思考既是理性主义的，同时又包含着分析哲学的特征。

乔姆斯基语言哲学思想的出发点与归宿均可以概括为我们是如何在证据如此之少的情况下知道得如此之多的。蒯因曾发出过十分相似的追问，这一问题同时也是历代认识论哲学家们关注的基本问题，我们不妨称之为"认识论之谜"。乔姆斯基对于"认识论之谜"的解答遵循了传统理性主义的基本思路，主要表现为：一方面他承认天赋性的存在，认为人天生就具有一定的知识结构，经验并不是知识的唯一来源；另一方面，他坚持采用内在的理论构建路径来形成认识、推进研究，这一路径的特点是内在化、理想化、形式化。假说与演绎是理论形成与构建的基础。然而，乔姆斯基对于传统理性主义的复兴并不意味着传统理性主义的复辟，乔姆斯基的理性主义是经过自然化改造的理性主义。具体说来，首先，乔姆斯基将天赋性定义为"生理遗传"，即经过自然进化而来并具有基因世代遗传的生物特征；同时，乔姆斯基并没有如笛卡尔一样对经验持否定态度，在他的理论构建过程中，经验始终是理论的起点与最终的验证依据。其次，乔姆斯基的研究方法遵循了自然科学中最为普遍的"假说＋检验"模式。这一模式要求以经验为基础，对经验或现象背后的本质做出大胆"猜测"，形成假说，然后通过演绎形成具体认识，并交付后续经验检验。这一模式的采用有两个依据，分别是溯因推理逻辑（皮尔士）与"伽利略—牛顿风格"。正是通过对这两个方面的自然化改造，乔姆斯基有效地实现了对传统理性主义的复兴。

基于自然化改造之后的理性主义思想，乔姆斯基尝试对"认识论之谜"做出自己的回答。在他看来，人类对于世界的认识是两个方面共同作用的结果：人类进化而来的生理基础与接触世界的经验，前者决定认识的形式与内容，后者激发认识活动产生并检验认识结果。这一回答实现了对笛卡尔理性主义思想的自然科学式解读，并且是对康德先验论的经验化改造。由此看来，乔姆斯基无愧于理性主义的"当代复兴者"这一称号。蒯因基于经验主义的基本立场，同样力图用自然主义来改造传统认识论，但与乔姆斯基相比，蒯因的改造不够彻底，因此没能成功。

本研究以乔姆斯基的语言学研究为切入点，以他对理性主义思想的自然化改造为主线，通过理论梳理与对比研究，论证乔姆斯基在认识论研究中所做出的重要贡献，并基于此论证传统理性主义认识论在当代复兴的必要性与可行性。全书共分为7章，第1章是绪论，介绍研究的由来和必要性；第7章为结论，主要总结乔姆斯基的哲学家、科学家与政治评论家身份及它们的共通之处。全书的主体部分共分5章：第2章论述乔姆斯基语言理论对传统理性主义与分析哲学的继承关系；第3章重点介绍乔姆斯基的几个主要理论成果（天赋语言观、I—语言、原则与参数框架）及它们对于认识论研究的意义；第4章分析乔姆斯基的研究方法，其中乔姆斯基对皮尔士溯因推理的继承与他对"伽利略—牛顿"式科学研究方法的运用是论述的重点，同时本章第3节通过对比蒯因自然化的认识论，阐明了乔姆斯基方法论的自然主义;第5章基于对语言与儿童语言习得的不同理解,对比研究乔姆斯基与蒯因的自然化认识论思想,并通过对比初步明确乔姆斯基作为传统理性主义认识论挽救者与复兴者的历史定位;第6章主要从语言观与本体论两个角度总结乔姆斯基对于认识论研究的理论贡献,并基于此分析两个哲学研究中争论已久的话题:私人语言与心灵自然化。

# 目 录

第1章　绪论 ·································································· 1

第2章　乔姆斯基语言哲学思想的理论继承 ···················· 7
  2.1　理性主义传统 ················································· 8
  2.2　分析哲学：卡尔纳普、蒯因、古德曼 ··············· 23
  2.3　本章小结 ······················································ 34

第3章　柏拉图的问题：语言知识如何习得 ···················· 39
  3.1　天赋语言观 ···················································· 41
  3.2　语言官能（I—语言） ······································· 54
  3.3　原则与参数框架 ············································ 63
  3.4　本章小结 ······················································ 77

第4章　方法论的自然主义：语言与心智的研究方法 ······ 80
  4.1　溯因推理 ······················································ 82
  4.2　伽利略—牛顿风格 ········································· 90
  4.3　方法论的自然主义 ········································ 100
  4.4　本章小结 ···················································· 106

## 第 5 章　殊途同归：乔姆斯基与蒯因认识论思想对比研究 …… 109

    5.1　概念澄清：什么是"语言"？ …… 109

    5.2　殊途：儿童如何习得语言？ …… 124

    5.3　同归：认识论研究的自然化 …… 138

    5.4　本章小结 …… 151

## 第 6 章　理性主义的复兴 …… 154

    6.1　认识论的困境 …… 155

    6.2　乔姆斯基对分析哲学传统的超越 …… 165

    6.3　语言规则遵守与私人语言论证 …… 176

    6.4　心灵的自然化之路 …… 185

    6.5　本章小结 …… 197

## 第 7 章　结论 …… 199

## 参考文献 …… 205

## 后记 …… 213

# 第1章

## 绪 论

乔姆斯基总是与争议相伴。在语言学方面,他认为语言学研究只应专注于句法,并只能从内部研究其结构与生成,这无疑受到了结构主义语言学家、语义学家以及随后的语用学家、认知语言学家的大力批判;在哲学方面,他力主复兴传统理性主义,这又无疑与当时风头正劲的经验主义背道而驰,因而受到了广泛批判;在政治评论上,他极力批评西方民主制度的伪善与美国在外交政策上的操控,由此而受到冷落甚至排挤。然而,争议与批判越多,越凸显了乔姆斯基地位的重要。早在20世纪60年代,由弗兰克·克莫德主编的"冯塔纳现代大师"系列中就有《乔姆斯基》(约翰·莱昂斯著,1970)一书。这一系列中与乔姆斯基并列的大师还包括马克思、尼采、弗洛伊德等。1970年,罗素逝世,英国剑桥大学三一学院为纪念他设立了罗素讲座,乔姆斯基被推选为首位演讲人。不仅如此,乔姆斯基还被《纽约时报》称为"至今还健在的可能是最重要的知识分子"。根据艺术和人文引文索引,1980年至1992年间,乔姆斯基是文献被引用次数最多的健在学者。

著名人物总会被冠以各种头衔,乔姆斯基也不例外。乔姆斯基通常被认为是语言学家、哲学家、科学家、政论家等,其实他还有两个更为宏观的头衔:思想家与公共知识分子。相信除了乔姆斯基传记类的著作之外,一般的研究均难以穷尽以上所有头衔的内涵。在本书中,我们将接受第一个头衔——语言学家,但研究目的还在于澄清第二个头衔——哲学家;同时为了保持论述的完整性与思维的连贯性,我们将在书的结尾处非常简要地论及其最后一个头衔——公共知识分子。我们认为,乔姆斯基的研究主体是语言学,但语言学不是他研究的最终目标。"语言是心灵的镜子",透过语言学研究,乔姆斯基旨在找到一把解开心灵之谜的钥匙。语言学研究与心灵研究共通的一条基本线索便在于对以下问题的回答:我们是如何在贫乏的语言/经验输入的情况下获得汹涌的语言/理论输出的。这一问题显然也是哲学认识论转向以来众多哲学家希望能够回答的基本问题。认识论研究构成了乔姆斯基理论研究的主要内容,他的公共知识分子身份则是其理性哲学家身份的合理延伸。

视乔姆斯基为哲学家,这本身并不是一个新的论题,但是这个问题处在学科交叉点的特殊位置。这个论题虽被不同学科领域的研究者长期提及,却从未获得深入探讨。在本研究中,我们将尝试澄清两个基本问题:①乔姆斯基对于认识论研究的理论贡献;②乔姆斯基作为哲学家的身份定位。问题①是问题②的基础。在进入本研究的主体论述部分之前,我们有必要先回顾一下前人已有的研究成果,这将一方面为我们的研究提供一个更高的起点,另一方面也使我们的研究主旨更为突出。

我们先从上面的第二个问题开始论述,即在现有研究中乔姆斯基的哲学家身份是否获得了认可。研究者们对于乔姆斯基是否可被称为"哲学家"存在三种不同的观点。第一种观点认为乔姆斯基无疑是一位重要的哲学家[1]。持这种观点的多为乔姆斯基语言学理论的支持者。这些支持者多为语言学家,他们得出这一结论多是基于语言学视角而非专业的哲学分析,因而这种观点难以令人信服。第二种观点认为乔姆斯基算不上一位哲学家。持这种观点的多为乔姆斯基语言学理论的批判者,他们认为乔姆斯基在语言学研究中所声称的"对理性主义传统的继承"不合时宜[2],"对自然主义的宣扬"又与自然科学研究成果不相符合[3],所以他的哲学贡献也就无从谈起,当然他也就不是什么哲学家。与第一种观点相似,这种观点也缺乏专业的哲学研究作为基础,因而亦不足以令人信服。

第三种观点来自哲学界,但这一观点本身并不清晰。哲学界普遍认可乔姆斯基的(语言)理论具有一定的哲学影响,但并不依此就判定乔姆斯基是一位哲学家。根据我们对中国国家图书馆、北京大学图书馆以及浙江大学图书馆的相关文献所做的调查,1949 至 2010 年间由国内学者撰写的哲学史、哲学词典或年鉴中共有 36 本设专门章节或词条对乔姆斯基及其理论进行了说

---

[1] N. Smith, *Chomsky: Ideas and Ideals*. Cambridge University Press, 2004, p. 1.
[2] 石毓智:《认知能力与语言学理论》,学林出版社,2008。
[3] S. Pinker & R. Jackendoff, "The Faculty of Language: What's Special about It", *Cognition*, 2005(95), pp. 201—236.

明,这其中影响较大的包括刘放桐主编的《现代西方哲学》(1981,第10章第5节)、全增嘏主编的《西方哲学史》(1985,第14章第2节)、涂纪亮著的《分析哲学及其在美国的发展》(1987,第11章第2节)、涂纪亮主编的《当代西方著名哲学家评传》(1996,第7章,尹大贻著)、陈嘉映著的《语言哲学》(2003,第13章)等。在部分著作中,乔姆斯基甚至获得了与弗雷格、罗素、维特根斯坦、蒯因、戴维森等著名哲学家相等的论述篇幅,这似乎说明其哲学家的地位已获得了认可。同样,在国外研究者撰写的著作中我们亦不难找到相似的论述,如卡尔—奥托·阿佩尔的《哲学的改造》(1980,第6章)、A. J. 艾耶尔的《二十世纪哲学》(1982,第9章第1节)、施太格缪勒的《当代哲学主流(下)》(1986,第1章第1节)等著作似乎也同样赋予了乔姆斯基独立的哲学家地位。这也就不难理解吉尔伯特·哈曼在其主编的《论乔姆斯基——批评文集》的绪论中宣称"没有比乔姆斯基的语言理论对当代哲学影响更大的了"[①]。

乔姆斯基的哲学学说伴随着当代(美国)主流哲学家的论辩而形成并不断发展。虽然他的观点并不一定会获得论辩对手的认可,但在这些论辩中他逐渐赢得了对手的尊重。比如,塞尔认为乔姆斯基的著作是"当前世界最为令人称道的智力成就"(Searle, J., 1972);普特南将乔姆斯基视为"一个主流的哲学家与一个伟大的语言学家",并且"最终正确地对蒯因的观点进行了反驳"(Putnam, H., 1989);当蒯因被问到自己的批评者中谁的作品最值得阅读时,他毫不犹豫地回答"是乔姆斯基的作品"(Dennett, D., 1995)[②]。

然而,仔细研读以上著作,我们却又不难发现,其中仍然存在着诸多的问题。

首先,国内哲学研究者对于乔姆斯基及其理论的论述角度非常狭窄,多只局限于他的语言理论本身,而对于其更为重要的认识论思想却少有论述。不仅如此,国内学者对于乔姆斯基思想的解读多止于其80年代的著作,很多学者还在重复讨论"深层结构与表层结构"和"天赋语言观"等概念。实际上就这两个概念而言,前一个在乔姆斯基的后续研究中已被摒弃,后一个已被

---

① Gilbert Harman, (ed.), *On Norm Chomsky: Critical Essays*. University of Massachusetts Press, 1974, p. Ⅶ. 该书是《现代研究》哲学系列中的一卷。
② http://www.uea.ac.uk/~j108/chomsky.htm

完全纳入自然科学的研究范围。

其次,国内哲学研究者对于是否应该深入研究乔姆斯基的理论体系犹豫不决。他们一般认为"乔姆斯基的理论虽然富有哲学意趣,但其主要内容是语言科学而不是哲学"[①]。而对于"语言科学",哲学研究者们难以深入,同时更不愿深入,这就导致了对于乔姆斯基哲学思想研究的基础性缺陷。

再次,虽然相对于国内有关乔姆斯基的研究而言,国外相关研究要深入、系统得多,但其中仍然存在着诸多问题。这些问题首先表现为片面性,即多数研究者只是选取与自己立场相关的乔姆斯基观点加以论述或反驳。如在以上列举的著作中,阿佩尔仅将乔姆斯基理论设定为"一个科学哲学的案例",并通过批判乔姆斯基对于语用的忽视来确立自己的"先验语用学"思想;艾耶尔同样也是基于自己对洛克"十分同情"的立场,简洁而又委婉地批评了乔姆斯基的"天赋"学说。这种片面性还充分体现在国外主流哲学家对于乔姆斯基理论的论述多以反驳的形式出现。乔姆斯基的理论旨在颠覆主流的经验主义哲学,基于这一基本立场,他对当代的主要哲学家均进行了猛烈的批判。所以,无论是为了维护经验主义还是为了维护其各自的哲学观点,当代诸多的重要哲学家均对乔姆斯基进行了强硬的反驳。然而可惜的是,这些哲学家对于乔姆斯基的论述也多仅限于反驳,都缺乏对乔姆斯基哲学思想的系统研究。

最后,乔姆斯基引起哲学界普遍关注的最重要的原因在于他与当代几乎所有的重要哲学家均有过反复且激烈的争论,这些哲学家包括蒯因、戴维森、古德曼、塞尔、普特南、克里普克等。我们可以想象一个身处经验主义者围攻之下而又坚守自我的理性主义者被不断反驳时的艰难处境。这些争论一方面有利于乔姆斯基哲学思想的传播;但另一方面,也正是因为过多的争论,尤其是与经验主义哲学家的争论,乔姆斯基被完全树立在经验主义的对立面上,以至于他作为传统理性主义的复兴者这一身份被固定化,而他哲学理论的另一个特质——自然主义——很多时候却被研究者遗忘了。如果缺少了"自然主义"这一标签,乔姆斯基的理性主义似乎只能回复到笛卡尔的"天赋论"思想,对于乔姆斯基的众多误解也就由此产生了。

以上我们选取了宏观视角,简要综述了语言学界与哲学界对乔姆斯基哲

---

① 陈嘉映:《语言哲学》,北京大学出版社,2003年,第256页。

学家身份的定位,并指出了相关研究的不足。以下我们将回到上面提到的第一个问题,从微观的角度简要综述乔姆斯基对哲学研究的理论贡献。

如上文所述,在哲学领域,乔姆斯基既是主流经验主义哲学的批判者,也是传统理性主义哲学的复兴者。就批判者角色而言,根据东安格里亚大学(The University of East Anglia)的教授约翰·柯林斯(John Collins)的总结,乔姆斯基的哲学批判思想共有 23 条,其中最重要的几条包括"反对行为主义"、"反对意义不确定性原则"、"反对蒯因有关分析/综合的批判"、"反对(作为科学方法的)还原论"、"反对公共语言"、"反对语言唯名论"、"反对自然化研究路径中的本体论诉求"等[①]。"批判者"身份同时也强化了"复兴者"身份。乔姆斯基理论的最大特征就在于复兴了传统理性主义的天赋论(innateness)。天赋论是乔姆斯基思想体系中被论述最多的理论,同时也是引起最大争议[②]、受到最多批评[③]的理论。研究者们多基于笛卡尔的天赋观念论来理解乔姆斯基的理论,这自然有其道理,因为乔姆斯基对此有过明确表述[④]。但可惜的是,研究者们在关注乔姆斯基天赋论的同时,忽视了乔姆斯基在随后的著作中对理性主义传统的重新解读与对理性主义精神内核的重新界定[⑤]。这种忽视的直接结果就是促使研究者与一般读者过于关注乔姆斯基理论的内在性方面,并由此进一步得出乔姆斯基反对客观经验的结论。例如,上世纪系统研究乔姆斯基思想最为重要的著作《乔姆斯基的思想系统》[⑥]认为,乔姆斯基思想体系最主要的特征是主观性(subjectivism),并认为这一特征具体体现在其理性主义、个体主义与心智主义之中。对于这本著作中的理解错误我们觉得情有可原,因为一方面,乔姆斯基在其早期著作中对自然主义的论述不够充分;另一方面,该书作者又无法接触到乔姆斯基的

---

① http://www.uea.ac.uk/~j108/chomsky.htm
② N. Smith, *Chomsky: Ideas and Ideals*. Cambridge University Press, 2004, p. 167.
③ N. Chomsky, "Reply to Gopnik", Louise M. Antony and Norbert Hornstein. *Chomsky and His Critics*[C]. Blackwell Publishing Ltd., 2003, p. 316.
④ N. Chomsky, *Cartesian Linguistics*. Harper & Row, 1966. 乔姆斯基在这部著作中完整追溯了自己理论的理性主义根源。
⑤ 主要参见:N. Chomsky, *Language and Problems of Knowledge: The Managua Lectures*. MIT Press, 1988; *New Horizons in the Study of Language and Mind*. Foreign Language Teaching and Research Press, 2002.
⑥ Fred D'Agostino, *Chomsky's System of Ideas*. Oxford University Press, 1986.

后期著作。但时至今日,仍有大量研究"停留"在这一早期的误解上,就有些让人难以理解了。

乔姆斯基理论中与哲学直接相关的内容很多,包括"方法论的自然主义"、"天生知识结构设想"、"身一心统一观"、"语言表征与计算模式"、"分析/综合的区分"、"内在语言"、"语言规则遵守"、"学科统一观"等等。然而,哲学研究者们对这些的研究还十分零散,缺乏一条将之统一起来的线索。我们认为,这一被普遍忽视的线索就是自然主义。循着这一线索,我们就会发现乔姆斯基是一个反经验主义者,但他并不反对经验本身。事实上,在乔姆斯基的认识论思想中,经验依然扮演着知识激发者与仲裁者的角色。在乔姆斯基的理论中,经验是知识产生的必要条件,但不是充分条件,知识的产生还必须依赖于人类进化而来的生理机能。以自然主义为主线,我们还会发现,乔姆斯基并不是对传统理性主义进行简单复原,乔姆斯基理性主义的最大特征是自然主义。

如上所述,乔姆斯基的确对哲学研究做出了贡献。但总体而言,乔姆斯基在哲学界并没受到应有的关注。贝尔戈兰米(Akeel Bilgrami,1993)与荷曼(Gilbert Harman,2001)就认为"哲学家对于乔姆斯基的作品持有一种令人不解的漠视态度",这不仅"十分尴尬",而且"代价高昂"[①]。

基于此,本研究可算是对以上漠视与不足的一次补救。我们将全面而系统地论述乔姆斯基的认识论思想,阐明乔姆斯基的哲学贡献,并明确其作为哲学家的身份。

---

① 参见:Akeel Bilgrami, *In Chomsky, Language and Thought*. Moyer Bell, 1993, pp. 58—59;Gilbert Harman, "Review of Chomsky: New Horizons in the Study of Language and Mind", *The Journal of Philosophy*, 2001, pp. 265—269.

# 第 2 章

# 乔姆斯基语言哲学思想的理论继承

一般认为,乔姆斯基语言与认识论思想的理论基础是传统理性主义。乔姆斯基反复强调自己是理性主义者,研究者们对此并无异议,但实际上乔姆斯基对于自己的理论基础问题还有过不同的表述。

(1) 理性主义传统。乔姆斯基认为,17 世纪天才们的伟大思想现在被"忽视"了,因而有必要重新提及这些伟大的思想,复兴理性主义传统。为此,基于自己对语言本质与语言习得的相关研究,乔姆斯基专门撰写了《笛卡尔的语言学:理性主义思想史》(*Cartesian Linguistics: A Chapter in the History of Rationalist Thought*)中的一个章节,追溯了生成语言学的理性主义传统。其后,随着对语言知识与语言习得研究的深入,乔姆斯基深化了理性主义传统的科学内涵,重新解读了笛卡尔的理性主义思想,从而为这一重要传统思想在当代的复兴打下了基础[①]。

(2) 皮尔士的溯因推理逻辑。乔姆斯基早在 1968 年就明确引述了皮尔士的哲学思想[②],在以后的著作中也不断地重复引述。当被问及他的思想与哪位哲学家的思想最接近时,乔姆斯基说:"我觉得我最为接近的哲学家是皮尔士,我几乎是皮尔士的释义者。"[③]乔姆斯基对于皮尔士的借鉴仅体现在溯因推理的理论构建逻辑上,与此相关的内容将在第 4 章进行论述。

(3) 分析哲学(尤其是卡尔纳普、蒯因与古德曼的哲学思想)。乔姆斯基在宾夕法尼亚大学期间曾师从古德曼,其后又在后者的建议与帮助下成功申请到哈佛大学研究奖学金,得以在蒯因等人的指导下学习哲学。由此我们并

---

① 主要可参见:N. Chomsky, *Knowledge of Language: Its Nature, Origin, and Use*. Greenwood, 1985 等。

② N. Chomsky, *Language and Mind* (first edtition). Harcourt Brace, 1968, p.78.

③ N. Chomsky, *Language and Responsibility*. Pantheon, 1977, p.71.

不难理解乔姆斯基在其发表的第一篇论文("Systems of Syntactic Analysis")的第一页下的脚注中特别说明自己借鉴了蒯因与古德曼的"结构系统"(constructional systems)与"唯名论句法"(nominalistic syntax)。不仅如此,在生成语言学的奠基性著作《句法结构》(*Syntactic Structures*)中,乔姆斯基同样明确表示,"本研究过程受到了蒯因与古德曼著作的强烈影响"[①]。

为解决乔姆斯基研究的理论基础问题,本章将从两个方面入手:首先具体梳理他继承了上述各家理论的哪些部分,又是如何继承的;其次尝试深入分析这些被继承部分之间的共同基础,以论证乔姆斯基对于这些不同理论继承的合理性。必须指出,本部分有两点新的尝试:第一,尝试论证乔姆斯基对于康德先验认识论的继承与改造;第二,尝试论证乔姆斯基对于分析哲学的继承与扬弃。

## 2.1 理性主义传统

在理论继承上,乔姆斯基表述得最为明确的便是理性主义,并一直以传统理性主义的复兴者自居。但正如我们现在所普遍认为的,传统理性主义观点,尤其是笛卡尔的主要学说,明显已不合时宜,那么乔姆斯基又何以坚持这种继承关系呢?

笛卡尔作为现代哲学的开创者,其观点可以被证否,但其精神却难以被超越。"笛卡尔的精神是这样的一种精神:它运用一种确定可靠的方法——探求真理"[②]。我们相信这也正是笛卡尔理性主义中"理性"的基本内涵。现代研究者有时喜欢给笛卡尔冠以各种头衔,如哲学家、数学家、天文学家、物理学家,甚至还有化学家和生物学家等,但如果我们回溯到笛卡尔所处的时代,便会发现一个头衔便足以概括他的所有身份——哲学家。

早期的科学(即自然哲学)与哲学并没有明确的区分,所以笛卡尔既是伟大的哲学家,同时也是其所处时代的伟大科学家。实际上,笛卡尔是代数的奠基人,他发现了几何光学的基本规则,开始了生物解剖的研究方法,并据此证明动物纯粹是机器,连后来颠覆了笛卡尔"物质"概念的牛顿在创立自己的

---

[①] N. Chomsky, *Syntactic Structures*. Mouton & Co, The Hague, 1957, p. 6.
[②] 皮埃尔·弗雷德里斯:《勒内·笛卡尔先生在他的时代》,管震湖译,商务印书馆,1997年,第1页。

自然哲学之前也曾是笛卡尔的信徒。笛卡尔的研究从科学起步,相比于形而上学研究,笛卡尔可能更为重视自己的科学工作。在与布尔曼(Burman)的一次对话中(1648年),他说道:

> 需要注意的是,你不应该把太多精力用于沉思和形而上学问题上,或者在进行评论等事情时做得很仔细,更不应该像有些人那样试图去做些什么,对这些问题比作者挖掘得更深:他已经讨论得够深入了。从总体上对它们进行一次性的把握,然后记住结论就足够了。不然他们的心灵就离物理的和可见的事物太远,不适合研究这些事物了。然而,正是这些物理研究才是人们最渴望追求的,因为它们将为生活提供大量的益处。[①]

尽管如此,作为虔诚的教徒与严谨的研究者,笛卡尔不可能仅满足于"物理研究"中的发现,他要建立的是一个全新的知识体系,这一体系必须是一个既包含上帝却同时又具有数学式确定性的科学统一体。在这一统一体中,知识的起源、结构、真理性、确定性等问题将会得到一劳永逸的回答。

笛卡尔认为,"科学,从整体上讲就是真的和确切的认识"[②]。对于科学知识的追求不可能通过对现有认识的修改或反驳来实现,而只能基于一个总的目标,"考虑如何增加他的理性的自然之光"[③]。此处的"理性的自然之光"便指人类的认识能力。能力的增加,可能的途径只有两种:一种是开发人类的潜在能力,以使其现实化;另一种是培养人类的新能力。而无论是开发还是培养,我们都需要一个能力可以依附的媒介,这一媒介便是人类认识活动得以开展的认识工具,或称"认识方法"。相对于其科学发现而言,17世纪思想家们的伟大更多地体现在他们对于认识方法的发现上,而这些认识方法"向若干别人提供了足以促成科学变革的东西"[④]。17世纪的思想家们为人类贡献了两种革命性的方法:一个是弗朗西斯·培根开创的经验主义归纳方

---

① 转引自斯蒂芬·高克罗格《笛卡尔:方法论》,田平等译,G. H. R. 帕金森主编《文艺复兴和17世纪理性主义》,中国人民大学出版社,2009年,第201页。
② Descartes, *The philosophical Works of Descartes*, Rendered into English By Elizabeth S. Haldane and G. R. Ross. Cambridge University Press, 1973, vol. 1, p.3.
③ 同上,p.2.
④ 皮埃尔·弗雷德里斯著:《勒内·笛卡尔先生在他的时代》,第13页。

法;另一个是笛卡尔建立的理性主义直观与演绎方法。

《布莱克威尔西方哲学词典》将"理性主义认识论"定义为:"……知识是由于运用理性或理智官能而产生的,感觉经验不能达到确定性,理性方法是通往真知之路……认为一切知识都是相联系的,可以从某个自明的第一原理推演出来。它还承认先天知识或理性真理的存在。"[①]基于这一定义,我们可以提取出两个最基本的要点,即"理性主义认识论的两个基本原则"。

原则一:运用理性的方法论。

原则二:承认先天知识的存在。

原则一指知识获得的方法,原则二指知识的来源。这两者共同构成了认识论(无论是理性主义认识论还是经验主义认识论)的主要内容。让我们先从第一个原则开始来讨论笛卡尔是如何运用理性主义方法论的。乔姆斯基对于笛卡尔的继承关系首先也正表现于此。

笛卡尔曾在《谈谈方法》中简明地概括了自己的方法论原则,其中第一条便是:

> 绝不把任何我没有明确地认识为真的东西当作真的加以接受,也就是说,小心避免仓促的判断和偏见,只把那些清楚明白地呈现在我的心智之前、使我根本无法怀疑的东西放进我的判断之中。[②]

这一条就是笛卡尔著名的普遍怀疑原则。这里需要指出的是,笛卡尔的普遍怀疑只是一种方法论上的怀疑,它是为了摆脱现有知识的不确定性、以便获得人类知识最稳固基础的唯一方法。普遍怀疑确立了人类理性在知识获得过程中的绝对主导地位。首先,怀疑过程本身就是一个排除一切外在经验干扰的、纯粹的理性活动过程。其次,也更为重要的是,怀疑之后确立的是具有理性能力的人类心智的存在,而心智作为普遍怀疑的终点同时也是一切知识的起点。这就同时决定了笛卡尔的方法论只能以演绎为基本特征,即先建立一个确定的起点,再从中演绎出确定知识的体系。

笛卡尔如是理解方法:"方法,就是指确定而简单的规则。如果某人准确地遵从它们,他将绝不会把假的东西当成真的,绝不会把他的精神努力无目

---

[①] N. Bunnin, Yu Jiyuan, *Blackwell Dictionary of Western Philosophy*. Blackwell Publishing, 2004, pp. 587—588.

[②] 《16—18世纪西欧各国哲学》,北大哲学系编译,商务印书馆,1975年,第144页。

地地花费;他将逐渐地增加他的知识,从而对于所有的不超过他的能力的东西得到一个真实的理解。"① 符合这一"确定"而又"简单"要求的方法在笛卡尔看来只能是"直观与演绎",并且"除了通过精神的直观和演绎外得不到任何科学"②。直观之所以"确定",是因为直观到的东西总是清楚、明白的;它之所以"简单",是因为运用这一方法时我们不需要(也不允许)借助我们的感官或想象力或任何其他的心智外因素,甚至也不需要借助我们的思考,它只是源于我们的理性。演绎之所以"确定",是因为它的起点是经由直观所得,是对于"我们确定认识到的知识的全部必然推论"③。演绎要比直观复杂,但它却是由直观所得通向具体知识的最直接、可靠的方法。

基于普遍怀疑与直观的方法,笛卡尔得到的知识的第一原理是"我思故我在"。以此为基础,笛卡尔推演出上帝的存在。他认为,上帝作为一个无限实体的形象,很明显不可能是从"我"这个有限实体中产生的,同时根据"无中不能生有"的原则可知上帝是必然存在的。上帝是一切事物的创造者,所以,"自然,一般来说,我不是指别的,而是上帝本身,或者上帝在各造物里所建立的秩序和安排说的"④。上帝与自然是完全统一的,至善的上帝绝不会欺骗我们,所以上帝赋予我们的认识能力同样是可信的。如此一来,笛卡尔便以理性之名将自己从普遍怀疑中一步步解脱出来,为他重新建立确定的科学大厦提供了稳固的基础。

从普遍怀疑到上帝存在的证明,再从上帝存在到外物的存在,笛卡尔完成了他的第一哲学构建。在这一构建过程中,直观与演绎是方法论的全部。但如果我们就此便认为直观与演绎是笛卡尔在物理学与其他学科中所使用的方法,或者简单地说这两种方法便是笛卡尔的科学发现方法,那我们就理解错了。可以从三个角度来分析这一问题。

首先,笛卡尔的第一哲学既是物理学与其他具体科学的认识论基础,也为这些学科领域确定知识的存在提供了本体论的依据。第一哲学的功用也仅在于此,笛卡尔的主要精力被投入到了具体科学的研究之中,因为哲学的

---

① Descartes, *The Philosophical Works of Descartes*, p.10.
② 同上.
③ 同上, p.8.
④ 笛卡尔:《第一哲学沉思集》,庞景仁译,商务印书馆,1986年,第85页。

最终目标体现在具体科学之中。这一点只要我们具体来看笛卡尔的著作构成便会知道。笛卡尔90%的通信讨论的是科学问题。《谈谈方法》的全名为《谈谈这种为了更好地指导理性并在各科学中探求真理的方法》,其中明确指出了理性的应用对象是"各学科",并且《谈谈方法》也只是作为《屈光学》、《气象学》、《几何学》等具体科学发现的序言而出版的。即便是在《哲学原理》中,笛卡尔也在其结尾部分描述了行星与太阳的距离、太阳的物质构造、地球内部的本质、磁性与静电等,这些现象显然不可能仅靠直观与演绎来解释。同时,我们需要认识到的是,"笛卡尔属于这样的一代人,他们不是思考了其他科学家成功的工作之后得出方法来的,他们的方法毋宁是非常实用的东西,设计出来是为了指导自己的科学实践;还不应该忘记的是,笛卡尔是在其科学工作中不断取得成果"[①]。所以,我们将笛卡尔方法论的全部归结为直观与演绎显然很不恰当。

其次,笛卡尔的方法论是以对亚里士多德方法的拒斥为基础的。亚里士多德的三段论有两个主要特征:一是其推导出的结论超不出其前提;二是其推理方式旨在说服别人,而不是引导人们走向知识或真理。这显然与笛卡尔的研究目的相违背。从某一确定的前提得出结论,亚里士多德的三段论是一种典型的演绎方法。我们再看看笛卡尔在《指导心灵的规则》(Rules for the Direction of Our Native Intelligence)中第四条中对帕普斯(Pappus)和丢番图(Diophantus)的抱怨。笛卡尔认为,这两人"以一种低劣的狡猾"保守着自己的发现方法,提供给我们的是他们"以演绎方法论证的、贫乏的真理"[②]。此时,如果我们依然坚持认为笛卡尔的科学发现方法就是直观与演绎的话,就有些不应该了。

再次,让我们回到笛卡尔的具体科学发现中,来考察他到底运用了什么样的方法。在上面我们提到的、作为几篇科学研究论文的序言出现的《谈谈方法》中,笛卡尔认为,如果人们仔细地考察他在论文中的研究步骤与发现过程,就会判断出这是一种比其他一些方法更好的方法。那么这一方法是什么呢?我们以《气象学》来加以说明。《气象学》不是从第一原理开始,而是从有

---

① 转引自斯蒂芬·高克罗格《笛卡尔:方法论》,田平等译,G. H. R. 帕金森主编《文艺复兴和17世纪理性主义》,中国人民大学出版社,2009年,第205页。

② 同上。

待解决的问题开始的。《气象学》旨在解释彩虹的弧线在天空中出现的角度。笛卡尔首先指出,彩虹不仅可以在天空中形成,有阳光时在喷泉和淋浴中也能形成。据此,笛卡尔提出了一个假说:彩虹现象是光线作用于水滴而形成的。为了检验这一假设,他制作了一个玻璃的雨滴模型——一个注满水的大玻璃球。然后他背对太阳,在阳光下举起这个球,上下移动,色彩就出现了①。显然这不是演绎,也不是一次简单的归纳,而是一种假言推理(hypothetical mode of reasoning)的方法。

我们还可以更直接地来论证笛卡尔的方法论原则。以数学为基础与典范,笛卡尔认为方法完全在于"顺序与排列"。要证明这一点必须通过两个基本步骤:第一是通过分析,找出最简单的东西、事实或命题,它们可以被心灵清楚地认识;第二是找出这些最简单的东西、事实或命题之间的顺序并进行排列,从简单到复杂,从具体到抽象,从个别到一般,以获得对全部事物的认识,"即便是那些彼此之间没有自然的先后次序的对象,我们也要给它假定出一个顺序来"②。这进一步证实了假言推理的重要性。

就笛卡尔的假言推理方法而言,"假设—验证"是它的基本模式。牛顿曾就此对笛卡尔提出批评,认为笛卡尔在自己的物理学提供确定性的地方只提供了假设。然而,这一方法正是乔姆斯基所继承的理性主义方法论原则。乔姆斯基依据儿童语言习得过程中的"刺激不足"现象,运用理性推理形成了语言能力(language competence)生长说,并就此假定人类存在先天的语言器官,即语言官能(the faculty of language)。语言官能包含普遍语法(universal grammar),为人类所共享。语言研究的任务就是要构建普遍语法,理解人类的语言习得,并由此找到解开人类知识获得之谜的钥匙。这一切都只是假设,它们的最终证实或证否均有待科学的进一步发展。

理性主义原则二是承认先天知识的存在。

有关知识先天的思想并非是笛卡尔的独创,柏拉图的"回忆说"应是这一思想更早的模型。也正因为此,乔姆斯基才将自己拟解决的主要问题称为"柏拉图的问题"。

所谓"柏拉图的问题",就是指人类是如何在语言输入贫乏的情况下获得

---

① 此例的描述参照斯蒂芬·高克罗格《笛卡尔:方法论》,第215页。
② Descartes, *The Philosophical Works of Descartes*, pp.18—19.

汹涌的语言输出的。将这一问题延伸至认识论领域,便是认识论的基本问题,即"人类是如何在感觉经验刺激贫乏的情况下获得丰富的理论输出的"。柏拉图认为人类灵魂不死并可以转世,因而虽然看似每一个人类个体都是"新生的",但是他的灵魂并不是"新的";人类的知识获得过程并不是一个由无到有的学习过程,而只是一个对先天"已知"知识的回忆过程。相对于柏拉图的观点,笛卡尔的观点要显得更加精细。

一块蜂蜡,刚从蜂房里被取出来时,它的颜色、形状和大小一看便知;但如果将它放到火边,不一会,它的颜色、形状与大小就都会发生变化。这是一个事实,透过这一事实我们至少可以得出以下三个相关论点:第一,对于同一种东西,我们的感觉是变化的,因而可能是靠不住的;第二,事物的本质是超越事物的外在表象的;第三,感觉并不能给予我们实质性的认识,要认识事物的本质还得靠理智。

笛卡尔在此实际上区分了我们对事物的不同认识。对于这些不同的认识,我们需要不同的认识手段:感觉、想象与理智。无论哪一种手段的运用都要基于我们的思维,因为"思维,我是指凡是如此地存在于我们以内以致我们对之有直接认识的东西。这样一来,凡是意志的活动、理智的活动、想象的活动和感官的活动都是思维"[①];但"附加和取决于我们思维的东西"不是思维,如出于意愿的运动并不是思维。由于笛卡尔将"观念"定义为思维的一种形式,所以对思维进行限定实际上也就是对观念的内涵进行限定。紧接着,笛卡尔对思维进行了进一步的限定。他认为:"仅仅是任意描绘出来的影像,我不把它们称为'观念';相反,这些影像,当它们是由肉体任意描绘出来的时候,也就是说,当它们是大脑的某些部分描绘出来的时候,我不把它们称为'观念';而只有当它们通知到大脑的这一个部分的精神本身的时候,我才把它们称为'观念'。"[②]所以,观念,就其本质而言,是一种精神性的存在,是事物的影像,并可以用言词来表达。

依据其不同的来源,观念可能分为三类:"有些我认为是与我俱生的;有些是外来的,来自外界的;有些是由我自己做成的和捏造。"鉴于哲学与科学的任务是找出获得知识的正确途径,从而保证知识体系的可靠性,我们必

---

① 笛卡尔:《第一哲学沉思集》,第160页。
② 同上,第160—161页。

须要对观念的这三种不同来源做出具体分析与鉴定,以确认哪个才是我们真正可以信赖的。第三类观念,即"我自己做成的和捏造的"观念,如人鱼或飞马,很明显缺乏可靠性。现在我们来分析前两类观念。

"外来的"观念如要获得可靠性,必须与引起这些观念的外在对象一致。这种一致性是很难保证的,因为首先,"也许是我心里有什么功能或能力,专门产生这些观念而不借助于什么外在的东西,虽然我对这个功能和能力还一无所知";其次,即使我们认可它们是由外在对象引起的,"可也不能因此而一定说它们和那些对象一样,相反,在很多事例上我经常看到对象和对象的观念之间有很大的不同"①。比如太阳,来自于视觉的观念告诉我们它应该很小,可是天文学的观察却证实它其实比整个地球大很多倍。

笛卡尔虽然论证了外来观念的不可靠性,但并没有就此否定人类认识外在对象并获得确定知识的可能性。这一点与休谟不同,也与当代的蒯因不同。太阳作为认识对象,其存在是确定无疑的,但由于作为认识主体的人具有意志的自由,加之人类本身并不完满,所以在认识过程中,我们多会借助形象和可感事物来进行思维。因此,我们所获得的观念就难以是认识对象的真实影像,这也正是我们认为太阳很小的原因。所以,观念的不可靠性是由人类感觉与想象的不确定性造成的,而不是说所有的观念本身都缺乏确定性。可靠的观念是存在的,只不过它只能来自理智,只能源于理性的发现。

运用理性我们至少可做出如下推理:①认识不是一个无中生有的过程,认识的原因必然大于认识的结果;②既然认识对象存在,那么有关这一对象的确定性认识也一定存在;③要获得有关对象的确定性认识,我们必须要超越感觉与想象。这些推理并不是形而上的臆断,它们之间包含着最为基本的科学发现逻辑。推理①告诉我们,认识对象是存在的,这是认识论的起点,笛卡尔、洛克、休谟、康德等认识论哲学家均持这一观点;同时,这一推理也告诉我们,对于对象的认识难以一次穷尽。推理②告诉我们,既然认识对象存在,那么就一定存在对这一对象本质的确定性认识。推理③告诉我们,认识的手段有多种,虽然我们不能否定感觉与想象的作用,但很明显仅凭感觉与想象我们很难获得对有关对象的确定性认识。将这三点结合起来,我们将会看到,笛卡尔实际是在告诉我们获得确定性认识的可能性——确定性观念是存

---

① 笛卡尔:《第一哲学沉思集》,第39页。

在的，并且人类拥有达到这一确定性观念的恰当工具。

那么，什么是我们与生俱来的呢？以上两点均是我们与生俱来的，即确定性观念（源于上帝）和人类达到确定性观念的工具（同样也源于上帝）。设想笛卡尔生活在自然科学高度发达的现代社会，我们便可以将他提出的"上帝赋予"理解成"自然赋予"。如此一来，我们便认为确定性观念的存在只是由于：①我们的世界是客观存在的，而这样一个世界必然有其本质性的特征；②人类拥有的认识工具只是人类的一种生物禀赋，它经由长期进化而形成并通过基因代代相传。这正是乔姆斯基的天赋语言论思想。

"如果说有一位哲学家，其著作与生平密不可分，那当然就是笛卡尔。他构筑的观念城堡表现出他所属那个社会的特征"[①]。对于笛卡尔的天赋观念或先天知识的理解，显然不能脱离他所处的时代以及他整体的理论体系。笛卡尔的哲学之树以形而上学为树根，以物理学为树干，以具体科学为树枝，但"人们不是从树根或树干上采摘果实，而只能从树枝上采摘"。笛卡尔意在取代"校园中教授的沉思的哲学"，希望自己的哲学体系是对"生活有用的"并最终能使我们成为"自然的主人"。"在这个意义上，对于笛卡尔而言，形而上学是达到目的的手段，而其本身并不是目的"[②]。天赋观念论正是如此，它只是为确定知识的存在提供了一种保证，并鼓励人们发挥理性的力量来探求这一知识。如果再联系笛卡尔所处的时代背景，我们会发现所谓的"天赋观念"只不过是笛卡尔宗教信仰的一种自然延伸。笛卡尔提出天赋观念并不是为了证实上帝的伟大，因为在他所处的年代，这一点人人共知，无需证明。笛卡尔实际想证实的是人类认识客观世界的可能与途径。如果没有这一点，我们看到的将只可能是休谟式的绝对怀疑论。

除了以上两个基本原则之外，"我思故我在"这一认识论基本观点其实还向我们提供了理性主义认识论的第三个原则：心灵实物的设定。

"我思故我在"，其中"我"并不是指一个存在于时空之中的物质实体，而是指一个绝对理性的精神性主体，它没有形体，也不能诉诸感觉经验。对于主体性"我"的设定开启了近代二元论的哲学研究之路。虽然二元论后来受

---

① 皮埃尔·弗雷德里斯：《勒内·笛卡尔先生在他的时代》，第 15 页。
② 约翰·柯廷翰：《笛卡尔：形而上学和心灵哲学》，田平等译，G.H.R.帕金森主编：《文艺复兴和 17 世纪理性主义》，中国人民大学出版社，2009 年，第 238 页。

到了猛烈的批判并且在当代也很少有拥护者,但在当时,笛卡尔对于物质与精神的划分无疑具有重要的意义。恩格斯就曾指出:"思维对存在、精神对自然界的关系问题,全部哲学的最高问题,像一切宗教一样,其根源在于蒙昧时代的狭隘的观念。但是,这个问题,只是在欧洲人从基督教中世纪的长期冬眠中觉醒以后,才被十分清楚地提出来,才获得了它的完全的意义。"[1]而首先唤醒人们走出"蒙昧时代"与"中世纪的长期冬眠"的正是笛卡尔。

对于笛卡尔所做出的物质与精神的划分,我们不能仅仅从形而上的角度来理解。正如我们所论述的,笛卡尔首先是一位科学家,他做出心灵实体的设定也同样主要是基于科学研究的视角。

笛卡尔科学研究乃至其整个哲学体系构建的目标在于取代亚里士多德的理论体系。有关世界,亚里士多德的基本观点可以概括为两点:①世界是由多质层次构成的等级体系;②物质的运动有三种形式,即性质的变化、数量的增减与位置的移动。然而,笛卡尔基于自己的研究,提出了针锋相对的观点,即:①世界是同质的,动物与人也是"机器";②一切运动均是机械运动。将世界认定为同质与同构之后,认识论问题并没有得到最终的解决,因为仍然有一些现象无法得到有效的解释。这些现象主要包括:人类对于语言的掌握与创造性运用;人类可以机智地应对生活的多重偶然性[2]。就前一点而言,其关键之处在于人类的语言并不是必须依赖于刺激。事实上,人类具有创造性地生成符合实际情形所需的语言表达的能力,这一点显然不是"刺激—反应"式的机械运动所能实现的。就后一点而言,其关键在于人类的行为不可能是按照机械系统式的固定模式来运行的。实际生活中充满了偶然性,而这些偶然性不可能为事先设定的固定模式所穷尽,这便要求人类具有理性思考与灵活应变的能力。

概言之,笛卡尔得出的结论是人类的理性能力不能基于物质而得到解释;对于一个完整的人类个体来说,物质基础不是全部,在此之外还有另一个单独的实体存在,这一实体便是"理性灵魂"。

受其所处时代的限制,笛卡尔最终不得不搬出上帝来为其心灵实体的存在进行辩护。但就其初衷而言,他有关心灵实体的设定是出于解决认识论问

---

[1] 《马克思恩格斯选集》第4卷,人民出版社,1972年,第220页。
[2] 约翰·柯廷翰:《笛卡尔:形而上学和心灵哲学》,第252页。

题的实际需要,是基于经验事实的大胆设定,并且这一设定具有明显的科学内涵。虽然当前基于科学研究的新进展,笛卡尔的"物质"概念、机械力学等理论已被推翻,但单就他的心灵实体设定而言,我们并不能完全否认其可能具有的科学性,因为当前的科学研究成果并没有完全解释心灵的本质,也并没有做到将心灵与物质统一起来。因此,乔姆斯基认为,此时正确的做法是:"我们应首先坚持理性主义传统中的基本科学精神,采取完全自然主义的研究进路,以任何适合的术语来构建解释性的理论,并以此来面对统一的问题。"[①]如果我们摒弃17世纪的时代背景赋予笛卡尔"心灵"概念的形而上学内涵,而只将其视作科学研究过程中对于某种实存"状态"的一种方便的描述用语,那么笛卡尔的心灵设定便具有了明确的科学内涵。

上文简要论述了乔姆斯基对笛卡尔理性主义认识论思想继承的三个方面:理性主义方法、天赋观念、心灵实体设定。基于这些分析,我们大概可以得到一个结论,即人类知识的形成依赖于一定先天因素的存在。这一观点同样可以获得基本经验的证实。比如,我们可以问:①为什么人可以习得复杂的语言知识体系而其他动物不行?②为什么一个孩子无论在哪一种语言环境中均可以轻松地习得当地的语言(成为母语)?

对于问题①,人们的回答多会一致,或至少就以下一点来说是一致的,即人类与其他动物的大脑构造不同,如就大脑皮层而言,人类大脑与其他动物大脑的区别是人类大脑具有语言中枢。对于问题②,人们很难取得一致意见。乔姆斯基认为,这是由于我们人类的大脑中存在着一个专门的语言官能,它是一个语言器官并具有普遍语法,儿童语言习得过程不过是一个基于普遍语法原则的参数设定过程,因而可以很快实现。但另一些认知科学家(如约翰·弗莱威等人)[②]却认为语言的习得并不依赖于什么专门的语言官能,语言能力是人类总体认识能力发展之后的自然结果。对于这一问题,我们将会在第3章与第4章中进一步加以阐述。无论是乔姆斯基还是其他认知科学家,他们的争论中均隐设着一个共同的前提——人类的认知能

---

① N. Chomsky, *New Horizons in the Study of Language and Mind*. Foreign Language Teaching and Research Press, 2002, p.103.

② John H. Flavell, Patricia H. Miller, & Scott A. Miller, *Cognitive Development* (Fourth Edition). Prentice Hall, Inc. 2001.

力中存在着某些先天的因素。基于此,现在我们要考虑的问题就不是"有没有先天的因素存在",而是"这些先天因素在多大程度上存在"。对于这一问题,康德为我们提供了很好的解答。康德的解答可以简要概括为"人为自然立法"。

康德之前的认识论领域中存在着两个相互对立的观点,分别被称为"独断论"与"怀疑论"。前者指理性主义认识论,说它"独断"是因为它多不加批判地直接断言了诸如灵魂、上帝等的存在,并基于此认定了知识的普遍必然性;后者指以休谟为代表的经验主义认识论,说它"怀疑"是因为它基于人类认识能力的有限性,质疑任何"普遍必然性"知识的存在。康德对以上两种观点均持反对态度,这是由于一方面单纯的理性思辨不可能产生有关世界的知识;另一方面,如果完全囿于经验本身,普遍必然性的知识只能是一种猜测,而这明显有违常理,也有违人类认识的初衷。

那么,必须要寻找到一种方法,这种方法既可以解释(而不是解决)知识的获得,也可以指导以后的知识发现。《纯粹理性批判》就是这样一本关于方法的书。为了证实自己的发现方法是可靠的科学方法,康德将其类比当时的三大学科:逻辑学、数学和自然科学。逻辑学是"一切思维的形式规则",它涉及自然与形式计算,而不指涉任何别的东西,因而最早取得了科学的地位。也正因为逻辑学只指涉自身,所以它只能被视作"各门科学的前院"。"真正的科学必须与客体打交道。它们在经过了一段盲目的'迂回摸索'的阶段以后,通过'个别人物的幸运的灵机一动'走上了科学的可靠道路。对科学起着奠基作用的'灵机一动'在于一场'思维方式的革命'"[①]。以几何学为例,为了获得有关几何图形的普遍知识,如几何原理,人们不能仅依赖于对几个图形的不断观察与总结,也不能无视任何图形本身的存在而仅做理性的思辨。事实上,普遍必然的知识只可能来自人们内在的先天认识结构(在被发现之前它只是以无意识的状态存在着)构建下的经验。换句话说,康德承认一切知识均从经验开始,但并不认可知识只能源于经验。普遍必然性知识的产生必须同时诉诸另一个对于知识本身而言更为重要的前提,即认识主体的先天认识结构。只有在这样一种认识主体与认识客体的创造性关系之中,知识才

---

① 奥特弗里德·赫费:《康德——生平、著作与影响》,郑伊倩译,人民出版社,2007年,第41页。

可能得以产生。同时,在这种全新的主客体关系之中,认识不再以认识对象或认识经验为转移,而是以认识主体为转移。

要进一步理解康德的理论,我们必须澄清他在《纯粹理性批判》中所采用的几个关键概念,分别是"先天"、"先验"与"超验"。在这三个概念中,"先天"(a priori)最易理解,它与"后天"(a posteriori)相对,表示一切非后天习得的东西;"'先天'的外延也最大,包括'先验'与'超验',同时也包括一切先于经验的知识,如数学与形式逻辑等"①。在康德的理论体系中,"先验"与"超验"更为重要,同时也更难理解,而且还容易产生混淆,因此以下我们将着重讨论这两个概念。

康德在《纯粹理性批判》的第二部分"先验逻辑"的导言中,对"先验"的内涵有过正式的说明。他说:

> 我在这里要作一个说明,它将影响到所有下面要进行的考察,是必须牢记于心的,这就是:并非任何一种先天知识都必须称之为先验的,而是只有那种使我们认识到某些表象(直观或概念)只是先天地被运用或只是先天地才可能的、并且认识到何以是这样的先天知识,才必须称之为先验的(这就是知识的先天可能性或知识的先天运用)。因此不论空间还是空间的任何一个几何学的先天规定,都不是一种先验的表象,而只有关于这些表象根本不具有经验性的来源以及何以它们还是能够先天地与经验对象发生关系的这种可能性的知识,才能称之为先验的。同样,若把空间运用于一般对象,这种运用也会是先验的;但若只是限制于感官对象,这种运用就是经验性的。所以先验和经验性的这一区别只是属于对知识的批判的,而不涉及知识与对象的关系。②

在其后的《未来形而上学导论》中,康德将先验更进一步地表述为"(先验的)在我这里从来不是指我们的认识对物的关系说的,而仅仅是指我们的认识对认识能力的关系说的"③。因此,对"先验"概念我们可以有以下几点基本认识。首先,"先验的"一定是"先天的";其次,"先验的"知识不是具体的知识,而是使具体知识成为可能的知识;再次,"先验的"必须要关涉经验或运用

---

① 邓晓芒:《康德哲学诸问题》,三联书店,2006年,第4页。
② 康德:《纯粹理性批判》,邓晓芒译,人民出版社,2004年,第55页。
③ 康德:《未来形而上学导论》,庞景仁译,商务印书馆,1978年,第57页。

于经验才有意义,否则它的存在本身并无价值;最后,"先验的"指"认识对认识能力的关系",它使知识的产生成为可能,但它本身并不与任何具体对象发生关系。在康德看来,正是"先验的"知识的存在才使得我们获得"普遍必然性"的知识成为可能。所以,恰如邓晓芒所总结的,"凡是在康德那里遇到'先验的'一词,都具有认识论含义,即都是指向有关对象的知识的"①。这也就是说,先验的知识能够帮助我们解决"我们能够知道什么"这一基本的认识论问题。

正是"先验"的认识论本质将其与"超验"区分开来。"先验的"最终必须运用于经验,而"超验的"则要求绝对地超越经验;"先验的"目标在于指导认识,以形成知识,而"超验的"目标则在于要求人们超越经验与认识的界限,大胆实践;"先验的"运用可以带来普遍必然性的知识,而"超验的"运用则可能超越经验而产生"先验的幻相";"先验的"只能具有"经验的运用",而"超验的"则是"一些现实的原理,它们鼓励我们拆除所有那些界标,而自以为拥有一个在任何地方都不承认有什么边界的全新的基地"②。简言之,"先验的"旨在认识,而"超验的"旨在实践。

鉴于我们的研究仅限于认识论部分,所以我们仅关注康德"先验的"这一概念。如康德本人所说,"先验的不是指我们的认识对对象的关系,而仅仅是指我们的认识对认识能力的关系说的"。认识能力构成了康德认识论的另一个核心概念。康德将认识能力分为感性和知性两种能力。他具体说道:

> 我们的知识来自于内心的两个基本来源,其中第一个是感受表象的能力(对印象的接受性),第二个是通过这些表象来认识一个对象的能力(概念的自发性)。通过第一个来源,我们获得一个对象;通过第二个来源,对象在与那个(作为内心的单纯规定的)表象的关系中被思维。所以直观和概念构成我们一切知识的要素,以至于概念没有以某种方式与之相应的直观,或直观没有概念,都不能产生知识。③

康德所论述的"直观"是先天的直观,实指"先验感性论",时间与空间是它的表现形式。在康德的认识论中,先天的直观不是思想,不是概念,而只是

---

① 邓晓芒:《康德哲学诸问题》,第 20 页。
② 康德:《纯粹理性批判》,第 506 页。
③ 康德:《纯粹理性批判》,第 51 页。

先天形式,这与"经验的直观"即认识内容相对应。先天的直观是经验直观得以形成知识的形式与条件,它是直观中的普遍与必然的方面。经由先天的直观规定后形成的直观表象,构成了我们认识的第一个来源。与此相似,认识的另一个来源,即"概念表象",也同样不是直接由对象提供的,而是在知性的先天形式的规定下产生的。"知性"就是指"那种自己产生表象的能力",是"对感性直观对象进行思维的能力"①。知性的能力被康德专门称为"功能"(function),它特指"把各种不同的表象在一个共同表象之下加以整理的统一性"②。知性的这种统一性使其因为依赖于功能而具有思维的主动性,这与感性能力明显不同,因为后者依赖于外在的刺激而表现为接受性。功能的这种主动性即表现为"判断",而一个判断中,不同表象被加以综合并被赋予统一性时,就表现为知性的纯概念,即"范畴"(category)。由此可见,作为纯概念,范畴是由纯粹知性自发产生的,但它们并不是最终的认识结果,不是具体的认识论,不是观点,也不包含有关对象的内容,而只是"思维的形式"。它们的功能如同先天的直观一样,是对认识过程加以引导与规定。

在此,我们又回到了以上有关"先验"的论述。"直观"与"概念"分别作为先验感性论与先验知性论的主体,均是"先验的"知识,因而它们必须运用于经验;也正是在这种运用中,它们自身才获得了"客观实在性"。概括来说,感性与知性作为两种先验的纯形式,它们在经验上的运用才使得普遍必然性知识的产生成为了可能。

我们已经很接近乔姆斯基的主要观点了。乔姆斯基的"普遍语法"概念也正是要设定这样一个先天知识结构的存在,它规定了后天经验的组织形式,并使得语言知识的习得成为可能。不仅如此,与康德相似,乔姆斯基同样也将普遍语法理解为人类的一种认识能力,这种能力同样也可以用形式化的手段来加以描述并进行计算,而研究者最重要的任务不是去收集既有的语言现象并描写其中存在的语法规则,而应努力去探求语言能力或语言知识背后共存的抽象先天形式。

---

① 康德:《纯粹理性批判》,第52页。
② 同上,第63页。

## 2.2 分析哲学:卡尔纳普、蒯因、古德曼

理性是一种能力,理性主义则是一种思维模式。乔姆斯基从理性主义传统中继承的正是一种科学式的思考方式,但这对于理论的构建而言并不够。在以下的分析中,我们将论证乔姆斯基是如何基于理性主义的思维模式、借助理性力量的充分发挥,以逻辑经验主义形式化的具体方法来构建其语言理论的。

20世纪初,随着自然科学的蓬勃发展,尤其是随着一系列重大科学发现的诞生和重要科学理论的创立(以相对论与量子力学为主要代表),形而上的哲学受到前所未有的质疑,分析哲学应运而生。分析哲学以理性的分解、严密的逻辑论证与实证式的自然科学模式而著称,它反对传统理性主义的独断,反对休谟式的怀疑,也反对康德的先验认知结构。简言之,分析哲学希望通过对心理因素的彻底抛弃来实现知识的完全确定性。所以,从这一角度来说,分析哲学也是对传统认识论的延续(追求确定性的知识)。

作为分析哲学的一个典型理论形态,逻辑经验主义(或称"逻辑实证主义")反对传统认识论,主张人类的认识只能基于经验与逻辑。知识最终只能来自于经验,这是逻辑经验主义的一个基本原则。以此为基础,有关经验事实的问题只能交给自然科学去解决,而"那些不必诉诸经验就可能解决的问题或是数学的问题,或是语言的问题"[①],应当运用语言分析的方法来加以澄清。在逻辑经验主义者看来,哲学的任务就是对语言进行逻辑分析,以此来清除一切毫无意义的、形而上的伪命题,从而避免由于语言的误用而带来的无谓争论。

自笛卡尔以来,对于知识合理性的证明已经随着自然科学的不断发展而逐渐转变为对科学合理性的证明。康德在其《纯粹理性批判》中提出的问题首先是"数学何以可能"与"自然科学何以可能",最后才是"形而上学何以可能"。为回答这些问题,康德找到了先验逻辑,证明了先天综合判断何以可能,从而赋予了人类先天的认识结构与认识能力。但是,康德的这一论断显然超越了自然科学发展所能提供的认识论证据。不仅如此,从自然科学外部为科学知识寻找依据的做法也很难获得深受自然科学发展影响的现代哲学

---

① 罗素:《逻辑与知识》,苑莉均译,商务印书馆,1996年,第445页。

家们的认可。于是,为摆脱传统哲学的束缚,从科学内部为知识寻找一个新的基础成为逻辑经验主义的自然选择。这一新的基础应能够摆脱传统哲学因诉诸心理而产生的独断或怀疑,应具有明确的可证实性与主体间性。简言之,这一新的基础应该是科学的。逻辑主义者克拉夫特(Victor Kraft)就认为:

> (逻辑经验主义者)有一个共同的信条:哲学应当科学化。对科学思维的那种严格要求用来作为哲学的先决条件。毫不含糊的明晰、逻辑上的严密和无可反驳的论证对于其他科学一样都是不可缺少的。那种仍然充斥于今日之哲学中的独断和无从检验的思辨,在哲学中是没有地位的。这些先决条件隐含着对一切独断——思辨形而上学的反对。①

逻辑经验主义主张取消一切形式的形而上学,而造成哲学上充斥着形而上学式无谓争论的主要是自然语言自身的逻辑缺陷。所以,要取消形而上学,首先要做的应该是建立一套科学的语言系统。莱布尼茨首先提出这一理想。他提出建立"通用语言"与"普遍科学",以使一切有关哲学与科学的争论都能通过语言分析与逻辑计算来解决。为推动这一理想的实现,后世众多哲学家与逻辑学家(这些人也多是现代意义上的科学家)付出了艰辛的努力,这其中重要的人物包括弗雷格、罗素、怀特海、希尔伯特等,但真正将这一理想付诸实践的是卡尔纳普。

卡尔纳普在其首部著作《世界的逻辑构造》中即表明了自己要运用逻辑手段来构建统一的科学知识体系的理想。深受罗素与怀特海《数学原则》的影响,卡尔纳普一心要建立一套"结构系统"(constructional system)。这套系统与概念系统(conceptual system)不同,它"不仅将概念分成不同种类并探索这些不同种类概念之间的差异与相互关系,而且试图创建一个渐进式的推导或建构程序,这一程序使得从一些基础概念推演出所有概念成为可能,并由此建立一个概念系统,在这个系统中每一个概念都有一个固定的位置"②。简言之,卡尔纳普希望建立的结构系统由两部分组成:一些基础概念与一些基本关系。借助这些概念与关系,我们就可以推演出所有其他事物,

---

① 克拉夫特:《维也纳学派》,李步楼等译,商务印书馆,1998年,第20页。
② R. Carnap, *The Logical Structure of the World: Pseudoproblems in Philosophy*, trans. By R. A. Routledge & Kegan Paul, 1967(1928), p.5.

同时只要保证这些基本概念与关系的确定性，我们便可以保证整个系统的确定性。在同一本书中，卡尔纳普进一步为我们描述了建立这一系统的具体步骤，其中包括：①选定一个基础，作为所有其他内容建立的最终依据；②确定几个可重复的运作形式(recurrent forms)，通过这些形式我们便可以从系统内的一个层次上升到另一个的层次；③探索不同的事物是如何通过不断运用"上升形式"(ascension forms)而形成的；④关注整个系统是如何由不同种类的事物分层组合而成的①。

卡尔纳普将以上结构系统具体体现在其逻辑句法中。他早期坚持"直接经验证实"的原则，后来逐渐接受了石里克与纽拉特的观点，认为直接经验也是具有主观性与私人性的，因而只有使用语言表述或语言约定的证实替代直接经验的证实才能实现证实的主体间性与客观性。卡尔纳普所构建的科学语言表述与约定系统就是"逻辑句法"。逻辑句法是一种关于语言形式的理论。在《语言的逻辑句法》中，卡尔纳普指出语言是一种演算，逻辑是演算的规则。基于结构系统的构建要求，卡尔纳卡将语言系统分为符号库与句法规则。从广义上来说，句法规则可以再分为"形成规则"(rules of formation)与"转换规则"(rules of transformation)②。形成规则类似于一种语言的语法，它规定了在该语言系统中各种不同的符号是如何构造出恰当的句子的，例如它规定一个合格的句子需由一个主词符号(S)与一个谓词符号(P)组成。转换规则主要指逻辑的推理规则，它规定了如何从给定的句子推演出其他的句子，例如从"所有 a 都是 b"和"所有的 b 都是 c"可以推演出"a 都是 c"。这两个规则均采用句法词项加以描述，因此只表现为外在的或抽象的形式，只对有意义的句子加以规定，但本身并不涉及句子的具体含义。基于卡尔纳普的逻辑句法，我们一旦确定了作为最基础词项的可观察的原始谓词，通过这两个规则，便可以构造一个语言体系内所有可能的有意义的句子，而任何非由此构成的句子均是无意义的。这样一来，卡尔纳普为他的综合命题找到了明确的检验标准。

至少在两个方面，乔姆斯基表现出了与卡尔纳普的相似之处（如果不是

---

① R. Carnap, *The Logical Structure of the World*: *Pseudoproblems in Philosophy*, p. 47.

② 又译为"变形规则"。

直接继承的话①）。

第一，乔姆斯基采用了类似的形式句法描述系统。乔姆斯基的第一本著作《语言学理论的逻辑结构》(*The Logical Structure of Linguistic Theory*②)与卡尔纳普的第一本著作《世界的逻辑结构》在名称上就很相似。不仅如此，乔姆斯基在其公开发表的第一篇论文《句法分析的系统》("Systems of Syntactic Analysis")中就曾指出：

> 对语言学方法形式化特征以及这一方法的哪些部分可以实现完全形式化进行研究，并检验这一方法在更大范围内运用的可能性，是非常有益的。要实现这一目标，首先必须建立一个恰当的程序，通过这一程序语言学家可以从语言使用者的行为中获取语法概念。这些语法概念作为结构系统中的被定义项，不仅在形式与经验上有明显区分，而且均可以从某一通过经验定义原始项的语言系统中形式化地推演出来。③

这段引文说明早期的乔姆斯基在方法上十分接近逻辑经验主义，这至少体现在两个方面：①乔姆斯基认可语言结构系统的原始项目应该由经验而来；②语言结构系统的计算应该是完全形式化的。这两点也正是卡尔纳普逻辑句法的基本观点。

第二，卡尔纳普的形成规则与转换规则几乎就是乔姆斯基"转换生成语法"的早期雏形。施太格缪勒就曾指出："诺姆·乔姆斯基的转换语法在1957年发表时，受到轰动一时的欢迎，但正如语言学家巴希拉尔（Barhillel）曾经说过的，卡尔纳普早在25年前就已经预见了这种新的语言理论的主要观点。"④

然而，在乔姆斯基的论著中，我们找不到他对卡尔纳普的直接引用，甚至连间接提及卡尔纳普的地方也很难找到。这其中的原因并不难理解。首先，

---

① 这是有可能的，因为乔姆斯基主要是通过蒯因与古德曼了解卡尔纳普思想的，因此他对于后者的继承很可能是间接的。下文将对此进行具体论述。

② 该著作完成于1955年，但出版于1975年，乔姆斯基曾选取其中1章作为其博士论文。

③ N. Chomsky, "Systems of Syntactic Analysis", *The Journal of Symbolic Logic*. 1953(9), p.242.

④ 施太格缪勒：《卡尔纳普的哲学简述》。转引自马亮《卡尔纳普意义理论》，社会科学文献出版社，2006年，第104页。

乔姆斯基主要是通过蒯因与古德曼间接接触到卡尔纳普及其主要思想的。在《句法分析的结构》这篇论文首页的注脚中,乔姆斯基透露,自己在文中的观点主要源于哈里斯的《结构语言学的研究方法》(*Methods in Structural Linguistics*,1951)、古德曼的《现象的结构》(*The Structure of Appearance*,1951)以及古德曼与蒯因合著的《通向建构唯名论的步骤》(*Steps towards a Constructive Nominalism*,1947)。此处虽然并没有提及卡尔纳普,但我们知道,乔姆斯基所提及的后两个作品均明显受到了卡尔纳普的影响。其次,乔姆斯基在随后的著作中(至少从1957年的《句法结构》开始)对经验的态度明显发生了转变,他开始系统批判经验主义认识论,并不遗余力地为复兴理性主义传统而努力。也正因为这一点,古德曼与乔姆斯基断绝了交往,蒯因与乔姆斯基成了一生的论敌。所以,乔姆斯基在其著作中自然也就不会提及与他没有直接继承关系的经验主义者卡尔纳普了。

那么,有两个问题有待说明,即:①乔姆斯基是如何继承古德曼与蒯因的思想的;②乔姆斯基是如何与包括古德曼及蒯因在内的经验主义者决裂的。对于问题①,我们将在下面详述;对于问题②,我们将在第3章中具体论述。

早在20世纪40年代后期,乔姆斯基还在宾夕法尼亚大学攻读硕士学位期间,他便在古德曼的指导下开始了哲学学习。1951年,乔姆斯基获得硕士学位后,在古德曼的鼓励与推荐下获得哈佛大学研究奖学金,进入哈佛大学学习哲学直到1955年。在哈佛的5年间,乔姆斯基与古德曼、蒯因以及其他哈佛学者们有了频繁、深入的接触。20世纪50年代初,古德曼已经广为人知并当选为美国符号逻辑协会副主席;蒯因亦声名斐然,当时已被任命为哈佛大学哲学系主任,并于1954年接替C.L.刘易斯成为哈佛大学哲学系"埃德加皮尔士"讲座教授。要探究乔姆斯基的思想渊源,我们十分有必要先了解古德曼与蒯因的逻辑句法理论。

蒯因自称是卡尔纳普的学生,他认为在所有哲学家中,卡尔纳普对自己的影响最大。1933年,在蒯因游学欧洲期间,他第一次见到了卡尔纳普,并从此建立了"持续的智力联系"。在此期间,蒯因旁听了卡尔纳普的讲座,而讲座的内容正是当时尚未出版的《语言的逻辑句法》。回到哈佛以后,蒯因开设讲座,专题讲授卡尔纳普的最新哲学思想,同时还举办专题讨论,主题便是"卡尔纳普的《语言的逻辑句法》"。在参加讨论的人员中就包括当时在哈佛读研究生的古德曼。1935年12月,卡尔纳普亲赴哈佛。在哈佛期间,他不仅参加了蒯因组织的讨论,还就《语言的逻辑句法》开设了专题讲座。正是在这一系列的交往与深入交流中,卡尔纳普的逻辑句法问题成为蒯因与古德曼在当时以及其后一段时间中研究的重点,二人也因此成了师生以及后来研究中的合作者。

卡尔纳普对于古德曼的影响也同样显而易见。古德曼的博士论文《质量研究》("A Study of Qualities",1941)包含了他对改进卡尔纳普《世界的逻辑结构》中所建立的结构系统的尝试。而且,蒯因认为,《现象的结构》也正是古德曼进一步研究卡尔纳普《世界的逻辑结构》的结果。但相对于蒯因而言,古德曼对于卡尔纳普的逻辑句法理论带有更多的批判与改进成分。古德曼在《现象的结构》中就曾指出:"我批判性研究的目的并不是要去诋毁卡尔纳普的成就,而是要确定问题所在,并力求为其解决铺设道路。"[①]

蒯因与古德曼对于卡尔纳普逻辑句法思想的批判式继承主要表现在两个方面:现代唯名论立场与结构系统的简单性。这两个方面的思想均对乔姆斯基转换生成语言学的创立做了重要的理论与技术铺垫。

卡尔纳普回忆自己在哈佛的学术生活(1940~1941)时曾说:

> 我对于这些问题(逻辑句法)的思考受到了我与塔斯基、蒯因等人系列交谈的很大启发……后来古德曼也加入了相关讨论。我们尤其认为关于什么可以构成基础语言的问题,即观察语句的问题,必须要能够实现完全的可理解性。我们一致同意,语言必须是唯名论的,也就是说,语言中的项目一定不能指向抽象事物,而必须指向可观察的事物与事件。[②]

为了追求基础语言"完全的可理解性",卡尔纳普诉诸物理语言,并严格区分元语言与对象语言,但他并没有真正构建起有效的唯名论语言体系。相对而言,将唯名论的要求贯彻到底的倒是蒯因与古德曼。

1947年,古德曼与蒯因合作发表了论文《通向建构唯名论的步骤》,全面

---

[①] N. Goodman, *The Structure of Appearance*, p. 114. 转引自 M. Tomalin, "Goodman, Quine, and Chomsky: from a Grammatical Point of View", *Lingua*, 2003, vol. 113, p. 1229.

[②] Schilpp, P. A., *The Philosophy of Rudolf Carnap*, La Salle: The Open Court, 1963, p. 79. 转引自 M. Tomalin, "Goodman, Quine, and Chomsky: from a Grammatical Point of View", *Lingua*, 2003, vol. 113, p. 1234.

阐述了他们的现代唯名论思想。"建构唯名论"又被称为"结构唯名论",它与传统唯名论的区别在于它试图运用现代逻辑手段建立一套科学的人工语言,以消除"类"的概念。《通向建构唯名论的步骤》以这样一句话开头:"我们决不相信抽象实体。"[1]两位作者相信,通过拒斥抽象实体,20世纪初出现的很多使数学成为稳固基础的企图所带来的声名狼藉的悖论都将可以避免。在文中,两位作者还区分了柏拉图式的表述与唯名论表述,并在第一部分指出了将柏拉图式的表述转换为唯名论表述时必须要运用到的策略。

古德曼可谓是一位彻底的唯名论者,他将自己的工作定位为解释性的,并为此设定了严格的规范。根据这一规范,任何抽象的概念,如"意义"、"属性"、"类"、"可能性"等均不能进入科学的语言系统。但整体而论,到底什么才是判定概念是否抽象的标准呢?古德曼认为没有统一的客观标准,因为这不是一个逻辑问题,而是一个哲学上的道德问题。古德曼给自己设定的标准是"在我的哲学中所臆想的东西不应该比存在于天地间的东西更多"[2]。为了达到自己的标准,他选取了现象主义的概念系统来构建自己的科学体系,这一点明显与卡尔纳普不同。卡尔纳普排斥本体论上的唯物主义,但却坚持方法论上的唯物主义,并坚持用物理语言来实现描述世界的科学语言的统一。为了实现这一点,他甚至引入了行为主义立场,以消除心理学语言存在的可能。同样是出于客观描述世界的目的,古德曼采用了现象主义的概念系统作为其解释理论构建的基础。相比于物理主义,现象主义更符合于人类的认识能力,所以也就更易于实现语言的主体间性。古德曼说:

> 一个既是现象主义的又是唯名论的系统,只能有一个有限的本体论。在范围或分辨性方面,我们感觉能力不是无限的,换句话说,只存在有限多个最小的现象个体。一种柏拉图主义式的现象主义系统会承认一个无限的等级分类秩序,但是唯名论式的现象主义系统的论域至多包含有限多个由一个或多个现象个体组成的总和。无论如何,在这样一个显然同无限相关的系统中,解释非个体的或物理的事物时,必须同这样

---

[1] Goodman, N. & W. V. O. Quine, "Steps towards a Constructive Nominalism", *The Journal of Symbolic Logic*, 1947(12), p.105.

[2] 转引自李小兵《古德曼的现代唯名论》,《北京社会科学》,1996年第4期,第36页。

一个有限的本体论相容。①

蒯因与古德曼的现代唯名论思想对乔姆斯基早期句法理论的形成影响很明显。这种影响不仅表现为乔姆斯基对形式句法系统的继承,更表现为乔姆斯基对唯名论思想的具体运用。在《句法分析系统》中,乔姆斯基提出"铭刻式唯名论框架"(inscriptional nominalistic framework)。他认为:

> 这一铭刻式的方法运用于语言学研究十分自然,尤其是当我们考虑到这一事实,即本文的研究成果将会被恰当地运用到对同形异义现象的分析中去……以下将会看到,对于个体算法的运用可以轻易解决原本表面看起来需要集合理论来解决的结构问题,而且如此一来,还可清除种类分层的必要性从而提升整个系统的处理能力。②

乔姆斯基在此处已经明确表达了自己拒斥抽象或集体概念的态度。不仅如此,在同一篇论文的 2、3 两部分中,乔姆斯基所做的工作仅是将古德曼在《现象的结构》中构建的结构系统运用于句法分析当中。

由此看来,我们也更加容易理解为什么乔姆斯基会在《句法分析系统》之后逐渐放弃其学术启蒙导师哈里斯的结构主义语言学方法了。乔姆斯基在接触了卡尔纳普、蒯因与古德曼的逻辑句法理论之后,发现相比于结构主义语言学机械分析式的研究方法,逻辑句法明显具有更为强大的解释能力与生成能力,而这正是他所关注的语言能力的主要特征。

蒯因与古德曼对于卡尔纳普逻辑句法理论的另一个发展体现在他们对于结构系统简单性(或称"经济性")的强调。

追求最大的解释或描述能力与最简的结构体系是任何一个逻辑句法系统均应遵守的基本原则。但是,所谓的"最大"与"最简"却又都是相对主观的概念,对每一个理论构建者而言,在多大程度上实现"最大"与"最简",可能真的"不是一个逻辑问题,而是一个道德问题"。古德曼深刻地意识到这一点,认为应该为结构系统的"简单性"确定一个广泛认可的定义。他认为,从结构系统自身而言,如果一个结构系统的基础(basis)比另一个结构系统的基础

---

① 转引自李小兵《古德曼的现代唯名论》,《北京社会科学》,1996 年第 4 期,第 37 页。
② N. Chomsky, "Systems of Syntactic Analysis", *The Journal of Symbolic Logic*, 1953(18), p. 243.

更加经济、简洁,那么我们就认为这个结构系统更加简单,也更加优越;而判定两个基础哪一个更经济、更最易操作的方法就是计算一下这两个基础各自所包含的逻辑外原始项目(extralogical primitive)的数量,数量越少的越经济。基于这样的考虑,古德曼开始研究减少原始项目的方法。这一研究的成果首先表现为 1940 年发表的论文《论逻辑外假定的消除》("Elimination of Extra-Logical Postulates")。这篇论文同样是与蒯因合作的成果。在这篇合作完成的论文中,古德曼与蒯因提出消除基础关系项目的具体方法。他们提出一个新的关系词项"O",即"相交"(spatial overlapping),表示两个个体具有某些共同的内容。设立了 O 之后,一些原有的关系词项就可以被消除,如"部分"就可以被定义为"一事物是另一事物的部分,当且仅当所有与前者相交的东西也与后者相交"[1]。基于同样的方法,使用 O 还可以定义"离散"、"真部分"、"积"、"否定"和"集合"等词项。在其后的研究中,古德曼还提出了为结构系统选择个体单位即系统原子的具体方法。

为了更加明确地定义"简单性",在《论逻辑外假定的消除》中,两位作者提出应区分"真实经济性"(real economy)与"表面经济性"(apparent economy),而区分的依据在于所讨论系统的综合完善程度(synthetic completeness)。在随后的论述中,古德曼与蒯因分别对这两种经济性做出了具体的阐释。在 1943 年发表的论文《论观念的简单性》("On the Simplicity of Ideas")中,古德曼指出:

> 仅仅数一数原始词项的数目并不是一个令人满意的方法,这一点显而易见。如果原始词项的数目就是唯一的标准的话,那么逻辑外基础的经济性就只能是一个无关紧要的问题了,因为仅通过一些逻辑手段的机械运用,我们就可以把任何系统的原始词项减少到一个……这种做法并不能实现真正的经济性(genuine economy)。[2]

他进一步论述:

> 我们实际需要的是一种能够评估观念相对简单性与复杂性的方法……

---

[1] 转引自李小兵《古德曼的现代唯名论》,第 38 页。
[2] N. Goodman, "On the Simplicity of Ideas", *The Journal of Symbolic Logic*. 1943 (8), pp. 107—108.

我们并不需要有能力确定观念在每个方面都比另一个观念更加简单,我们只需要确定这个观念与经济性相关的方面比另一个观念更加简单即可。每一个简单性的标准均需要与我们内心追求简单的强烈本能相一致,这是很自然的,但这还不够。基于我们当前的目的,最为关键的检验标准在于,使用一个更简单的观念替代一个现有观念是否需要(并因此而表明)运用到一些观念所涉及的专门知识。唯此我们才能说实现了真正的经济性。①

这表明,古德曼的简单性或经济性原则并不是只看数量,而是在力求减少原始项目数量的同时更加注重结构系统的功能实现。

简单性同样是蒯因之后研究中的一个重要论题。在其 1953 年出版的重要著作《从逻辑的观点看》中,蒯因再次区分了两种经济性。他说:

> 在逻辑和数学系统中,我们可以在互相对立的两种经济性(原译为"节约方式",为统一译名本文作者进行了改译。下同)之间追求任何一种,而每一种都有它的特殊的实际效用。一方面我们可以寻求实际用语的经济,即轻易简便地陈述各种各样的关系。这种经济通常要求用特殊的简明记号来表示许多概念。但是,另一方面,相反地我们可以寻求语法和词汇的经济。我们可以尽力找到最少量的基本概念,以便一旦其中每个都有了特殊的记号,我们就有可能通过基本记号的单纯结合与重复来表达想要得到的任何其他概念。这第二种经济从某方面来讲是不实际的,因为基本用语的贫乏必然使论述变得冗长。但在另一方面它又是实际的,通过把语言本身的词和构造形式减到最小量,就大大简化了对于语言的理论性论述。②

根据托马林的观点,蒯因的第一种经济性指"表面的经济性",第二种经济性指"真实的经济性"③。

需要注意的是,古德曼和蒯因均持有某种程度的实用主义观点,他们相

---

① N. Goodman, "On the Simplicity of Ideas", *The Journal of Symbolic Logic*. 1943 (8), p. 108.
② 蒯因:《从逻辑的观点看》,见《蒯因著作集》第④卷,涂纪亮、陈波主编,中国人民大学出版社,2007年,第22页。
③ M. Tomalin, "Goodman, Quine, and Chomsky: from a Grammatical Point of View", *Lingua*, vol. 113, p. 1231.

信存在着不同的系统,这些系统对于同样的世界可能具有相同或相似的解释(描述)能力。那么,逻辑句法理论的构建者就会面临在不同结构系统之间做出选择的问题。在古德曼与蒯因看来,做出选择的标准就是"简单性"。

20世纪40年代起至50年代初,是古德曼对于简单性(或经济性)最为关注的时期,简单性是研究的主体。也正是在这一时期,乔姆斯基分别在宾夕法尼亚大学与哈佛大学聆听古德曼的讲座,接受他的指导与帮助。乔姆斯基在这一时期的第一个研究成果是他的硕士论文《现代希伯莱语的词形音位学研究》("Morphophonemics of Modern Hebrew"),提交于1951年。在该论文中,乔姆斯基认为,一种语言的语法系统如果是恰当的,就必须满足两个条件:第一,"它必须能正确描述这种语言的结构";第二,"它必须达到建立时所特设的标准(如适用于教学等),而如果没有这一特设标准的话,它必须满足'简单、经济、紧凑'等要求"[1]。在同一篇论文中,乔姆斯基指出,仅仅计算语言系统中规则的数量并不是实现简单性的恰当方法。他在此时已经走出古德曼与蒯因早期研究中可能存在的误区,并已经对简单性有了自己的思考。在随后的研究中,乔姆斯基对简单性愈加重视。在其第一本著作《语言学理论的逻辑结构》中,乔姆斯基专门讨论了句法系统的简单性问题。他建议设计级层式的结构系统(hierarchical constructional system),实现句法结构的简单性。他同时指出,简单性可作为在相竞争的语法系统之间做出选择的主要依据:"在细致的描述工作中,我们总会发现在不同分析间做出选择时所考虑的总是语言系统的简单性……研究以简单性来界定语言概念的可能性总是很合理的做法。"[2]这些观点明显与古德曼的观点相似。在该书的另一部分,乔姆斯基指出,对于简单性原则的运用不能仅依靠我们的"直觉",而应该"程序化",并有助于确定那些可以为一个有关语法简单性的连贯理论提供基础的形式语言学的具体特征[3]。在这一点上,乔姆斯基如果不是直接借鉴了古德曼的观点的话,至少是与古德曼在简单性思考方面殊途同归。

简单性考量贯穿乔姆斯基句法研究的始终,对于结构系统简单性的要求

---

[1] M. Tomalin, "Goodman, Quine, and Chomsky: from a Grammatical Point of View", *Lingua*, vol. 113, p. 1244.

[2] N. Chomsky, *The Logical Structure of Linguistics Theory*. The MIT Press, 1975, p. 114.

[3] 同上,p. 116.

一直是乔姆斯基理论发展与变革的动力。有关这些理论的具体内容,我们将在下两章中继续讨论。

## 2.3 本章小结

现在我们需要说明的问题是,乔姆斯基是如何整合他所继承的不同性质的理论的。

关于乔姆斯基的理论特征有两点是确定无疑的,即:①理性主义;②形式化。其中特征①源自理性主义传统,特征②则主要来自卡尔纳普、古德曼与蒯因的逻辑经验主义。理性主义与形式化是否可以共存?鉴于理性主义与乔姆斯基所继承的逻辑经验主义存在着一个根本的区别,即对待经验的态度不同,我们还需要在此简要说明乔姆斯基是如何定位经验,以避免其理论可能存在的内在矛盾的。

理性主义与形式化能否共存,对于大多数研究者来说,本身并不构成一个问题,因为"理性主义"与"形式化"是两个不同层次上的概念,前者是就认识论意义而言的,而后者是就方法论意义而言的。回顾理性主义认识论发展史,我们会发现,无论是笛卡尔还是康德,形式化总是他们理论构建或描述时所追求的主要形态。

在笛卡尔所处的时代,数学是科学的典范。因此,以数学为基础来构建人类的知识是那个时代研究者的普遍追求。笛卡尔认为:"我们充分认识到,古代几何学家们使用一种可靠的分析方法,他们将这种分析方法延伸到了所有问题的解决上,虽然他们吝惜地向子孙保守着这个秘密。"[①]所以,如何恢复并发展这种方法便显得举足轻重。17世纪,数学研究的确取得了巨大的进展,如笛卡尔"创立"了解析几何,牛顿、莱布尼茨先后创立了微积分等。数学上的伟大成就很快便被运用于其他自然学科领域的研究,首先受益的是天文学与物理学。渐渐地,将数学证明应用于其他学科研究成为恰当与惯常的要求与做法,这也同时使得数学式的形式化方法被推而广之。

在笛卡尔的研究中,有两点特别说明了他对于数学的重视。第一,笛卡尔认为:"除了那些在几何学或抽象数学里被接受的原理之外,在物理学里,

---

① 转引自乔治·莫兰德《从文艺复兴到笛卡尔的科学和数学》,田平等译,G. H. R. 帕金森主编《文艺复兴和17世纪理性主义》,中国人民大学出版社,2009年,第128页。

我并不接受或希求任何其他原理,因为所有自然现象都是由此解释的,而且可以给出关于它们的必然性论证。"[①]第二,笛卡尔曾提出过建立"一般数学"的计划,其中自然世界以次序与度量为基础被加以解释。然而,笛卡尔的形式化方法是有明显缺陷的。在当时,归纳方法刚刚为培根所创立,还远谈不上完善;演绎方法由于其自身在发现新知识功能上的不足而难有大的作为。更为重要的是,笛卡尔缺乏一套完善的逻辑方法。正是在这个意义上,我们认为,在笛卡尔那里,理性主义还只能表现为理性直观与思辨层面的推理论证;而到了乔姆斯基那里,借助相对成熟的数理逻辑,理性主义已经发展成为具有可操作性的理论武器了。因此,如果撇开两人不同的时代背景,我们便会发现乔姆斯基与笛卡尔在认识论上其实是十分相似的。

与笛卡尔相似,康德的认识论同样是以数学和当时普遍接受的自然科学(牛顿力学)为出发点的,其最主要的目的也同样在于为自然科学知识提供确定的基础。不仅如此,康德希望找到一条恰当的科学发现途径,这一点也与笛卡尔相似,所不同的是康德在这条道路上比笛卡尔走得更远。

在康德之前,真正成为科学的逻辑形式只有形式逻辑。形式逻辑只关注思维的形式而抛弃了一切的内容。形式逻辑研究如何基于概念变元与逻辑关系符号,从前提中做出推理或得出结论。但形式逻辑的主要问题在于,它可以作为论证的工具,却无法成为一种发现新知识的手段。为弥补这一关键性缺失,培根、笛卡尔、莱布尼茨都做出了努力,但在这一领域真正取得实质性进展的是康德。

康德对于逻辑的贡献在于他为形式逻辑奠定了一个新的认识论基础——先验逻辑。在康德看来,形式逻辑处理的是先天分析命题,而先验逻辑处理的却是先天综合命题。我们可以将康德的先验逻辑看作是笛卡尔理性直观的具体化与系统化。也就是说,笛卡尔只是将人类科学发现的能力归结为理性直观,而康德已经构建起一套完整的发现逻辑(先验逻辑)。很明显,在逻辑化、形式化这条道路上,康德比笛卡尔走得更远。

但是,不可否认的是,康德的先验逻辑仍然在为形而上学辩护。无论是感性直观的形式空间与时间,还是知性的形式范畴,在康德的认识论体系中,

---

① 参见笛卡尔《哲学原理》第二部分第64条。转引自 G. H. R. 帕金森主编《文艺复兴和17世纪理性主义》,中国人民大学出版社,2009年,第202页。

都是先于经验而存在的。康德赋予了它们绝对的地位,认为它们是科学知识得以成立的唯一依据,至于这些形式本身如何形成又何以验证则不在讨论之列。在认识论研究高度自然科学化的今天,康德的先验理论如想获得认可显然需要更多的论证。除此之外,康德的先验逻辑还存在以下两个方面的问题:①"人为自然立法",主张从人的角度来理解知识的普遍必然性,但这样做的一种可能后果是对于知识的追求"会囿于某种心理主义的层面,而将其所发现的秘密当作障眼的遮蔽物和单纯的'现象',这就堵塞了彻底解决'休谟问题'的唯一通道"[①];②康德以认识主体的先天观念为依据来确定知识的普遍必然性,这便为后世非理性主义哲学的产生留下了充足的余地[②]。

解决以上问题最根本的途径就是要为知识的普遍必然性寻找新的基础,而且这一新的基础只能是自然科学的。对先验逻辑进行自然科学式的改造,正是乔姆斯基在认识论上的主要贡献。这种贡献突出表现为乔姆斯基的以下两个观点:第一,人类的认识结构是经由进化而来并通过基因世代相传的;第二,我们可以尝试着以经验为基础对这些认识结构的具体形态提出科学假设,但这些假设是否正确只能由后续的科学研究发现来检验。对于乔姆斯基的贡献,卡尔-奥托·阿佩尔总结道:"乔姆斯基似乎(至少是部分地)把康德的先验哲学纲领转换为一种经验上可检验的认识论纲领。"[③]而这一纲领转换的实现,应部分归功于乔姆斯基对分析哲学的继承。

现在我们来简要说明另一个容易引起误解的问题——经验的功能与地位。对这一问题完整的表述应该是"经验在人类知识获取过程中的功能与地位"。说它容易引起误解,是因为在乔姆斯基继承的两种主要理论形态中,一种是理性主义,一种是经验主义。读者也许会问:理性主义与经验主义是两种截然对立的认识论思想,两者又何以在乔姆斯基的理论体系中融为一体的呢?

我们首先明确一个可能的认识论误区,即认为理性主义无视经验的存在。在 2.1 节中,我们曾提到过理性主义的两个基本原则,即:①运用理性的

---

① 参见笛卡尔《哲学原理》第二部分第 64 条。转引自 G. H. R. 帕金森主编《文艺复兴和 17 世纪理性主义》,中国人民大学出版社,2009 年,第 57 页。
② 同上,第 55 页。
③ 阿佩尔:《哲学的改造》,第 208 页。

方法论;②承认先天知识的存在。这两个基本原则分别表示知识获取的方法与知识的来源。理性主义认为知识起源于某种自明的先天第一原则,随后经过理性的逻辑推演而发展成确定并且完整的知识体系。在此过程中,经验的地位的确微不足道。也正是因为这一点,理性主义总是给人以忽视经验的印象。

要澄清这一可能的认识论误区,我们需具体分析一下笛卡尔与康德的认识论理论。笛卡尔的天赋观念论长期以来一直受到诟病,洛克甚至认为天赋观念论助长了人们对于上帝或权威的盲目信仰,从而使他们变成了思想懒汉,放弃了独立的思考与判断。客观地说,洛克的批评不无道理,但他的观点并不应该主导我们对于笛卡尔认识论思想的理解。要完整地认识笛卡尔天赋观念论的内涵与价值,我们还需更全面地分析这一思想,尤其是分析天赋观念与经验的关系。在实际研究中,我们发现:第一,笛卡尔并非认为我们的一切认识都是天赋的,他实际上认为我们的知识或观念有三个来源,即外来的、虚构的与天赋的,其中唯有天赋的知识或观念是最可靠的;第二,笛卡尔认为感性认识与理性认识的性质和功能不同,他最先看到了感性认识即经验不可能带来确定性的认识①,因而人们对于事物的本质认识、公理、普遍原则等真理性的认识只能归于理性认识,只能是天赋的;第三,笛卡尔的天赋观念论提示我们,"人的心灵是存在着一些天赋能力的,它们是人能够获得正确认识的前提条件"②,这一"前提条件"在后天的经验环境中促成了知识的形成。

在以上三条中,我们均可以发现经验的"身影"。它虽然不是知识形成的主角,但不可否认的是,没有它,知识的形成是不可能实现的。实际上,笛卡尔后期对天赋观念论进行了一定的改造,从"直接呈现说"改造成"潜在发现说",最终发展成"能力潜存说"。通过每一次的改造或发展,经验在知识形成过程中的功能受到更多的认可,它的地位也得到不断的加强。

不仅如此,从笛卡尔天赋观念论思想中,我们还可以很明显地找到康德与乔姆斯基相关理论的雏形。可以说,感性认识与理性认识的分离为康德的先验学说做了重要的理论准备,而天赋能力思想是乔姆斯基"天赋语言能力学说"的最初原型。

---

① 冯俊:《开启理性之门——笛卡尔哲学研究》,第90页。
② 同上,第92页。

笛卡尔之后,康德同样很重视经验在知识形成过程中的功能与地位。在其先验逻辑中,康德将人类的认识分为形式与内容两个方面,其中虽然形式是先天的,但是内容只能来自于经验。同样,在范畴的先验演绎部分,康德一方面说明先验的范畴是一切综合的本源,另一方面又向我们表明范畴及其运用局限于可能的经验。因此,与笛卡尔相比,康德对于经验的定位显然更加明确。

纵观理性主义的发展史,从笛卡尔到康德再到乔姆斯基,我们可看到一条清晰的继承与发展的轨迹。这一轨迹可分为两条线索:①笛卡尔的天赋观念——康德的先验结构——乔姆斯基的天赋语言观;②笛卡尔的理性直观与演绎——康德的先验逻辑——乔姆斯基的数理逻辑。线索①告诉我们知识的来源,线索②告诉我们知识形成与构建的方法,这二者的结合正好构成了理性主义认识论的理论内核。

# 第3章

# 柏拉图的问题:语言知识如何习得

我们只要张开嘴、发出声音,就可以将彼此心中的意念很准确地传达到对方心中。这个能力来得如此自然、轻松,以至于我们常常忘记拥有这个能力其实是个奇迹。①

斯迪芬·平克(Steven Pinker)在《语言本能:探索人类语言进化的奥秘》(*The Language Instinct*: *How the Mind Creates Language*)中如是描述语言。平克是麻省理工学院教授、认知神经科学主任,是麻省理工学院继乔姆斯基之后的又一位语言学大师。虽然他与乔姆斯基在观点上不尽相同,但他仍是乔姆斯基生成语言学的追随者与推动者。在本章中,我们将要具体说明这样一个"奇迹"常常被"忘记"的原因。

说人的语言能力是一个"自然界的奇观",我们可以列举出很多原因。比如,人的语言能力复杂而赋有无限的创造性,我们可以说出或理解我们从来没有听到过的表达。又比如,儿童在语言习得期的语言经验是如此贫乏,不但不足以反映所有的语言知识,而且还充斥着大量的表达错误,但生理正常的儿童均可以"轻易地"学会自己的母语。如果仅关注人类的语言习得本身,我们会发现在语言输入与语言能力之间存在着明显的不对等性,即语言输入如此贫乏,但我们习得的语言能力却又是如此高超、语言知识是如此丰富。

有关语言知识与语言能力来源的追问引导我们回溯到一个古老的认识论问题,那就是"我们的知识从何而来"。这一问题缘于柏拉图,因此在乔姆斯基的理论体系中,语言知识的来源问题被称为"柏拉图的问题"。对于这一

---

① 斯迪芬·平克:《语言本能:探索人类语言进化的奥秘》,洪兰译,汕头大学出版社,2004年,第21页。

问题的不同回答构成了我们现在所熟知的两种不同的哲学传统:理性主义与经验主义。

乔姆斯基如此回答"柏拉图的问题":人类语言知识与语言能力是两个方面共同作用的结果,即人类先天的语言官能和后天的语言经验。语言官能(the faculty of language)指人类语言能力的生物基础,也就是人类的语言器官,它经过进化而来并基于基因世代相传。语言经验指儿童在习得语言过程中所接触到的外在语言输入。儿童语言习得的过程也就是语言官能在语言经验的刺激下"生长"出语言能力的过程。

理解乔姆斯基的语言习得理论需要特别关注以下三个要点:①天赋语言观;②语言官能(I—语言);③原则与参数假说。①天赋语言观指儿童天生具有习得语言的生理基础。天赋语言观假说的提出源于刺激贫乏理论,即儿童在语言习得过程中所接触到的语言经验输入十分有限,而且这些有限的经验中还充斥着大量的错误,但儿童却在这样的语言环境中形成了无限的语言能力。刺激贫乏现象迫使研究者为语言习得寻找经验之外可依据的基础。乔姆斯基努力"寻找"的结果便是提出了②语言官能假说。语言官能假说的核心是I—语言。I—语言的提出是为了代替具有歧义的"语法"一词。然而虽然在内容上I—语言与传统语法有相似之处,但实际上两者相差甚大,因为I—语言指人类内在的语言知识,它可以是默示的知识,为人类所共有;而传统语法则指语言学家基于语言现象总结出来的语言规则,它是明示的知识,甚至包括一些人为的规定,只有通过学习才会获得。语言官能与I—语言的另一个广为人知的名称是"普遍语法"(universal grammar)。根据乔姆斯基的设想,普遍语法包括一些语言原则与待设定的参数,这便是原则与参数假说。③假定语言由一些固定不变的原则组成,并且这些原则与一些参数的设置开关相连。根据这一假设,儿童语言习得过程实质上是参数的设定过程,因而他们可以快速且轻易地学会一门语言。这一假设同时也解释了语言间的差异问题。

基于这三个要点,我们发现在乔姆斯基的语言习得理论中,虽然先天的语言官能与后天的语言经验缺一不可,但是很明显语言官能更为重要。事实表明,一个先天聋哑的儿童也同样可以轻易地学会手语,并可以用手语表达复杂的思想,这证明语音并不是语言官能唯一的实现形式。强调语言知识的先天性,显然是笛卡尔、康德式理性主义认识的基本立场。也正因为这一点,乔姆斯基坚持认为自己是理性主义的复兴者。

## 3.1 天赋语言观

儿童是如何学会自己的母语的？对于这一问题目前有两种主要观点：第一种观点认为，儿童语言是先天的语言官能在后天的语言经验的激发下自然"生长"出来的；第二种观点认为，语言习得过程就是人类普遍认识能力基于语言经验对语言知识的构建、记忆、使用的过程。持第一种观点的是以乔姆斯基为代表的生成语言学家（又称"生物语言学家"或"形式语言学家"）；持后一种观点的则主要是认知语言学家。这两种观点的主要区别并不在于是否承认先天能力的存在，也不在于是否承认后天经验在知识形成过程中的作用，而在于对先天与后天因素在个体语言知识形成过程中的作用的认识不同。首先，在对待先天因素问题上，生成语言学家认为人类先天的语言器官（语言官能）并不是"白板"，它实际上是包括了语言的规定性特征（普遍语法）；而认知语言学家认为人类并不具有任何专门的语言器官，语言知识的获得是人类在普遍语言能力发展的基础上对语言经验进行归纳与建构的结果。其次，在对待经验问题上，生成语言学家认为语言经验在语言知识的形成过程中仅起着激发作用，它需在先天语言官能的规定下才能起作用；而认知语言学家则认为语言经验是语言知识的唯一来源。

消除争论的最有效办法就是诉诸事实。以下几点是儿童语言习得与使用过程中的基本事实。

(1)儿童语言能力的发展进程明显快于其他认识系统的发展进程。

(2)在语言经验素材有限并且充满歧义甚至错误（如成人的口误）的情况下，儿童完全可以掌握母语的句法结构。

(3)在语言习得期，儿童醒着的时候大约每小时就会学会一个词语。

(4)儿童在经验上与智力上表现出一定的差异，但在语言习得的时间与程度上相差无几。

(5)儿童无论在哪一种语言环境中，均可以轻易地习得该语言。

(6)语言具有无限的创造性。语言是自由表达思想的工具，其发挥作用的余地是无限的。语言表达与情景相符，但不受刺激情景条件的制约。

为了进一步说明以上事实，让我们先来了解一下儿童语言习得的大概进程与特征。先来看语音。多数语言都有一些自己独特的语音特征。仅以汉语与英语为例,汉语中的四个声调在英语中没有,英语中的[θ]与[ð]汉语中也没有。对于一个学习外语的人来说,学会另一种语言的语音特征虽然不是不可能,但却十分困难;有时即使学会,在自由表达的时候也会无意间读错。然而,儿童无论处在哪一个语言环境中,均可以轻易地掌握所处语言的完整发音系统。这说明,儿童在语言习得开始之前具有所有人类语言可以涉及的发音方式,但这种发音方式在他的语言习得过程中却随着他的母语发展而"退化"了。研究发现,婴儿到 6 个月大时就可以把多个音的特征归在一起,形成一个音素;到了 10 个月大时,就只对自己母语所特有的音素敏感了。平克这样形容儿童的语音学习:"婴儿学习语音,就像大人拿到一个没有使用说明书的收音机一样,所有的旋钮、开关都没有贴上标签,这时大人只好无目的地随便去转那些钮,看有什么结果。婴儿也有一套神经指令,可以去移动他的发音器官,造出许多不同的声音来。"但神奇之处在于,"在听到自己发出的声音后,婴儿等于是在写自己的发音手册,他们学会了移动什么样的肌肉到哪里去,会发出什么样的声音来。这是他们能复制他们父母语音的先决条件"①。

  这里有两个问题需要解释。第一,儿童在最初的阶段是具备发出任何语言语音特征的潜在能力的,但随后当他们接触到母语时,他们的发音能力却相对退化了吗?回答显然是否定的。更恰当的解释应该是儿童的发音能力(潜力)在经验的激发下更趋精致化。也就是说,发音系统的发展过程不仅是一个不断成熟的过程,而且是一个不断去除冗余的过程。儿童语音潜力的发挥并不以是否充分成熟为评判标准,而是以是否对一种语言的表达来说最简化为评判标准。最简化的标准内在地要求儿童语音成熟过程中需要不断地去除冗余。第二,儿童语音知识与能力的形成是普遍认识能力发展的结果吗?回答也应该是否定的。10 个月大的婴儿的认识能力还十分有限,很难想象这时他们可以依据语言经验习得母语的发音特征。儿童的语音能力发展过程体现的是一个儿童个体的参数设定过程。假设某一语音特征 A 具有两种表现发音方式,分别为 $A^+$ 与 $A^-$(其中 $A^+$ 是汉语发音方式,$A^-$ 是英语发音方式),那么一个在汉语语境下长大的儿童便会在外在语言经验的激发下将参数设定为 $A^+$,而一个在英语语境下长大的儿童会将之设定为 $A^-$。

---

  ① 斯迪芬·平克:《语言本能:探索人类语言进化的奥秘》,第 285 页。

这样一来我们便容易解释一个儿童的语音发展过程为何如此迅速且又如此"轻易"。

与语言习得相比,词汇习得似乎更容易解释,因为一般认为词汇习得无非就是一个记忆与积累的过程,但实际情况并非如此。且看以下两个具体事实。事实一:儿童从 18 个月左右开始,其(醒着时)词汇增长速度就达到了几乎每小时一个或更多,而同期儿童的其他认识能力却十分有限,尚不足以支持如此之快的词汇习得速度。事实二:词汇习得不是孤立的,词汇需要被运用到具体的语言表达中,这就要求使用者必须清楚词汇自身的语义和语用特征,如搭配问题、及物与不及物问题、多义词问题等。而事实上儿童在 3 岁时就基本具备表达完整句子的能力,无疑也就说明此时的儿童已经掌握了大量的词汇特征。很难想象一个 3 岁左右的儿童是如何做到这一点的。这两个事实使我们不得不在经验与儿童的普遍认识能力之外为儿童语言习得寻找其他的解释。

最后,我们来看一下儿童的句法习得,这无疑是最为复杂的。可以明确的是,儿童句法发展应该从两词句阶段开始,这个阶段大概开始于儿童 1.5 岁到 2 岁期间。虽然只是两词句,但句子的句法结构却是多样的,可以表示不同的逻辑句法关系。比如"妈妈来"、"宝宝吃"、"给宝宝"等,均可表示明确的"主谓宾"结构。即使像"妈妈饭"这样可能有多重含义的句子(可以表示"妈妈的饭"、"妈妈吃饭"或"给妈妈吃的饭"),对于汉语的基本结构而言,都没有违反汉语的基本语序,只是不够完整。两词句阶段之后是多词句阶段,句子的长度不断增加,句法结构的种类也不断丰富。研究表明,一般到 3 岁时,一个孩子所掌握的句法种类的数量可以达到上千种[1]。

以上三个方面的语言习得过程——语音、词汇、句法——发生在每一个正常的儿童身上,所以我们会习以为常。但仔细想来,它们的确又都是"奇迹"。

这些"奇迹"反映了儿童语言习得过程中的一个基本现象——"刺激贫乏"。刺激贫乏指的是"儿童所接收到的语言输入(刺激)不足以解释他们所

---

[1] 斯迪芬·平克:《语言本能:探索人类语言进化的奥秘》,第 288 页。

实际掌握的语言知识"①。以上从语音、词汇与句法三个角度对语言习得的分析已经至少部分地证明了这一点。刺激贫乏对于经验主义语言习得观构成了直接的挑战,因为如果语言经验不足以解释儿童所习得的语言知识的话,那么语言知识来自语言经验的说法也就难以立足了。同时,由于语言学研究结果已经明确否定了父母有意识的训练与纠正在儿童语言习得过程中起作用②,那么在这种情况下,以传统理性主义认识论为指导,设定儿童拥有语言习得的生理基础——语言官能——应该是一个合理的选择。这种生理基础设定便构成了乔姆斯基理论体系中最具争议的一个论点——天赋语言观(language is innate)③。

天赋语言观坚持人天生就有一种学习语言的能力与普遍的语言知识,否定语言是后天"学会"的。乔姆斯基将人的语言学习与人的四肢生长、视力发育相类比,甚至与蜜蜂跳舞、鸟筑巢和鸣唱相类比,认为人的语言能力是生而有之的,即人的语言能力/官能(the faculty of language)是由基因决定的。天赋语言观贯穿乔姆斯基语言理论的始终,并且随着乔姆斯基本人的一次次解释与强调,其具体内涵愈加清晰。在2004年出版的《超越解释的充分性》中,乔姆斯基再次强调了以天赋性为基础的人类语言的本质问题。他明确提出语言(Language,简写为L)的习得是以下三个因素相互作用的结果④:

(1)个体经验(PLD⑤),这一经验必须在 $S^0$(语言习得初始时语言官能的状态)许可的选项范围内进行选择。

(2)作为进化结果的 $S^0$ 本身。

(3)生物系统的普遍属性。

这其中(3)"生物系统的普遍属性"指的是除语言官能之外语言知识必须依据的其他生物基础;(2)为进化而来的语言官能,是人与生俱来的初始语言

---

① C. Boechx, *Linguistic Minimalism: Origins, Concepts, Methods and Aims*. Oxford University Press, 2006, p.24.
② 何兆熊,梅德明:《现代语言学》,外语教学与研究出版社,1999年,第245页。
③ N. Smith, *Chomsky: Ideas and Ideals*, p.167.
④ N. Chomsky, "Beyond Explanatory Adequacy", Adriana Bellitti (ed.) *Stucture and Beyond: the Cartography of Syntactic Structures*, Volume 3. Oxford University Press, 2004, pp.104−105.
⑤ PLD(primary language data)指在语言习得过程中个体所接触到的基本语言经验。

机能。(3)与(2)的存在对于(1)(个体经验)进行限制,从而保证语言习得的有效性。

　　天赋语言观是乔姆斯基语言哲学理论的核心。基于这一天赋性,儿童掌握母语的过程变得"轻而易举"。语言不是学会的,而是在外在经验的激发下自行"生长"(grow)的。然而,这一语言习得过程理论是经验主义者不能接受的,尤其是行为主义者。在行为主义者看来,行为的客观性与可观察性是获取知识(包括语言知识)的唯一基础。因此,在他们看来,语言的习得基于儿童不断受到语言刺激并不断做出反应这一行为模式,正是这一"刺激—反应"模式的不断强化使得对语言的掌握成为可能。与经验主义者的论战伴随着乔姆斯基语言理论形成与发展的始终,这也就导致了认为乔姆斯基语言理论是对笛卡尔理性主义的严格继承并与经验主义绝对对立的一般印象。为了澄清这一可能的误解,以下论述将采用对比分析的方法,明辨乔姆斯基语言习得理论的理性主义特征;而有关乔姆斯基是如何反驳经验主义语言习得观的,我们将会在下节中设专题进行论述。

　　乔姆斯基对于自己理论的思想渊源的表述十分明确——源于笛卡尔的理性主义传统。乔姆斯基为此曾在其 1966 年出版的《笛卡尔的语言学》中做了专题论述。在该书中,乔姆斯基以天赋观为基础从四个方面再现了笛卡尔语言学传统:语言使用的创造性、深层与表层语法、语言学中的描述与解释、语言习得与使用。不难看出,这四个方面也同样是乔姆斯基语言理论的核心。因而,乔姆斯基对于笛卡尔语言学传统的追溯不仅重申了笛卡尔理性主义传统的重要性,同时也为他自己的语言理论奠定了坚实的理性主义哲学基础。

　　乔姆斯基对于自己理论渊源的过多强调可能会给读者造成这样的印象:既然乔姆斯基坚持笛卡尔的理性主义传统,那么他的天赋语言观也很可能是秉承笛卡尔理性主义天赋观念论的。然而,仔细分析乔姆斯基各个时期的论述,我们会发现两者存在着鲜明的差异。这些差异可主要概括为:理论构建目标上的差异;理论构建方法上的差异;天赋观念在理论体系中的地位的差异。

　　首先,在理论构建目标上,笛卡尔提出天赋观念旨在为知识体系提供确定性承诺,而乔姆斯基提出天赋语言观则是为了给自然(语言)现象提供最佳的解释。

就其个人研究历程而言,笛卡尔首先应是一位实践科学家。随着科学实践的深入,尤其是以1629年施因奈尔(Christopher Scheiner)在罗马附近观察到假日(幻日)现象为契机,笛卡尔开始关注复杂自然现象背后的普遍理论解释,并着手建立统一的物理学,以"解释所有的自然现象,即全部物理学"。笛卡尔的研究规划最终以著作《论世界》(The World)的形式面世。该书包括三个部分:论光、论人、论心灵。正是从该书开始的几本著作中,笛卡尔完成了从物理学到形而上学的转变。这一转变对于笛卡尔来说是必须的,因为他发现,要构建一幅有关宏大世界景象的统一物理学的确定知识体系,必须要找到一个绝对稳固的根基,而这一根基在他当时看来只能由那些从永恒真理必然推导出来的东西构成。这样的永恒真理只可能是先天的。我们可以将笛卡尔的推论路径简单描述如下:

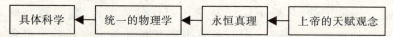

由此可见,笛卡尔的天赋观念旨在为他所提出的"统一的物理学"提供绝对稳固的基础,以兑现其早期的研究承诺。

与笛卡尔相似,乔姆斯基的语言学研究同样以自然科学研究为导向。不同的是,乔姆斯基认识到永恒真理在当前研究阶段的不可及性,所以转而要求基于当前的科学研究成果构建对于自然现象(语言能力与语言运用)的最佳解释性理论。乔姆斯基所要解释的核心问题被称为"柏拉图的问题",即语言知识的来源问题。为解决这一问题,乔姆斯基以大量的经验事实为基础,并借鉴了跨学科的研究成果,提出了"天赋语言"的理论设想。这一理论认为人类具有天赋的语言官能,语言官能由进化突变形成,并通过基因遗传代代相传。必须指出的是,乔姆斯基的天赋语言观并不是最终的理论成果,更不是任何形式的永恒真理,它只是在当前自然科学研究水平下,我们所能构建的最佳解释性理论,这一理论还有待于后续经验的进一步检验。我们可以将乔姆斯基的推理路径简单描述为:

其次,在理论构建方法上,乔姆斯基继承了笛卡尔自然哲学的研究方法,却抛弃了笛卡尔后期研究中的形而上学式的沉思。

方法论思考是笛卡尔早期从事具体科学研究之后的自然结果,构成了其研究中的一项主要内容，相关研究成果见《指导心灵的规则》(1628)、《方法谈》(1637)与《哲学原理》(1644)等著作。高克罗格(Stephen Gaukroger)将笛卡尔自然哲学的研究方法概括为①：

(1)一种假言推理模式(hypothetical mode of reasoning)。
(2)对大量经验的、实验性的工作深信不疑。
(3)轻视演绎推理。

以上三点与乔姆斯基的研究方法非常相近，这主要表现为：①乔姆斯基秉承的是皮尔士的"溯因推理"(abduction)研究模式(参见下一节)，这一模式最基本的内涵就是"根据存在的事实引入可能的假说以供检验"，这是"一个形成解释性假设的过程"②；②乔姆斯基认为生成语言学研究属于心理学并最终属于自然科学，因而无疑是一门经验科学，其研究的进展与理论成果的检验均依赖于大量经验的、实验性的工作；③笛卡尔的方法论是针对当时占统治地位的亚里士多德的三段论提出的，但三段论的最大缺点在于它推理的结论已包含在两个前提之中，因而无法促成新知识的获得，这当然不能适用于笛卡尔旨在发现的自然哲学研究，也更不可能适用于乔姆斯基旨在构建全新解释性理论的生成语言学研究。

然而，基于统一物理学的设想与追求，笛卡尔的研究工作逐渐转向形而上学。首先，针对(1)，笛卡尔认为，假言推理固然是获得新知识、新理论的必要途径，但在推理过程中，凡是没有明确认识到的东西，就绝不可真正地接受。这即表明假言推理的前提必须是"清楚、明白"的。基于这一要求，笛卡尔提出了"纯粹的理性直观"的判断方法，从而将统一物理学研究引向抽象思辨。其次，针对(2)，笛卡尔认为，经验与实验是我们获取知识的途径，但不是知识获得证实的方法，因为探索科学的唯一方式就是理性直观或演绎。最后，笛卡尔虽然在自然哲学探索中抛弃了演绎推理，但在形而上学的论证中又把它重新拾了回来。也就是说，演绎推理虽然无助于笛卡尔的科学研究，但却是笛卡尔构建形而上学认识论体系的有力工具。

---

① S. Gaukroger, "Descartes: Methodology", Parkinson G. H. R. & Shanker S. G. (eds.) *Routledge History of Philosophy (Volume IV)*[C], Routledge, 1993, pp. 170—171.

② C. S. Peirce, 1931—1958, *Collected Papers of Charles Sanders Peirce*, Vol. V, (ed.) by Charles Hartshorne & Paul. Harvard University Press, 1998, p. 106.

我们可以将笛卡尔方法论原则的核心概括为"理性直观与演绎"。这便要求推理的前提必须是"清楚、明白"的。显然,我们所拥有的丰富而又芜杂的经验世界满足不了这一要求。于是笛卡尔只能转向上帝,转向上帝赐予人类的天赋观念。因此,我们认为笛卡尔的天赋观念是其形而上学方法论的必然产物,而乔姆斯基的天赋语言只是基于"溯因推理"所提出的"假说"。

再次,乔姆斯基与笛卡尔的天赋观在其各自的理论体系中的地位也不同。笛卡尔的天赋观念是其理论确证的基础与体系构建的基石,它决定着经验的形式、内容与获取方式。不仅如此,天赋观念同时也是"真"观念的唯一来源,因为如果不把这些天赋观念牵涉到别的外在的东西上去,它们就不会使我们有犯错的机会。从经验中人们只能获得一种意见,唯有天赋的理智才会产生科学知识。但是,乔姆斯基的天赋观念只是他基于理性主义思维之上对语言知识本质的一种假说。在此假说之下,与天赋语言能力相关的语言习得模式的确决定着语料的获取[1],但这里至少有两点与笛卡尔根本不同。一是乔姆斯基坚持认为语言学是经验科学,并且"假说—验证"模式只不过是自然科学通行的研究方法,其中并没有预设假说本身的绝对正确。这也就是说,乔姆斯基的天赋语言假说本身是可错的(falsifiable)。另一点根本不同在于对待经验的基本态度上。在乔姆斯基的理论构建中,经验并非无关概念的"真假",而是构成假说得以验证的唯一证据(evidence)。

乔姆斯基天赋语言观对于笛卡尔天赋观念论的偏离有着深层的哲学根源,这主要表现为前者对后者本体内涵的彻底抛弃。

如以上所述,笛卡尔的研究工作从具体科学起步。在科学领域,笛卡尔的最终目标是用简单而清晰的原则来推理出所有的结论,以实现统一物理学的构想。然而,如果仅停留在具体科学的范围内,笛卡尔的研究工作就会不可避免地陷入认识困境:所有的推理必须要有一个终点,否则就会无限地倒退。因而,笛卡尔所面临的迫切任务就是要寻找到"某种无需证明便可以直接信赖的东西"[2]。为此,笛卡尔首先采用了普遍怀疑的方法,以便彻底摧毁

---

[1] N. Chomsky, "On Innateness: A Reply to Cooper", *The Philosophical Review*, 1975(1), pp. 85–86.

[2] S. Gaukroger, "Descartes: Methodology", Parkinson G. H. R. and Shanker S. G. (eds.) *Routledge History of Philosophy (Volume IV)*[C], Routledge, 1993, p. 239.

所有东西并直接从基础重新开始;然后他又采用理性直观的方法得到"我思故我在"这一第一原理,并从中推断出上帝的存在。实现了"上帝存在"的论证之后,笛卡尔也就找到了推理的终点,建立了其形而上学的根基。下一步他所做的就是运用演绎的方法从中推演出全部的知识体系。笛卡尔认为整个哲学就像一棵树:树根就是形而上学,树干就是物理学,树干上长出的树枝就是其他科学。所有具体学科知识的确定性均源于形而上学的根基,也就是源自于上帝的存在。它们是由上帝赋予的,并且跟上帝的其他创造物一样,也依赖于上帝。这些都是我们心灵天生就有的。这就是笛卡尔提出天赋观念的深层原因。

与天赋观念相伴而生的还有笛卡尔的"心灵实体"设定。心灵实体是天赋观念的载体。心灵实体的提出帮助笛卡尔完成了其以二元本体为基础的哲学体系的构建。可以说,"天赋观念实质上为笛卡尔阐述其根本哲学问题提供了本体论基础"[①]。

乔姆斯基在理论构建上坚持自然主义的基本倾向。他虽然继承了笛卡尔的天赋观念论,却同时抛弃了该理论的二元本体内涵。乔姆斯基明确表示:"当我使用'心智'或'心理表象'、'心理计算'等表达时,我是在对某种物理机制的属性进行抽象层面的表达,而对这一机制当前我们却几乎一无所知。但在这些(词语)表达中,没有任何进一步的本体论含义……我采用的术语,绝不指涉任何物理世界之外的实体。"[②]为了进一步说明其理论与本体论无涉,乔姆斯基常将语言学研究与其他自然科学研究相类比,认为"心智"等概念不过如"光学的"(optical)、"电子的"(electical)概念一样不表示任何形而上的界定。同样,天赋语言观也应被完全纳入自然科学的视野加以理解。所谓天赋的语言官能虽是人类与生俱来的,但并不表示它可以独立于物质、身体而存在。因为,首先,语言官能只是大脑的一个组成部分,专门掌管语言及其使用,与此同时大脑中还存在其他机能,如视觉官能、听觉官能等;其次,这一官能是由生物进化而来的,绝非上帝赋予,人类后代天生具有是遗传所赐;再次,天生病理原因或后天大脑相关区域受损均可以导致这一能力的

---

[①] H. Bracken, "Chomsky's Variations on a Theme by Descartes", *Journal of the History of Philosophy*, 1970(8), p. 185.

[②] N. Chomsky, *Rules and Representatives*, Bail Blackwell Publisher Ltd., 1980, p. 5.

丧失。

乔姆斯基为何会偏离笛卡尔的思想？这其中的原因并不难找出。乔姆斯基在回复本书作者的电子邮件提问时说道："没有人还可能再是一个传统意义上的理性主义者，正如没有物理学家可以依然是一个牛顿主义者一样。"(No one can possibly be a rationalist in the traditional sense, just as no physicist can be a Newtonian.) 这一点我们已经在上一章论述乔姆斯基分析哲学思想渊源时有所涉及。在此，我们将仅从普遍语言的角度加以简要说明。

笛卡尔曾在1629年11月20日的一封书信中首次提出普遍语言构想。笛卡尔认为自然语言具有歧义且表达模糊，语法规则又不统一，因而设想类比几何与代数学建立一种精确的具有普遍适用性的语言。这种语言由为数不多的原始语词及一些辅助符号组成，并具有无限的生成能力。笛卡尔普遍适用性的语言便是乔姆斯基普遍语法最初的原型。然而，稍作分析不难发现，两者其实差别巨大，尤其是在对于语言本质的认识上更是如此。笛卡尔理解的自然语言是有明显缺陷的：歧义丛生、表达模糊、规则混乱；乔姆斯基理解的自然语言却是一个"完美系统"(perfect system)。同时，笛卡尔坚持认为语言应以"真正哲学"为前提，因为没有精确的哲学，人们便难以正确把握思想，对思想进行分类、安排以形成精确语言更是不可能；而乔姆斯基则认为"语言是心灵的镜子"，对语言的研究是探索心智与大脑的有效途径，语言研究是自然科学的一部分，并不需要依赖于"真正哲学"的建立。可以说，在笛卡尔的认识中，自然语言是完全经验的，因而也是不完善的；但在乔姆斯基的理论中，自然语言包含着普遍性，并且这一普遍性是天赋的。

在乔姆斯基的《笛卡尔的语言学》一书中，"笛卡尔的语言学"并不单指笛卡尔本人的语言学思想，更多地是在指笛卡尔影响之下形成的理性主义语言学研究传统。17世纪，这一传统主要表现在《普遍唯理语法》或《波尔·罗瓦雅尔语法》(Port-Royal Grammar)中。《普遍唯理语法》出版于1660年，是笛卡尔理性主义影响之下的语言研究成果。乔姆斯基明确表达了对于《普遍唯理语法》的继承关系，他说："这一点对我来说完全正确，即在很多方面可将当前的转换生成语法本质上视作波尔·罗瓦雅尔语法的现代的且更加明确的发展。"①因而,相对于笛卡尔本人的普遍语言构想而言,乔姆斯基事实上对于《波尔·罗瓦雅尔语法》的继承关系更加明显。考察笛卡尔语言构想与《波尔·罗瓦雅尔语法》之间的关系对于厘清乔姆斯基语言理论中的天赋语言观十分必要。

在《普遍唯理语法》前言中,作者表达了该书的写作目的,即力求"深刻认识其(人类的语言优势)背后的原因"②。为达到此目的,作者"常常寻思那些造成一切语言的共性和某些语言特性的原理","并用科学的方法进行分析"③。所谓"科学的方法",在书中体现为通过考察尽可能多的语言来分析、比较从而得出语言的共性。虽然该书中作者只考察了七八种语言,但其"科学"的方法已十分明显。不难看出,这一"科学方法"显然不同于笛卡尔纯理性主义的思辨或普遍怀疑,而是明显表现出经验主义的迹象。同时,不同于笛卡尔认为精神是无法通过经验获知的,《普遍唯理语法》作者之一阿尔诺认为,虽然普遍的理性精神是天赋的,但以具体语言经验为基础并通过科学方法研究得来的语法却是了解精神的一把钥匙。

阿尔诺的普遍语法以研究天赋的语言普遍性为目的,并希望借此以探索人的心智,具有明确的哲学意义,所以普遍语法也被通称为"哲学语法"。正是在这一以追求天赋普遍性为基础的哲学语法研究进程中,乔姆斯基追溯到笛卡尔语言学传统中所蕴涵的语言创造性、表面与深层语法以及语言普遍性等鲜明特征,而这几个语言基本特征同时也恰好构成了乔姆斯基天赋语言观的基础。所以,这也就部分解释了乔姆斯基天赋语言观与笛卡尔天赋观念之间存在差异的原因,即乔姆斯基天赋语言观对笛卡尔天赋观念论的偏离部分源自普遍唯理语法对笛卡尔普遍语言理论的偏离。

虽然普遍唯理语法已经表现出了与笛卡尔本人语言观的重大不同,二者的根本宗旨却是相同的,即为绝对真理的存在提供本体论证明。但到了18世纪,随着普通语言学、通用语法及语言起源等语言研究的兴起,语言研究视野不断扩大。同时,经验主义与理性主义的长期论辩也在客观上促使经验主

---

① Chomsky, N. *Cartesian Linguistics*. Harper & Row, 1966, pp.38—39.
② 阿尔诺·安托尼,朗斯洛·克洛德:《普遍唯理语法》,张学斌译,湖南教育出版社,2001年,第1页。
③ 同上。

义得到了有效的传播,且传播的范围随着科学的不断进步而扩大,甚至深入人心。18世纪语言研究中的本体论倾向被不断抛弃,波尔·罗瓦雅尔语法也就随之衰落。在此过程中,天赋语言观得以部分保留。18~19世纪的天赋语言观不再寻求本体论证明,也不再追求普遍必然的真理,此时的"天赋观念支持者转而力求为某种先验领域做出解释,但这一先验领域与绝对真理无关,而与历史的某一特殊阶段或动物体的进化进程有关"[①]。经过这一改造,天赋观愈加接近乔姆斯基的天赋语言观了。

以上我们看到,乔姆斯基的天赋语言观并不是对笛卡尔天赋观念论与普遍语法理论的直接继承,而是兼收并蓄地吸收了自笛卡尔开创理性主义传统以来有关天赋观念与普遍语法(哲学语法)的各家论著精华。乔姆斯基继承的不是某个人,而是整个传统与这个传统承继过程中的普遍合理性。或更准确地说,乔姆斯基追溯的不是传统的根源,而是传统的发展。更为重要的是,这一发展历程在乔姆斯基的努力下再次得以推进,天赋观又呈献出了新的形态。

乔姆斯基对于天赋语言观的理解与推动是以其强烈的科学意识为背景的。在科学意识的主导下,乔姆斯基的天赋语言观主要表现出三个明显特征:生物性、潜在性、假说性。这三个特征均可归结为一个总体特征的具体表现,即科学性。

生物性指天赋语言观的生物遗传基础与大脑生理基础。乔姆斯基指出:"当前,把如此复杂的人类(语言)成就归于几个月(至多几年)的经验,而不归于几百万年来的生物进化或神经组织原则,这是毫无道理的。"[②]在乔姆斯基语言理论中,人不但天生具有习得语言的能力,而且天生便具有了普遍语法(UG/$S^0$),这两者是通过先天遗传而非后天学习的方式代代相传的。基于语言的生物基础,并结合脑科学与神经科学的发展以及一些病理发现,乔姆斯基进一步提出了"模块化"(modularity)的概念。模块化主要指大脑的不同部位掌管着不同的功能,如左脑的某一部位掌管着语言理解而右脑的某一部位掌管着图像识别等。因此,语言能力分属于大脑的一个特殊区域,具有独立

---

[①] H. Bracken, "Chomsky's Variations on a Theme by Descartes", *Journal of the History of Philosophy*, 1970(8), p.191.

[②] N. Chomsky, *Aspects of Theory of Syntax*, MIT Press, 1965, p.59.

性与自主性(autonomy),与其他感觉或认识能力之间是"双向分离"(double dissociation)的。模块化概念的提出进一步强化了乔姆斯基的语言生物性学说。不仅如此,在生成语言学研究进入最简方案以后,"生物语言学"概念被更为广泛地认可。从此,对于天赋语言官能的研究便成为一项跨学科的系统工程,需要至少语言学、进化生物学、心理学、人类学、神经科学等多个学科的共同努力[①]。

虽然语言能力都是天生的,具有生物基础,但它们不是现存的,而是潜在的,需要有外在经验与适当语言环境的激发才能最终形成实际的语言能力,这便是天赋语言观"潜在性"的基本含义。语言习得起步于初始状态 $S^0$,$S^0$ 的存在构成了儿童语言习得的必要条件,但不是充分条件。语言习得需在经验的激发下最终达到"持续稳定状态 $S^S$"(stable, steady state)。在持续稳定状态下,儿童所形成的将是实际运用中的"个别语法"(particular grammar)。随着个别语法的形成,儿童语言达到了 $S^L$ 状态,最终掌握了某一种语言。简言之,儿童语言习得其实就是在经验与语言环境的激发下由 $S^0$ 经过中间状态 $S^1$、$S^2$、$S^3$……最终达到 $S^L$ 的过程,人类的语言习得过程是"基于经验与天赋初始状态而产生如此结果($S^L$)"的过程[②]。

将天赋语言归为人类的生物机能,并将其与实际语言经验相联系,已经使乔姆斯基的语言理论研究具有了明显的科学形态,但这离乔姆斯基本人所秉承的科学精神以及其将语言研究完全纳入到自然科学研究视野的理想还有差距。这也就是乔姆斯基在其语言理论还没有得到自然科学成果完全证实之前,将之称为"假说"(hypothesis)的原因。乔姆斯基为自己的研究确定了"假说—验证"这一自然科学研究的基本路线,并因此对很多批评者将其理论作为结论来批判感到不解。在谈到语言研究与心智研究关系时,他说:"很明显,语言学家并非是对神经元的联系与通道做出了某种宣告,他们只是对其一般原因与一般结果之间的关系做出了某些谨慎的推理,并为解释某一原因何以产生某个结果提供了一个可行的框架。"而"这种推理是科学中的标

---

① M. D. Hauser & N. Chomsky, & T. Fitch, "The Faculty of Language: What Is It, Who Has It, and How Did It Evolve", *Science*, 2002, vol. 298 (22), p. 1569.

② N. *Chomsky*, "Reply to Gopnik", Louise M. A. and Norbert H. (eds.) *Chomsky and His Critics*, Blackwell Publishing Ltd., 2003, p. 318.

准做法"①，物理学、化学等自然科学均是广泛采用这种做法来推进其研究的。因此，天赋语言观并非是乔姆斯基语言研究的结论，而只是他基于经验之上的一种假说，至于这一假说能否成立则还需经验的进一步检验。

科学性是乔姆斯基天赋语言观(以及其整体语言理论)的最大特征，也是其他具体特征形成的根本根据。乔姆斯基明确指出："我们所能做的只不过是探索'最好的理论'(best theories)，除了为理解做贡献外，不带有评价的独立标准……不持有任何……教条。"②

## 3.2 语言官能(I—语言)

天赋语言观是一个宏观的理论设定，对于"柏拉图的问题"的解决而言，它提供的只是一个研究思路。研究思路的确定使得研究的进一步深入成为可能。具体到语言习得研究而言，天赋语言观的假说设定了语言官能的存在，那么下一步要做的便是去探索语言官能的具体内涵。

乔姆斯基视语言为语言官能的一种状态，说某人具有语言就是说他的语言官能处于状态 L。状态 L 以形式化表征与计算的方式运行，具有无限的生成能力。为了避免与以前的一些概念混淆，乔姆斯基用 I—语言来指称这一状态。

I—语言中的"I"代表着三个单词，分别为"内在的"(internal)、"个体的"(individual)与"内涵的"(intensional)。"内在的"表示语言是人类的一种内在状态，最终实现于人类生理基础之上；"个体的"表示语言不是为社会群体所共享的公共实体，而是个体所拥有的生理机能，个体间可以进行语言交流的根本原因在于语言社区成员拥有相同的语言机能与状态 L；"内涵的"指"I—语言是一个函数(function)或生成程序；作为生成程序，I—语言生成一系列内在地表现于心智/大脑之中的结构描写(structural descriptions)，即语言表达式，这些语言表达式可以被理解为是对心智/大脑中其他系统发出的'指令'(instruction)，这些系统'遵循'这些指令于语言使用之中"③。

---

① N. Chomsky, "Comments and Criticism: What the Linguist Is Talking about", *Journal of Philosophy*, 1974, vol. 12, p. 364.

② N. Chomsky, "Language and nature", *Mind*, *New Series*, 1995, vol. 413, p. 7.

③ 吴刚:《生成语法研究》，上海外语教育出版社，2006年，第13—14页。

I—语言的提出为生成语言学研究确定了具体的研究对象。鉴于 I—语言自身的特征,我们很难沿用经验主义的方法。首先,语言的内在性特征要求研究者必须基于外在可观察的经验对内在语言官能做出大量假设,而不是基于经验做出一步步的归纳总结,内在性的语言官能在表现形式上无法还原为原子经验;其次,语言的个体性特征要求在语言研究过程中语料来源不应该是语言社区所使用的公共语言,因为根本就不存在所谓的"公共语言"这一实体,语言是个体的内在机能与其创造性实现,所以语言研究只能以个体的语言知识与语言能力来构造语料,并且对这些语料进行检验的唯一标准也只能是看它们是否符合个体天赋的语感,而不是看它们是否遵循基于经验总结而来的公共语言规则;最后,语言的内涵性特征要求对于语言的研究与对语言知识的表述只能以抽象的形式化表现手段来实现,经验描述的表述方式在其中没有地位。

基于这样的研究方法,尤其是基于后续科学研究成果对其前期假设的修正,乔姆斯基在自己的研究中不断地更新着自己对 I—语言或语言官能内容的大胆设定。最近的一次更新出现在 2002 年,在当年发表于《科学》(Science)杂志上的论文中,乔姆斯基与认识心理学家豪斯(Marc D. Hauser)、费奇(W. Tecumseh Fitch)(以下将三人简称为 HCF)一起提出了语言官能广义与狭义的划分[1]。基于多科学的证据,HCF 在论文中提出了相对最为完整的"语言计算机制"设想。基于这一设想,人类语言使用的创造性是由三个部分协同运作的结果,即感觉—运动系统(sensory-motor system)、概念—意图系统(conceptional-intentional system)和递归计算机制(computational mechanisms for recursion)。其中感觉—运动系统与递归计算机制通过语音接口相连,使语音表达成为可能;概念—意图系统与递归计算机制通过逻辑接口相连,使语义理解成为可能。在论文中,HCF 认为这三部分共同构成了广义的语言官能(faculty of language in the broad sense,简称 FLB)。与之相对的是狭义的语言官能(faculty of language in the narrow sense,简称 FLN),它至少包括递归计算机制。

基于这一设想,另外一些有关语言官能的问题得到澄清,如:①语言官能

---

[1] M. D. Hauser, N. Chomsky & W. T. Fitch, "The Faculty of Language: What Is It, Who Has It, and How Did It Evolve", Science, 2002, 298 (22), pp.1569—1579.

是与生俱来的还是后天习得的？②语言官能是语言所独有的还是与一般认知能力有所共享？③语言官能是人类独有的还是和其他动物共享的？[①] 根据 HCF 最新的科学假设，对问题①的回答应该是：语言官能，无论是广义的还是狭义的，均是人类与生俱来的。对问题②的回答应该是：狭义的语言官能（即递归计算机制）可能是人类语言所独有的，然而除此之外，广义语言官能的其他组成部分却可以与一般认识能力所共享。对问题③的回答与②相似：狭义的语言官能为人类语言所特有，正是它的存在使具有意义的单位得以不断重组以形成更大的单位结构，并从而最终将人类语言与动物交流系统区分开来[②]。有关语言官能划分的科学假设无论最终成立与否均加深了我们对于语言本身的理解。

论述至此，问题并没有最终解决。最棘手的问题便是语言官能（或 I—语言）的性质问题。在以上论述中，我们已经好几次提到乔姆斯基认为语言官能是一个"生理器官"。然而，乔姆斯基同时多次指出"语言同时也是一个认知器官，就像用于计划、解释、反思的系统，或像其他任何别的属于可以被笼统地'称作是心智'的那些方面的系统一样"[③]。于是我们面临的问题将是：一方面语言官能作为人的"生理器官"，具有生物属性，而另一方面它又是人类的"认知器官"，属于心智系统，具有心智属性，那么这两种迥异的属性在语言官能上是如何协调的呢？

乔姆斯基本人似乎并不在意"生理"与"心智"的区分。在他的著作中，他坚持使用"心智/大脑"（mind/brain）这一概念来指称语言官能的生理基础，并在著述中尽量避免对"心智"与"大脑"的关系做出具体说明，这就使得语言官能的性质问题变得更加令人迷惑。

乔姆斯基坚定地反对任何形式的二元论，所以在对他的理论的认识中，我们不应该对"心智/大脑"这一概念做任何二元分化式的解读。"二元论"是传统哲学形而上的术语，其出现并广为流传一方面是由于民间心理认识上对心物的自然区分，另一方面则是由于笛卡尔心物二元实体划分在传统认识论

---

① S. Pinker & R. Jackendoff, "The Faculty of Language: What's Special about It?", *Cognition*, 2005, vol. 95, p. 202.

② M. D. Hauser, N. Chomsky & W. T. Fitch, "The Faculty of Language: What Is It, Who Has It, and How Did It Evolve", p. 1569.

③ 乔姆斯基：《如何看待今天的生物语言学方案》，第 114 页。

上的长期影响。本体二元论在当前已鲜有人信奉,即便是视笛卡尔思想为其理论源出的乔姆斯基也不例外。乔姆斯基所倡导的是自然化的认识方式与经验科学式的研究路径(但不是完全经验主义的,下一章将有详述),这便要求将对包括语言在内的心智系统的研究纳入心理学的研究范畴,并最终归属于自然科学。以物理学为典型学科代表的自然科学要求以物质为基础实现世界最终的一元统一。统一也同样是在理解"心智/大脑"概念时我们的自然选择,因为当概念中的"/"不可能表示分化时,统一也就成了唯一的选择。"心智"与"大脑"的统一有三种可能的实现方式:①统一于心智;②统一于大脑;③统一于第三者。①不可能是我们的选择,因为它根本就是唯心主义;②、③均可能是希望所在,但当前的科学研究尚无法证实。

通过以上简单论述,实际上我们已经否定了当前对"心智/大脑"概念做出解读的四种可能:①"心智"与"大脑"不是本体论上的二元实体;②二者不可能统一于"心智";③二者统一于"大脑"在当前没有充足的科学依据;④二者统一于目前任何已知的第三者均显荒谬[①]。否定了这四种统一的可能,实际上我们也就否定了当前在自然科学范围内对"心智/大脑"概念做出任何解读的可能。这本身无疑是一个十分令人遗憾的结果,因为它使我们对于语言官能的理解陷入了极大的困境。更为甚者,如果"语言官能"概念的性质得不到澄清,也就意味着乔姆斯基理论体系的根基不稳固,那么他的理论本身也就难以令人信服。然而,实际上这种情况并没有出现,否则乔姆斯基的理论也就不会产生如此巨大的影响。以下我们将从语言学研究的不同层面来对语言官能做出具体分析,然后基于此论证"心智/大脑"概念设定的合理性。

首先,乔姆斯基认为,在语言学研究的各分支中,目前对于语音的研究最为充分。由于对于语音学与音系学的研究已经取得了显著的成果,因而可以在某种程度上认为对语音的生物基础部分(即感觉—运动系统)的认识已经比较明确。同时,由于感觉—运动系统只是语音的表达部分,它需要以句法计算及接口条件为基础,因而其本身并不涉及心智因素,并不是语言官能的核心部分。基于这两个原因,对语音部分我们不做具体研究。

其次,我们来看语义与语用。有一个普遍的误解,那就是乔姆斯基只重

---

① W. G. Lycan, "Chomsky on the Mind-body Problem", L. M. Antomy and N. Hornstein (eds.) *Chomsky and His Critics*, Blackwell Publishing Ltd., 2003, p.12.

句法,不重语义。实际上,乔姆斯基"对语义并不抱有任何敌意"①。早在1957年的《句法结构》中,乔姆斯基就曾强调:"句法框架虽由语法单独体现,但应该要求它有助于描述语义,语法作为形式结构的理论越是能全面地达到这一要求,给予它的评价当然越高。"②对于各种意义(semantics/meaning)理论,基于其自身含义不同,乔姆斯基表现出了三种不同的态度。第一种是否定态度,这主要是针对各种形式的外在主义语义观,以及针对卡茨(Jerrold J. Katz)等人将语义与语音类比试图建立具有"区别性特征"的普遍语义系统的努力;第二种是肯定态度,这主要是针对他自己所主张的意义内在论,即认为意义存在于人脑之中,独立于语言使用环境,且受制于句法③;第三种态度则是"未置可否",这主要是针对语言使用中的意义。不难看出,以上三种态度中,第一种是否定了传统的语义概念与语义研究方式,第二种是将语义研究纳入句法研究的范围,而第三种则将语义与语用联系起来。

针对以上的第三种态度,即对于"语用"意义"未置可否"的态度,乔姆斯基指出:"语义理论的部分困难在于:'语义'常被当作一个无所不包的术语来使用,用来概括语言的每一个方面,而实际上,对于这些方面我们知之甚少。"④此处的"语义"实际指的是"语用"意义。这里我们首先需要区分一下两个不同的表述:"语言指称某物"与"使用语言指称某物"⑤。前者表达的是乔姆斯基所要否定的意义外在论,而后者则描述的是我们语言使用的实际情况。语言一旦被使用,它就将不可能再被局限于"语言认知器官"之内,而必须与其他认知器官相互作用、相互协调。换言之,在实际的语言使用中,人们不可能把语义表达和有关客观世界的知识与信念截然分开。实际的语言使用中,人们的认识能力、知识水平、交际意图、意识形态等众多因素都必然会

---

① N. Chomsky, "Reply to Ludlow", L. M. Antomy and N. Hornstein (eds.) *Chomsky and His Critics*, Blackwell Publishing Ltd., 2003, p. 287.
② N. Chomsky, *Syntactic Structure*, Mouton, 1957, p. 102.
③ 乔姆斯基的语义理论经历了一系列的演变:最初乔姆斯基认为语义由深层结构决定,其后他认为表层结构同样与语义生成有密切关联,再后来他又将语义系统纳入逻辑式结构(logical form structure),然而自从"最简方案"提出以来,他又越来越倾向于将语义特征归入词库,从而一方面强化了语义内在观,另一方面大大简化了句法的计算过程与接口方式。
④ N. Chomsky, *Syntactic Structure*, Mouton, 1957, pp. 103—104.
⑤ N. Chomsky, "Reply to Egan", L. M. Antomy and N. Hornstein (eds.) *Chomsky and His Critics*, Blackwell Publishing Ltd., 2003, p. 272.

对语言表达的具体意义产生影响。而面对如此复杂的意义关系,由于目前的认识科学发展水平有限,自然化的研究方式显然无能为力[①]。但"无能为力"并不代表我们应该就此放弃,因为对于任何一个尚无法解释的(语言)现象而言,将其暂时搁置,留待以后研究,并不失为一个明智之举。鉴于此,对于语用意义问题,乔姆斯基采取了"未置可否"的态度,既不放弃,也不急于立即着手研究,留待以后相关自然科学研究领域发展了再作考虑。

最后,我们来看一下句法。句法是乔姆斯基语言学研究的主要对象,因为当语义研究被"否认"或"转移",语用研究被"搁置",剩下来可以着手研究的也就只有句法了。

句法是生成语言学研究的主要对象,也是乔姆斯基等人提出的狭义语言官能的核心。所以,了解了句法的性质,语言官能性质的问题也就迎刃而解了。

I-语言的内涵性特征表明语言官能是以表征与计算机制来运行的,所以要了解语言官能构成,我们必须"面对两个任务":"一个任务是解释'计算的原子'……第二个任务是发现语言官能的计算特征。"[②]简言之,语言能力的句法部分主要由两个因素构成:计算原子与计算机制。于是,句法的生理基础问题可以进一步分解为"计算原子"与"计算机制"的生理基础问题。

计算原子在普通逻辑与数理逻辑计算中主要指不可还原的最基本逻辑因子与逻辑算法,而在生成语言学研究中则主要指词汇项目,即储藏于词库中类似于词的基本元素,这些元素可以重复使用以构造出无限的结构表达[③]。对计算原子而言,研究其生理实现的关键点在于解释词汇项目的存储或记忆问题。对此主要有两种观点:第一种观点认为这些词汇项目是天赋的,是经过基因突变后人类所具有的一种天赋能力;第二种观点认为这些词汇项目是后天习得的,是人类认识能力发展与语言经验共同作用的结果,并且以记忆的形式在生物学意义上得以实现。以乔姆斯基为代表的生物语言

---

① 需要注意的是,自然化的研究方式"无能为力"主要是受到了当前认知科学发展水平所限,比如当前我们还无法对人类的信念与情感等做出具体、明确的生物层面的解释等。但同时,自然化研究方式的无能为力并不否定对"意义"等相关问题做社会科学层面研究的可能性。

② 诺姆·乔姆斯基:《如何看待今天的生物语言学方案》,第117页。

③ 同上。

学家持第一种观点,而部分认知科学研究者以及多数认知语言学家则持第二种观点。观点的分歧为语言生理基础的研究带来了一定的困难,但基于在人类遗传基因与大脑记忆机制等方面已取得的相关研究成果,我们对于遗传与记忆的生物基础与生物属性的认识已不再像对信念与情感等方面的认识那样贫乏,科学家对于人类遗传基因密码的破译以及对于人类记忆神经基础研究的突破性进展均使我们对于语言计算原子的生理实现抱有更大的期待。

对于大脑计算机制的研究并非是乔姆斯基的专利,实际上它被广泛运用于认知科学各领域的研究中,这些领域至少包括视觉、记忆、学习、推理、做出决定、自然语言分析等。这其中马尔(D. Marr)最早将计算机制引入视觉信息处理的相关研究中,并取得了令人瞩目的成果。在心灵哲学与认识科学研究中,福多(Jerry Fodor)的观点引起了广泛的关注。福多致力于为常识心理学辩护并使之科学化,而他为此提供的解决途径就是"心智的表征理论"与"心智的计算理论"。心智的计算机制被认为是包括语言及其运用在内的心智内容与因果性质在低层次上的实现机制。因此,福多认为以句法为代表的计算机制具有"第二级的物理性质"[①]。心智计算机制的提出不仅使常识心理学得以向科学心理学过渡,更为心理学与主体自然科学的最终统一开辟了一条切实可行的研究道路。以语言研究为例,句法计算机制的提出一方面解释了大脑中存储的词汇项目何以相互关联并最终生成合格的结构表达,另一方面为语言能力的生物实现找到了具体可依附的结构基础,为最终解释这一问题提供了具体的研究路途[②]。

基于以上分析,我们暂且可以将对语言官能在生理层面加以解释的希望寄托在句法研究上。句法研究以计算原子与计算机制为基础,坚持形式化的研究进路,希望建立一个关于人类语言知识与能力的解释性理论,并基于此实现语言学研究与自然科学研究主体的最终统一。但鉴于当前自然科学发展的实际水平,要实现这一点注定将会面临重重的困难。不仅如此,形式化

---

① 转引田平《自然化的心灵》,湖南教育出版社,2000年,第114页。
② 比如我们可以运用 Kim Jaegwon 的功能还原方法,具体分三步:①先把心理属性作功能性的分析;②从经验科学角度来看在某个个体中通过怎样的物理过程实际完成这个功能;③由此建立一个解释的理论来说明这些物理过程是如何完成这些功能的。需指出的是,Chomsky 对还原论(无论是本体还原还是功能还原)并不抱有明显敌意,他只是反对在科学尚无法做出解释的情况下强求任何的实体还原。

## 第3章 柏拉图的问题:语言知识如何习得

的研究方式有其自身难以克服的理论困境,这主要表现为过度形式化的追求会导致其最终不得不脱离(语言或生活)现实,转而沦为纯粹的形式逻辑演算,并由此促生逻辑语言与理想语言的形成。乔姆斯基曾先后受教于古德曼、蒯因等人,对于形式研究的优点与不足有深入了解,但他对诸位师长的"反叛"并未导致他对形式化这一研究方法的弃用。那么,接下来乔姆斯基所必须面对的紧迫任务就是论证形式化研究方法可以运用于自然语言的研究当中,并基于此证明这一方法的科学性。

科学性首先体现在研究对象是自然实体。英国牛津大学逻辑学教授、英国科学院院士、著名哲学家威廉姆森(Timothy Williamson)认为,乔姆斯基最大的理论贡献之一就是证明自然语言可以形式化,这一贡献在两个方面实现了突破,即一方面实现了自然语言的形式化描写,另一方面实现了逻辑描写向自然语言的延伸[①]。了解乔姆斯基生成语言学的人对于威廉姆森教授的观点未必都能赞同,但相信至少不会否认乔姆斯基形式化描写的对象是自然语言这一点,并且从生成语言学理论本身来看,自然语言的基本结构与语句生成的确可以用形式化的方法加以描述。

生成语言学形式化研究方法的科学性更重要地体现在它对待经验事实的态度上。生成语言学一直饱受经验主义者的诟病,这主要是由于他们认为乔姆斯基的理性主义原则缺乏明显的经验基础。这样的批评并非毫无道理,因为乔姆斯基将自己的理论建立在 I-语言、默示知识(tacit knowledge)与个体内省(private introspection)之上,并主要借助个人语感(intuition)来对生成的句法表达加以检验,甚至为了更加明确地说明语言知识的内在性与私人性特意引入了"cognize"一词。"cognize"被用来专指"知道"语言知识(knowledge of language)。比如"Jones cognizes L"实际是指"语言 L 是琼斯(Jones)语言官能的当前状态"[②]。但很显然,对于这种"语言官能的当前状态"——语言知识,普通人是无法清楚描述的。也就是说,语言知识总是以一种无意识的状态存在于人们的大脑之中。同时,由于生成语言学对外在语言

---

① 2009年9月20日至21日,Timothy Williamson 教授应邀在浙江大学语言与认知研究中心作了分析哲学与认识论方面的专题讲座,其间作者有幸就乔姆斯基的理性主义认识论等相关话题与其进行了较为深入的讨论。

② N. Chomsky, "Reply to Rey", L. M. Antomy and N. Hornstein (eds.) *Chomsky and His Critics*, Blackwell Publishing Ltd., 2003, p.281.

(E—language)与公共语言(public language)的否定,研究者只能依据私人内在的无意识的语言知识即个体反思为主要手段来建立句法理论并加以形式化描述。同样,对于句法理论的检验也只能依据母语使用者的语感来进行。由此有人认为,由于在句法理论构建过程中大量个体第一人称主观因素的介入,形式化语言研究方式的科学性与客观性得不到保证。

但是,这样的观点存在着两处明显的误解。首先,I—语言、默示知识的确是以一种无意识的状态存在于人类的大脑之中,但它们并不是主观性的知识。实际上,这种知识的无意识性恰好部分地证明了它是人类大脑所具有一种生物禀赋,而不是源于后天的学习[1]。同时,当我们将生成的句法表达诉诸母语使用者的语感来加以检验时,我们使用的是他们内在的语言官能,因而这一检验标准是人类的生理器官,属于自然客体,而不是主观知识。而且,乔姆斯基的语言理论是完全建立在"语言使用的创造性"、"儿童语言习得中的刺激贫乏"等客观事实基础上的假说,绝不是凭空猜测。其次,事实上,乔姆斯基也从未说过他自己的理论具有完全的客观性。乔姆斯基所追求的是研究方法的科学性,他希望以自然科学的研究方法为基础来促成理论最大可能的解释力,而这些理论本身则只是在不同时期研究者所能构建的最好假说,其科学性与客观性尚有待经验事实的进一步检验。

乔姆斯基认为他的形式句法理论是当前有关语言知识来源与运用的最好理论,但"最好"诠释的只是科学的研究策略,而不代表作为研究成果的理论本身具有绝对意义上的客观性。所以,即便我们承认了形式化研究方法是科学的,我们也无法肯定地认为形式句法表征与计算的特征就是语言能力本身的特征,并且可以在生物层面得到充分说明。

以上论述说明,基于当前的科学发展水平,要在生理层面上对语言官能加以解释尚不可行。我们面临的仍旧是相似的困境,即我们仍无法明确语言官能的具体生理基础是什么,我们也无法保证乔姆斯基生成语言学研究所获结果的绝对客观性。这也就同时意味着,对于"心智/大脑"这一概念,我们一时仍很难加以明确澄清。这是当前语言科学研究的困境,也是自然科学研究的困境。

---

[1] J. Searle, *Mind: A Brief Introduction*, Cambridge University Press, 2004, pp.165-178.

至此,采用"大脑/心智"概念,乔姆斯基并没有对语言官能的性质下什么论断,它只是基于经验事实与自然科学研究方法的一种设定。设定这一概念(以及其他一些重要概念,如I—语言、"心智/大脑"等)正是出于保证生物语言学研究科学性的需要,是搁置争议并且避免武断的权宜之计。(有关"心智"概念的内涵以及可行的自然化研究之路参见本书6.4节。)

## 3.3 原则与参数框架

生成语言学所关注的语言习得问题力求解释儿童语言习得中的刺激贫乏现象,即儿童何以在贫乏的语言输入情况下形成汹涌的语言输出。很明显这不仅是一个语言习得问题,同时更是一个认识论问题,远至笛卡尔,近到蒯因,都曾为这一问题的解决付出过艰辛的甚至是毕生的努力。乔姆斯基从语言学入手,以天赋语言观与语言官能为基本理论假设,提出了"原则与参数"(Principle and Parameters)理论。这一理论为刺激贫乏现象提供了很好的解释模型。"原则与参数"理论假定语言由一些固定不变的原则组成,并且这些原则与一些参数的设置开关相连。根据这一假设,儿童语言习得过程实质上是参数的设定过程,因而他们可以快速并且轻易地学会一门语言。这一假设同时也解释了语言间的差异问题。"原则与参数"解释模型受益于生物的表面差异这样一种生物学现象,比如一只苍蝇和一头大象的区别,可能是由激活基因的常规机制在时间先后和安排上存在着一个小小的差异所引起的。不难看出,如果乔姆斯基的假设正确的话,"原则与参数"理论应能获得明确的生物学支撑。在此方面,相关研究已有所进展,如语言能力进化突现假设的提出、语言能力发展相关基因的发现等。

对于"原则与参数"理论的生物学验证问题我们无力为之。我们以下所要论证的主要内容包括两项:理论提出的原因和理论的基本形态。

乔姆斯基主张语言研究的目的不在于基于语言现象描述语言规则或构建语法,而在于解释人类所拥有的语言能力。这是乔姆斯基的基本主张,也是"原则与参数"理论提出的深层原因。

早在生成语法创立之初,乔姆斯基就在其第一本著作《语言学理论的逻辑基础》①中分析了传统语法与结构主义语法的不足。他说：

> 这些语法不去试图明晰地确定和分析语言中句子的结构，或者这些句子的结构描写，而着重于描写语言中的成分和各种词的分类，提供例证和提示，使具有智慧能力的读者自己来确定那些未能在语法描写中明确得以表现的句子形式和结构；也就是说，这样的语法是为那些聪慧的读者所编著的。为了确定对句子的认识，人们必须对语言的结构原则具有内在知觉上的把握。这一类语法，在其组织结构和文字解释之中，往往预示了人们具有的这些不言而喻的未经明确表达的原则。就它们的特殊目的而言，这些语法也许是完全充分的，但是它们不去努力解释聪慧的读者所具备的理解语法的能力。②

那么，什么是"聪慧的读者所具备的理解语法的能力"呢？乔姆斯基举了几个例子：

> （1）某一语言的说话人观察了其语言中某些有限的话语的集合。在此有限的语言经验的基础上，他能够产出无限数量的、能为其语言社区其他成员立即接受的新的话语，他同样能够从他从未听到过并从未产生的话语中区分出一定的"符合语法"的话语。

> （2）而且，这一说语人发展出了有关他的语言的大量的知识，和我们可以称之为"语言形式直觉"的大量的感觉和认识。③

很明显，传统语法与结构主义语法无法解释以上现象。不仅如此，传统语法以规定为主，旨在统一语言使用规则；结构主义语法以描述为主，旨在对语言的实际使用做出具体描述。但因为规定性的做法不属于科学研究范畴，不应被纳入语言学研究的视野，所以在语言学研究中传统语法的做法应该被抛弃；同时，结构主义语法以实际话语为对象进行分类与描述，具有科学性，但这种描述的方法无法穷尽语言使用的实际，无论描述者收集了多少语料，

---

① 该书写成于1955年，但发表于1975年，乔姆斯基曾用其中的一部分申请到博士学位。

② Chomsky: *The Logical Structure of Linguistic Theory*，转引自吴刚《生成语法研究》，第27—28页。

③ 同上，第28—29页。

这些语料永远无法代表语言表达的全部,所以结构主义语法并没有把握住语言研究的要点。

恰当的语言学研究不在于描述,而在于解释;不在于为外在语言表达构建规则,而在于为内在语言能力提供解释。鉴于以前的语言学研究均达不到这些要求,乔姆斯基决定建立自己的语言学研究方法,这便是生成语言学创立的内在动因。

确定了语言学研究的目标——解释人类内在的语言能力,接下来就需要找到具体的研究方法与可行的切入点。在这两个方面,乔姆斯基选定了形式化的研究方法与句法研究。这两个方面为"原则与参数"理论的最终创立提供了技术基础。

从其理论渊源来看,乔姆斯基选定形式化的研究方法并不会令人意外。如我们在第 2 章中所论述的,在与乔姆斯基有直接师承关系的几个关键人物中,无论是结构主义语言学家哈里斯,还是分析哲学家古德曼、蒯因,都是形式化方法的拥护者与实践者。受他们的影响,乔姆斯基最初的研究就走上形式化的道路。形式化与语言学研究的最佳结合点便是句法研究。当然,乔姆斯基选择句法研究作为其研究的主要对象并不是因为它有利于形式化方法的运用,而确实是因为句法是语言能力的核心与语言使用具有创造性的根源。在上一节中,我们已经论证了乔姆斯基选择句法作为研究主体的原因,在此,我们还需要对此做出进一步的说明。

首先,句法具有独立性。在生成语言学中存在着两种独立性:其一是指语言作为独立的认识能力与认识器官独立于其他认识能力或认识器官(如视觉系统等);其二是指在语言内部,语音、句法、语义(语用)也相对独立。于第二个独立性而言,句法是语言中唯一具有创造性与生成能力的部分,而语音与语义都只起表达或解释作用。所以句法独立性不仅使句法研究显得十分必要,而且也使这一研究的独立进行成为可能。

其次,句法计算作为一种生物能力已经受到广泛关注。形式语言隐喻在生物学研究中的运用十分普遍,如用于对核酸、蛋白质序列、细胞现象的描述等。尤其是自 20 世纪 80 年代以来,有关分子序列的研究开始广泛借鉴乔姆斯基形式语言学研究的相关方法。基于乔姆斯基生成语言学的形式化研究模型,生物学研究开始更加关注生物体的内在计算机制,并由此推动了计算生物学研究的出现与初步发展。计算生物学旨在研究生物体的自然计算机制，探索基于生物体自身的全新计算模式。成立于 1997 年的计算生物学国际联合会（The International Society for Computational Biology）就明确强调了"计算与信息科学"（computing and informatics）在分子生物学（molecular biology）研究中的重要地位，并认为基于"离散性"（discrete-based）的计算研究模式可以极大推动计算生物学相关研究的进展。"无限离散性"同时也正是自然语言的重要特征之一，因而对自然语言句法进行形式分析也有助于揭示人类的内在生物计算机制。这些后续发展无疑鼓舞了生成语言学句法形式化研究的信心。

鉴于此，以形式化的方法描述句法计算从而解释语言习得与语言创造性的本质，并最终解开人类语言官能的秘密，便成为生成语言学研究追求的目标。原则与参数框架正是基于这一研究方法向最终研究目标迈进的重要一步。

原则与参数框架的形成并非是一蹴而就的，实际上它是在不断修正前期理论的基础上逐步形成的。因此，生成语言学前期理论中的不足也是促使"原则与参数"理论创立的重要原因。

普遍认为，生成语言学研究经过了四个主要时期：初期理论、标准理论及其扩展、原则与参数框架、最简方案。从语言知识的来源与习得角度来看，这四个时期可以再大致分为两个阶段，即前原则与参数框架阶段和原则与参数框架及其发展阶段。这种两阶段区分的依据主要在于研究者对语言及其本质理解的深入程度不同。应该说，早期的生成语言学虽然以结构主义语言学的对立面出现，但并没有完全摆脱后者的影响，这一点突出表现为早期生成语言学研究在很大程度上仍然以不同层次的语言描述为目标，对于语言学本身尚没有一个宏观的学科定位。从原则与参数框架开始，这一点发生了根本转变，语言学逐渐被定位为心理学的一部分，并最终归属于自然科学。同时，语言是心灵的镜子，语言学研究成果也必将有助于最终解开人类的心智之谜，语言学研究就此被赋予了认识论意义。如果语言学研究很好地解决了语言知识习得问题，那么困扰哲学家达几个世纪之久的认识论问题也必将得到解决。为了进一步说明生成语言学研究上的这一转变，以下将简要论述其不同时期理论的主要内容与特征。

初期理论研究中主要关注的是三个基本的和相互关联的概念：语言、语法和结构。语言指有限或无限的句子的集合，每一个句子均是通过应用一个有限成分的集合构建而成的,并作为音位的有限的序列得以表现;语法是一套规则系统,详细说明某一语言中的句子集合,赋予其中每一个句子以结构描写;结构实指结构描写,某一语言的结构是指这一语言的结构描写的集合①。这样的理解明显延续了传统语法对语言的认识,它说明至少在生成语言学形成之初,语言作为内在语言官能的认识还没有形成。

既然语言是句子的集合,而语法是详细说明某一语言中句子集合的规则,那么语言学研究的目标就应该是为各具体语言构建这些规则。这里似乎我们又完全回到了传统语法研究的老路,实际不然,乔姆斯基另外赋予语言学研究的两个任务彻底将生成语言学研究与传统语法研究区分开来:任务①,某一具体语言的语法要具有生成该语言所有正确句子的能力;任务②,基于具体语言语法研究形成关于人类语言的普遍性理论。这两个任务中分别突出的关键词"生成"与"普遍性"正是生成语言学的精髓。

在为某一具体语言构建语法时,有一个事实不容忽视,那就是给定某一语言的语料,由于研究角度或描写方法的不同,我们可能会得到多个有关该语言的语法。那么我们如何在这些语法之间做出取舍呢?乔姆斯基提供的取舍标准有两条。第一条标准要求该语法只能生成符合语法的句子。当第一条标准运用之后还会出现多个语法体系时,就要运用第二条标准——简单性(simplicity),即当多个语言体系具有同样的解释力时,最简单的那个体系便是最优的。这里我们明显可以看到蒯因尤其是古德曼对乔姆斯基的影响。

乔姆斯基并没有停留在理论论述上,他是自己理论的实践者。为了证明自己设想的可行性,乔姆斯基开始着手建立自己的生成语法体系。生成语法由三个部分组成:短语结构规则(phrase structure rules)、转换规则(transformational rules)与形态音位规则(morphophonemic rules)。短语结构规则又称为"改写规则"(rewriting rules),其基本形式表现为②:

S  NP + VP
NP  T + N
VP  Verb + NP

---

① Chomsky: *The Logical Structure of Linguistic Theory*, pp. 5—13. 转引自吴刚《生成语法研究》,第 29—30 页。

② N. Chomsky, *Syntactic Structures*, Mouton, 1957, p. 26.

在这一基本结构中,S 表示句子(sentence),它由名词短语 NP(noun phrase)和动词短语 VP(verb phrase)组成,二者在句子当中实际行使着主语与谓语的功能。名词短语可以再分为限定词(T)加名词(N),动词短语可以再分为动词(verb)加名词短语。基于这一结构,句子实际上被改写为短语。为了更清楚地表明生成语法的特征,乔姆斯基运用了两种新的方法来描述句子及其生成过程,分别为标记树形图(labeled tree diagram)和标记括号(labeled bracketing)。以句子"the man hit the ball"为例,它可以分别描述为①:

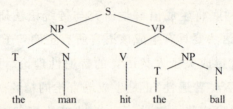

[s[NP[Det the ][N man ]][V hit [NP[Det the ][N ball ]]]]

从这两个具体例子中,我们可以看出短语结构规则所具有的生成能力。以这样的结构为基础,生成语法可能生成无限的符合语法的句子表达。然而,进一步的问题在于,这种结构虽然概括了英语(汉语与此相似)的主要结构特征并具有强大的生成能力,但还有一些句子是短语结构规则无法生成的,比如被动句与疑问句。这些句子并不严格遵从"主语+谓语"的基本结构。为了弥补这一不足,乔姆斯基提出了转换规则。

转换规则以短语结构规则为基础,在短语结构规则的基础上通过一定的词序转换来实现生成语法更大的生成能力。以被动语态为例,通过运用短语结构规则,我们可以得到(1)。然后,运用转换规则,我们可以得到(2)②。

(1) S  $NP_1$ - Aux - V - $NP_2$    John admires sincerity.

(2) S  $NP_2$ - Aux + be +en - V - by + $NP_1$  Sincerity is admired by John.

很明显,转换规则使得基于生成语法创造更多的表达形式成为可能,从而也使生成语法更加接近人类语言能力的实际。也正因为这一点,早期生成语法一般被称为"转换—生成语法"(transformational-generative grammar),

---

① N. Chomsky, *Syntactic Structures*, Mouton, 1957, p. 27.
② N. Chomsky, *Syntactic Structures*, Mouton, 1957, p. 43.

甚至被直接称为"转换语法"。

短语结构规则与转换规则运用的结果是形成了合乎语法的句子,这时便需要进一步运用形态音位规则生成可以用于实际交流的语音表现形式。由于形态语音规则已经不属于句法计算部分,这里不再赘述。

应该说,早期生成语言学依然保留着传统语法研究与结构主义语言学研究的明显印记。无论是将语言视作句子的集合,还是将语法视作对句子的描述,这些观点并没有真正触及乔姆斯基在原则与参数框架及以后所提倡的内在化语言的本质。在这一时期,虽然形式化的研究方法得到了广泛运用,但这种运用更多地还是逻辑与句法计算,并没有考虑到作为语言使用主体的人类的生物本性。简言之,早期乔姆斯基语言学理论的生成还停留在句法计算的层面上,仅仅是表达式的生成,而不是基于生物机能的创造性能力的生成。这与乔姆斯基本人后来所坚持的"语言是心灵的镜子"这一基本主张相去甚远,当然也就很难有助于人类认识论难题的解决。

乔姆斯基很快就认识到早期理论的不足,以 1965 年《句法理论的若干问题》(*Aspects of the Theory of Syntax*)的出版为标志。他对生成语言学做了大幅改进,生成语言学研究也就此进入了标准理论时期[①]。在这一时期,乔姆斯基首先区分了三组概念:语言能力与语言使用、表层结构与深层结构、描写充分性与解释充分性。

语言能力指理想的语言使用者内在拥有的语言知识;语言使用指这些内在知识在语言交际中的实际运用。这一区分的意义在于,首先,第一次明确提出人类内在的语言能力,并将其确定为语言学研究的对象。乔姆斯基认为:"在一个同质的语言社区中,理想的语言使用者熟知自己的语言知识,而且这些知识在实际使用中并不会受到诸如记忆限制、分心、兴趣转移或偶发性错误等因素的影响。"[②]语言能力具有内在性与相对稳定性,且具有无限的生成能力,外在的语言表达作为语言使用的表现,无论是多么丰富,均难以全面体现语言能力;对于外在语言使用的描述性研究无益于解释人类的语言为何具有无限的创造性。其次,这一区分进一步明确了生成语言研究的目标,而这一目标无疑更加接近乔姆斯基后期的要求。乔姆斯基指出:"为了澄清

---

[①] "标准"仅是理论名称,不涉及任何价值判断。
[②] N. Chomsky, *Aspects of the Theory of Syntax*, MIT Press, 1965, p.3.

一直以来的误解,必须再次强调,生成语法不是为说话者或听话者建立一个理论模式,生成语法旨在使用最中立的词语来刻画语言知识,正是这些知识为说话者或听话者的语言使用提供了基础。"① 乔姆斯基在此提出的"基础"已具有了 I—语言的雏形,也正是在这一时期乔姆斯基开始将儿童语言习得引入生成语言学研究,并初步提出了语言初始状态的设想;乔姆斯基将研究目标确定为"刻画(内在的)语言知识",这便使他的语言学研究开始具有认识论倾向,并因此开始涉及心智主义问题。

表层结构与深层结构的区分,其意义在于,基于这一区分,乔姆斯基实现了两个目标:第一,将语义与语音问题重新引入语言学研究,并赋予它们以恰当位置;第二,在引入语义与语音研究的同时,进一步明确了语法(句法)在语言学研究中的核心地位。基于标准理论,在语言内部,唯有句法是具有生成能力的,语义与语音只具有解释功能。句法生成是一个连续的过程,自短语结构规则开始,结合词库进行词汇插入从而形成深层结构,深层结构经过转换规则后形成表层结构。在这一连续的生成过程中,深层结构实现一个表达的语义解释,表层结构实现语音解释并最终表现为外在的语音表达。需要指出的是,虽然在后期的最简方案研究中,乔姆斯基放弃了"表层结构"与"深层结构"这两个概念,但它们仍可以被视为其后期概念"逻辑式"与"语音式"的最初原型。

"描写充分性"指一个语法达到了正确描写理想语言使用者的内在语言能力的水平。然而如上文所述,对于某一种具体语言进行描述的语法系统可能有多个,那么如果一个语法能够被某一理论从基本语料的多个语法系统中成功地选出的话,这个语法便具有了解释的充分性。乔姆斯基指出,当一个语法能够正确描述母语使用者的语言直觉(默示能力)时,这一语法便是在外在基础上获得证实的,因为这一基础与外在事实相对应;而在另一个更深入也更难达到的层次上,当一个语法原则上是描写充分的,并且当它被一个理论从多个与基本语料相符合的语法体系中选中时,这个语法便具有了解释的充分性,在这一意义上,这一语法是在内在基础上获得证实的,因为与之相联的理论内在地包含着一个与该语言语法相关的解释性假说②。很明显,描写

---

① N. Chomsky, *Aspects of the Theory of Syntax*, MIT Press, 1965, p. 9.
② 同上,p. 27.

充分性与解释充分性区分的提出不仅表明乔姆斯基对生成语言学研究提出了更高的要求,还为他进一步提出儿童语言习得理论做了必要的铺垫。描写的充分性可以由后天获得,但对于儿童来说,他们面临的直接任务就是要从所面对的基本语料中构建具体语法。但是,由于个性、环境等因素的差异,即便在面对相似语料时,儿童所构建的语法也可能多种多样,这无疑会阻碍语言交流。因此,可以大胆假设儿童应该具有可以实现解释充分性的理论框架,因为唯有如此,身处同一语言环境下的儿童才可能会从众多与基本语料相符的语法体系中选出描写充分性的语法体系,并最终形成相同的语言。

如果说描写的充分性还是在论述句法结构问题的话,那么解释的充分性已经开始涉及语言知识的习得问题,而这无疑具有明显的认识论意义。

标准理论相对于初期理论的一个发展在于对语言普遍性的强调与具体化。在初期理论中,普遍性只是用来指称普遍性语言学理论,这种理论相当于一个机制或方法,它能够基于基本语料构建具体语言的语法,或至少评价现有语法。到了标准理论时期,由于引入了解释充分性概念,并且将儿童语言习得也纳入了研究范围,对于语言普遍性的研究也就更加具体。

将语言的普遍性与儿童语言习得联系起来,在生成语言学研究中促成了一次质的转变。这一转变首先表现为对儿童如何获得语法解释充分性的研究,即儿童是如何在给定语料的情况下获得具有解释充分性的语法知识的。以此为基础,生成语言学开始进而追问儿童应该具有什么样的基础才可以拥有获得语法解释充分性的能力。这一追问的直接结果就是带来了对语言官能的设定。

在扩展的标准理论时期,普遍语法概念得到进一步确立,内涵也得到进一步明确。生成语言学在此时已经逐步将研究重点从具体语言语法规则系统的研究转向对语言规则的普遍性及其限定条件的研究。所谓"语言规则的普遍性"实际上已经具有了原则与参数框架中"原则"的雏形。然而,普遍性研究面临的问题是:普遍性的规则不能过多,多了无法涵盖人类众多的语言;但同时规则也不能太少,少了就不能概括语言的特征。过多与过少之间形成的张力正是生成语言学研究的重点。其实这一张力也就是描写充分性与解释充分性之间的张力。乔姆斯基等生成语言学研究者在这一阶段应对的办法就是"对普遍性的规则进行限制"。研究找出或设定有关语法规则形式或功能的限定条件,从而一方面可以增加普遍规则的解释能力,另一方面可以有效地减少具体规则的数量。在儿童语言习得过程中,这种具体规则数量的减少也就意味着儿童可能习得的语言数量的减少。例如,在初期理论中转换规则有很多种,涉及面广,过程复杂。到了扩展的标准理论后期,乔姆斯基提出了用"移位"(movement)代替"转换"。如此一来,所有有关词序转变的句法变化都可以用移位来概括。接下来,只要研究者给移位规则加一些具体的限定,移位规则便可以生成具体的表层结构了。

与生成语言学的初期理论相比,标准理论及其扩展不仅更加完整地描述了语言生成过程,而且还对语言初始结构提出了一些基本设想。但总体而言,与初期理论相似,这一阶段的研究仍以语言规则系统为研究对象,以构建具有描写充分性的语法体系为研究目标。概括来说,前两个阶段的研究主要存在两个问题:第一,对语言的解释充分性研究不足,尚不能得出任何具体的研究结论;第二,仍局限于对语言规则体系的研究,尚无法实现乔姆斯基所追求的语言研究的自然化与科学化,因此研究结论也不具有多少认识论意义。这些不足促使乔姆斯基进一步革新自己的理论,原则与参数框架便是革新的又一重要成果。

原则与参数框架对于生成语言学研究的重大转折性意义在于从对具体语言规则系统的研究转向对人类语言普遍语法原则系统的研究[①]。这一研究的确立及其后续发展(最简方案),使生成语言学在本质特征和研究方法上彻底脱离了传统语言学的影响,生成语言学研究由此真正进入"生物语言学"研究路径,从而成为心理学的一部分,并最终归属于自然科学。

原则与参数框架的提出首先是基于乔姆斯基对语言本质的进一步设定,也标志着他对语言本质问题认识的进一步深入。在标准理论中,语言能力被明确提出来并作为主要研究目标进入了生成语言学的研究视野。但是,当时的语言能力只是被当作理想语言使用者的内在的语言知识,关于这一"内在知识"的具体内涵,乔姆斯基及其他生成语言学家并没有进一步的认识。在标准理论的后期,语言官能被作为语言能力的载体提出来,语言能力才有了存在的具体依据。但实际上,我们可以看出,语言官能的提出只是将问题推进了一步,并没有真正解决,因为语言官能作为一个新的术语仍需要加以明确界定。语言官能的界定问题直接涉及对语言本质的理解。上面已经提到

---

[①] 吴刚:《生成语法研究》,第132页。

了语言学研究的自然化、科学化问题。对于生成语言学而言,自然化与科学化的路径首先表现为为语言官能找到明确的生物基础。从这个角度来看,语言在本质上其实就是一种生物现象,要解释语言能力,就必须解释语言能力所依附的生理基础。对于这一点,现有的自然科学很难给予明确的回答,这也就决定了生成语言学的研究只可能是一种关于语言能力的假说(有关这一假说的科学性与合理性将会在下一章中具体论述)。

基于实践中的语言经验,乔姆斯基设定人类"知道一种语言,也就是处于一种心理状态(mental state),它是一个不断发展着的心理状态连续体的某种相对稳定的阶段"[①]。这种心理状态主要表现为一种"心智结构"(mental structure),具体包括一系列的规则与原则,这些规则与原则可以生成或连接不同种类的心智表征。至此,乔姆斯基已经为语言官能或内在的语言知识设定了一个基本框架,框架中进一步设定了两个重要内容:语言能力/知识是一种心理状态,因而具有生物基础;语言能力的内在结构中包括一些规则与原则。对于生成语言学而言,这两个设定意义非凡,因为第一个设定将语言学研究的重心从对具体语言规则的研究转为对语言生物基础的研究,语言学研究由此实现了科学化;第二个设定为乔姆斯基进一步明确语言内部的"表征与计算机制"奠定了基础。需要说明的是,第二个设定中的语言规则与原则不同于初期理论与标准理论中的语言规则。虽然两者在生成能力上有所相似,但前者指语言官能这一生理器官的内在结构与运作方式,而后者仅指语言的运用规则与生成规则,前者具有生物学意义而后者没有。

基于以上两个设定,乔姆斯基对生成语言学理论进行了大幅的扩展。首先,以语言官能的生物性特征为基础,乔姆斯基进一步提出两个假设:语言官能模块说(modularity)与语言能力生长说(growth)。"模块"指大脑当中不同的生理器官,它们分别负责不同的功能,如视觉、听觉、运动、语言等。乔姆斯基提出语言能力模块说是受到福多(Jerry Fodor)的启发。福多在其著名的《心理学模块——论官能心理学》(1983)中将心理功能分为三类:传感器、输入系统和中心系统,三者中只有输入系统是模块性的。乔姆斯基显然突破了福多的观点。乔姆斯基对于心理功能的模块化设定更多的是以功能本身

---

[①] N. Chomsky, *Rules and Representations*, Basil Blackwell Publisher Ltd., 1980, p. 48.

为依据,其模块划分应该包括输入系统与中心系统。举例来说,语言与视觉模块的不同不仅体现在接收信息输入的方式上,同时也体现在信息的处理上。同样以此为例,研究者会发现语言与视觉功能的区别是与生俱来的。我们可以看懂很多从来没有见过的图形(此处仅指图形的空间分布,而不指图形被人赋予的主观信息),甚至可以在想象或睡梦中想象出新的图形;同样,我们可以理解很多我们从来没有听过的语言表达(实际上我们每天听到的话都不可能是一样的),也可以自己说出全新的语言表达。既然视觉系统是人类进化而来的生物特征,是儿童生来就带有并且出生后在外在视觉经验的刺激下不断发展成熟的,那么我们就完全可以设定人类的语言系统也是如此。这种生理系统在外在经验刺激下自发成熟的过程完全有别于学习的过程,因此乔姆斯基认为:儿童语言习得的过程应该是语言能力"生长"的过程。

接下来,作为自然科学研究者而不仅只是语言学研究者,乔姆斯基及其他生成语言学家的任务就是去发现并描绘语言能力生成的具体过程,解释儿童语言习得过程中的刺激贫乏现象。

儿童语言习得过程可以解释为从初始状态 $S^0$ 到稳定状态 $S^s$ 的过程。这其中首要的便是了解初始状态的具体构成。初始状态也就是普遍语法。乔姆斯基认为:"普遍语法理论必须满足两个明显的条件,一方面它必须与各种已存在的以及可能存在的语法相一致;另一方面,它必须在其所允许的选项方面表现出足够的局限性与限定性,以解释每一个具体语法是如何在有限的经验刺激的基础上形成的这一事实。"[1] 简单来说,这两个条件也就是要求普遍语法的规则或原则一方面不能太具体,因为它必须要适用于不同的语法;另一方面它又要很具体,因为它要在刺激不足的情况下形成各种不同的语言。为了解决这一矛盾,乔姆斯基提出了原则与参数框架。

原则与参数框架设想语言官能是由一系列的原则组成,这些原则数量有限,它们决定着每一种语言中具体语法的形成。同时,这些原则又与一系列参数相连,参数有一些"开关"设置,这种设置足够简单(可能只有两个,如定语的左置或右置),以至于可以基于有限的语言经验来完成。参数设定的可能方式有三种,分别为:"①肯定证据,如汉语、英语中的'主谓宾'的基本语序;②直接否定证据,如语言社区成员所做出的错误纠正;③间接否定证据,

---

[1] N. Chomsky, *Lectures on Government and Binding*, Foris, 1981, p. 3.

如汉语环境中的儿童由于从来没有听到过名词复数需要加's'而设定汉语中没有像英语一样的词尾曲折变化。"[①]从现有证据来看,方式②不符合儿童语言习得的过程实际,因此应当排除。参数设置完成即表示参数值得到设定,随着参数值不断得以确定,语言官能不断发展,最终到达语言习得状态 $S^L$。乔姆斯基指出,原则与参数规定的是语法的核心,这是理想状态下儿童语言习得的产物,是"未标记的"。与此相对的是语法的"外围",比如历史残余、个人创造、临时借用等,它们可以作为辅助成分被加入到核心语法之中,是外在的与非固定的,所以也是"有标记的"。

这便是儿童的语言习得过程,即天生的语言官能赋予了儿童以原则与参数,参数值在少量的外在语言经验的刺激下得到设置,从而形成了核心语法,语言基本形成。与此同时,在核心语法习得过程中以及习得完成之后,外围因素的获得与影响一直存在,这也就促使同一语言环境下的儿童在习得共同语言的同时又会形成各自的"个人语言"(idiolect)。

从原则与参数框架阶段开始,基于对语言本质认识的新发展,乔姆斯基进一步改进了句法的计算与生成过程。在这一阶段,原则系统被提到了一个十分突出的位置,它与规则系统一起构成了语法系统的主体。原则与参数框架阶段的句法计算是原则系统限制下的句法规则计算。语法的规则系统主要由词库(lexicon)、句法(syntax)、语音式 PF－component 与逻辑式 LF－component 组成[②]。其中词库是每个词汇项目的语音与句法特征的集合,这些特征投射到语类组成部分中,两者的结合形成 D－结构。D－结构由原先的深层结构演化而来但更加抽象,内涵也更加丰富。D－结构经过转换规则形成 S－结构。S－结构进一步表现为具体的语音式与逻辑式,以分别传达语音与语义。

初看起来,这与标准理论及其扩展时期的句法计算没有太大不同。在原则与参数框架的初期,句法计算方式在很大程度上的确是沿用了标准理论时期的计算方式。但仔细分析,我们会发现,其实这两者之间存在着很大的不同。

首先,在原则与参数框架时期,规则系统不再像标准理论时期那样受到

---

[①] N. Chomsky, *Lectures on Government and Binding*, Foris, 1981, p. 8.
[②] 同上, p. 5.

重视,也不再是研究的重点。以上我们提到过,乔姆斯基曾提出用解释力更强的"移位"来取代"转换"规则以实现诸如被动或疑问之类的句法转变,便是一例。实际上,乔姆斯基还提出并扩展了 X－bar 来替代短语结构规则。X－bar 的基本形式为:

XP ⟶ (Spec)X(Compl)

它表示一个基本句法结构是由一个标示语(specifier)、一个中心语(head,X)与一个补语(complement)组成的,其中标示语与补语是可选项,中心语是必需项。X－bar 模式相对于短语结构规则而言最明显的优点在于它更易于接受词库中词汇特征的投射。比如,在 X－bar 理论模式之下,我们更容易解释一些词汇项目的使用问题,像动词的及物性、名词的搭配等。

其次,原则与参数框架的研究重点在于建立普遍语法的原则系统并阐述它的具体内涵与限制条件。在这一阶段,乔姆斯基及其他生成语言学家建立了投射原则、X－bar 理论、界限理论、管辖理论、约束理论等十多个具体的语法原则。原则与规则的本质区别在于原则是普遍语法的一部分,具有生物普遍性,而规则在这一点上则不明确。所以,对于以自然科学尤其是以生物学为学科定位的生成语言学而言,显然原则才是其研究的重点。这也就同时预示着在原则与参数框架建立以后,规则系统必将会在原则及其参数的限制下逐步减少甚至最终被完全取消。

再次,句法计算形式更加抽象,也更加具有解释力,从而为原则的创立奠定了基础。在这一时期,乔姆斯基用 D－结构与 S－结构代替原来的深层结构与表层结构,在很大程度上是为了避免读者被"深层"与"表层"这些概念的字面意思所误导。在生成语言学中,所谓"深层结构"与"表层结构"并不指称任何"深"与"表"的内涵,它们只是代表着句法计算的两个阶段。以 D－结构与 S－结构代替原来的深层结构与表层结构则不仅可以有效地避免误解,还可以使句法描写在更加抽象的层面上实现对人类句法计算能力的描述。同样,X－bar 理论相对于短语结构规则而言也更加抽象,但却可以包括更多的句法计算可能,具有更强的解释力。

最后,也是最为重要的一点,原则与参数框架已经完全具有了生物语言学的雏形。不同于以前纯粹的语言计算的是,原则与参数系统的计算是生物体内在机能的计算。这一计算分为两个步骤:第一步,是完全的语言官能内部的计算,包括从词库经 D－结构到 S－结构的过程,这一过程中只涉及语言官能本身;第二步,是S-结构到语音式与逻辑式的过程,这一过程事关语义的传递与语音的表达,因而需依赖人类其他的认知器官才能完成。简单地说,第一步研究的是某一人体器官(语言官能)内部的运作方式与功能实现,第二步研究的是人体语言器官与其他器官之间的协调。从这种意义上说,生成语言学俨然已经成为生物学或生理心理学的一部分,无疑也就成为自然科学的一种了。生成语言学研究至此,与初期理论相比,无论是在研究对象还是在研究目标上,均产生了实质性的变革。

生成语言学研究走向科学化与生物化的另一个重要表现是乔姆斯基开始将计算过程的经济性作为理论构建的一个重要考量指标。随着所发现的原则与随之而来的参数或其他限制条件的数量不断增多,原则与参数框架有被不断复杂化的危险。如果它真是十分复杂,那么这可能很难是人类生物进化的结果,因为实践证明进化而来的成果均具有最优化的设计,而简单性与经济性是检验优化与否的重要指标。从这一角度出发,乔姆斯基开始着手新的变革:简化句法推导过程与计算表现形式,前者表现为去除不必要的推导步骤,后者表现为减少不必要的计算符号。沿着这一思路,乔姆斯基最终在20世纪90年代初再次革新了其语言学理论,创立了"最简方案"。

在"最简方案"中,乔姆斯基研究的重点在于表明语言官能对外在性条件的满足情况,而对语言本质、语言官能、儿童语言习得等核心问题的认识并没有发生任何变化。鉴于此,我们不再详述其具体内容。

## 3.4 本章小结

在结束本章讨论之前,有必要对乔姆斯基的理论性质问题稍做进一步的说明,具体包括对以下三个问题的回答:乔姆斯基的语言理论在多大程度上继承了理性主义传统?在哪些方面表现出了对传统理性主义的偏离?我们在理解乔姆斯基语言理论时应该注意什么?

第一个问题我们已经在上一章中论述基于理性主义的两个基本原则时做出了回答,即运用理性的方法论与承认天赋知识的存在。然而,同样是基于这两个原则,乔姆斯基在研究中表现出了对笛卡尔理性主义传统的偏离。

(1)在理性方法的运用上,乔姆斯基坚守的只是理性的原则,但在具体运用上已完全不同于笛卡尔。这主要表现为:首先,笛卡尔采用的是普遍怀疑和理性直观的方法,而乔姆斯基采用的是自然科学"假设+验证"的基本方法;其次,笛卡尔采用的是演绎与归纳的传统逻辑,而乔姆斯基采用的是"假说、演绎、归纳"的皮尔士科学发现逻辑。

(2)在天赋观念上,乔姆斯基坚守的只是知识的来源这一核心立场,但就其具体内涵而言,他与笛卡尔的认识已完全不同。这主要表现为:首先,笛卡尔的天赋观念来源于上帝,而乔姆斯基的天赋语言源自遗传而来的人的生物属性;其次,笛卡尔的天赋观念自身是现存的并"清楚明白"的,是绝对的真理,而乔姆斯基的天赋语言却仅是根据语言事实所做的假说,并且其自身的具体内容有待于我们依据语言事实来构建;再次,虽然笛卡尔后期从知识"现存"观转变为知识"潜存"观,承认了经验在知识形成过程中的"激发"功能,但他坚持天赋是自明的,而乔姆斯基却认为对于具体的天赋(语言)知识我们只是在不断地做出假设,因而经验不但具有"激发"功能,同时还具有对有关天赋知识假说进行"验证"功能。

以上两个方面的偏离其实已经告诉了我们应该如何来理解乔姆斯基的语言学理论。这主要包括以下三个要点:

(1)乔姆斯基的语言理论是理性主义的,但却是科学化改造之后的理性主义。

乔姆斯基的语言学理论只是基于既存事实的"大胆假说",而不是确证的理论成果。这些假说有待于后续自然科学研究发现的进一步检验。但作为科学研究,生成语言学追求的是作为某一阶段研究所能提出的"最优理论"与最佳解释性假说,而不是与所有的观察事实相一致的理论。在不同的阶段,随着自然科学研究的发展与可观察事实的增加,"最优理论"发生变化也很正常。然而,要推翻某一假说最好的途径是提出更好的假说以取代之,而不只是简单的反驳。由此可见,乔姆斯基沿用的是理性主义细致严谨的方法而不是理性主义独断的态度。

(2)乔姆斯基反对的是经验主义在知识获得上的立场,而不是经验本身。

在乔姆斯基的语言理论中,经验的功能主要表现在三个方面:第一,经验是假说形成的基础,但离开了人类内在的生物基础,经验无法单独促成假说的形成;第二,经验是语言知识形成(习得)过程中的激发因素,没有经验,语言不会自然"生长";第三,经验是假说得以验证(证实或证否)的最终依据。

(3)反对任何形式的二元论。

语言能力同时兼有"心智"属性与"(大脑)物质"属性,这是我们现阶段所能观察到的经验事实,但我们目前还无法对其做出生物层面的解释。要彻底认识心智现象,既需要认知科学的充分发展,也需要基础自然科学的不断进步。认为"心智"属性与"物质"属性在语言能力中需要协调是二元论思维的产物,试图将人类语言能力归属于大脑或神经元也同样是笛卡尔二元论传统的遗留。"心智/大脑"概念并无任何本体指涉,使用这一概念不是为了消解问题,而是为了搁置问题,是在当前认知科学尚不发达的情况下出于保证生物语言学研究的科学性、搁置争议并且避免武断的权宜之计。

# 第4章

## 方法论的自然主义:语言与心智的研究方法

历史上对认识论问题的解决有两种基本的态度:独断论与怀疑论。"独断论"设定了"他们(独断论者)相信为无疑真实的某些学说"①。独断论是康德在批判莱布尼茨与拉尔夫等人的学说时提出的,他认为这些学说对人的理性能力不加批判就直接武断地认为它是全能的和绝对可靠的。但如果从现代自然科学的视角来看,我们会发现康德本人与笛卡尔均持有不同程度的独断论立场。这种独断至少体现在两个方面:首先,两者都试图为知识寻找到一个牢不可破的基础;其次,两者都试图为知识的形成与被习得规定一条固定的路径。独断论的最大特点是规定性。为了赋予规定性以合法的地位,笛卡尔最终只能诉诸上帝与理性:上帝保证了知识来源的可靠性,而理性的直观与演绎保证了知识形成过程的可靠性。康德以反独断论的形象出现,所以他的独断论倾向也就更加"隐蔽"。康德证明了"先天综合知识"如何成为可能,也就证明了知识的确定性。"综合"本身没有问题,并且具有明显的经验论色彩,但问题在于"先天"应该如何去把握。虽然康德给出了感性与知性的具体形式,但他并没有去进一步证明这些具体形式存在的依据。然而,有一点可以肯定,即对"从独断论的迷梦中惊醒"同时又试图要消除休谟式绝对怀疑论的康德来说,这些形式不应该被简单归结于上帝的存在,也不可能来源于对经验的总结。这些形式本身并不是知识,它们只是知识得以形成和被习得的普遍且必然的条件。以感性直观的形式时间与空间为例,有了时间与空间这两个先天条件,感觉经验成为可能。"这样,时间、空间表象的来源不是完全应该肯定是客观的"②。也就是说,康德似乎并不准备去证明这些形式本身的客观性,

---

① 尼古拉斯·布宁,余纪元:《西方哲学英汉对照辞典》,王柯平、江怡等译,人民出版社,2001年,第273页。
② 齐良骥:《康德的知识学》,商务印书馆,2000年,第47页。

而这种"非绝对的客观性"应该也就是康德赋予"先天"概念的内涵之一。然而，康德的解释显然无法被现代的自然科学所接受，从自然科学要求最终实证的角度来说，康德的"先天形式"仍然带有独断论的倾向。

怀疑论始于皮浪（约公元前360年～前270年）。皮浪主张事物是不可认识的，认为每一个事物都有两种相互排斥的意见，所以"最高的善就是不做任何判断"。怀疑论学说经爱纳西德谟、塞克斯都·恩披里柯、阿格里帕的进一步发展而不断体系化。怀疑论产生的根源在于认识本身的复杂性。在排除了理性或神学的独断之后，人类认识世界的方式只有经验。在经验的过程中，一方面认识的主体具有个体差异，另一方面经验本身只能涉及认识对象的外在表象而难以直接通达认识对象的本质；不仅如此，认识主体与认识对象之间的联系也可以是不断变化的，具有极大的相对性。所以，以经验为基础的认识过程的确难以是一个一蹴而就的过程。怀疑论总是与经验论相连，它实际上是绝对经验论发展的必然结果。绝对经验论不仅要求知识必然来源于经验，而且还要求知识一定在现有经验的基础上已经得到证实的学说。休谟持有的就是这样一种学说，经验论也正是在休谟的发展下走向了极端。但是，对于休谟的怀疑论学说我们要分两个方面来理解：一方面，休谟将洛克、贝克莱以来的经验论推演至它的逻辑终点；另一方面，休谟在推演过程中虽然否定了客观因果性的存在，但同时通过经验与心理的分析证明人类具有"外在物体存在"、"同一的自我"、"因果性"等"不可抗拒的自然信念"。从这个角度来说，休谟等怀疑论者并不是完全否认知识获得的可能性，他们实际上否认的是以经验为基础的确定性知识的形成过程。此时，我们可以设想，如果某一天自然科学的研究成果证实这种"不可抗拒的自然信念"是确切存在的，并且这种"不可抗拒的自信念"是人类的一种生物禀赋，是人类知识形成的先天性生物基础，那么休谟的怀疑也就将不复存在了。因此，怀疑论者并不是认识论的破坏者，他们是认识论重建过程中的先行者。正是由于他们的怀疑，认识论才真正得以摆脱独断论的束缚；而他们怀疑的终点，也正是认识论重建的起点。从这个意义上来说，休谟的怀疑论无疑是认识论研究的一笔重大财富。

在独断论与怀疑论之后，或者更具体地说，在康德与休谟之后，唯理论与经验论的研究正在逐渐地彼此接近。这一点并不应该令人感到奇怪，因为随着自然科学的不断发展，认识论问题的核心也随之不断地凸显，即人类是如何在有限经验输入的情况下获得丰富的知识输出的。以现代自然科学为基点，认识论研究者现在要证实的便是康德的"先天形式"与休谟的"自然信念"何以可能的问题。如此一来，我们就走进了乔姆斯基的研究方法——方法论的自然主义。

## 4.1 溯因推理

乔姆斯基提出的"柏拉图的问题"的解决方案与设想并没有最终解决认识论问题。实际上乔姆斯基从来只是将自己的研究结果归为理论假设，所以他对很多批评者将其作为最终结论来加以批判感到不解①。那么，现在问题的关键在于乔姆斯基必须要证实该理论假设的来源与形成方法是合理的。乔姆斯基理论体系的基础是"语言官能"假设，这一假设基于对人类语言现象的实际观察，因而有实际经验作为基础。以下我们将会重点关注乔姆斯基理论假设的方法问题，对这一问题的论述分成两个部分：本节将从逻辑的角度论述溯因推理，下节将从自然科学的角度论述"伽利略—牛顿模式"。

"溯因推理"（abduction，或又被称为 retroduction，hypothesis）②最早是皮尔士提出的。皮尔士之前的逻辑推理形式分为两种，即归纳（induction）与演绎（deduction）。但是，皮尔士认为"归纳只是确定某种量值，而演绎则只是从一个纯粹假说推论出其必然的结论"③，这二者均不能促成新知识的产生。产生新知识这一任务只能通过溯因推理来完成。

皮尔士将溯因推理解释为"一个形成解释性假设的过程"④。他指出：

---

① N. Chomsky, "Comments and Criticism: What the Linguist Is Talking about", *Journal of Philosophy*, 1974, Volume LXXI, No. 12: 351.

② abduction 的中文译法五花八门，文献中出现过的翻译形式不下 20 种。例如，《英汉心理学词典》把它翻译为"不明推论"，香港出版的《中译逻辑学词汇》上的译名是"引理"，台湾学术界一般把它译为"外展推理"，其他译名包括"外展推理"（徐向东）、"溯因推理"（陈波、陈保平）、"直觉推理"（熊学亮）、"不明推论"（丁尔苏）、"估推"（沈家煊）、"假设推理"（江天骥）等，其他译名还有"发想"、"设证"、"不确定推理"、"逆推"、"回思"、"回推"、"回顾推论"、"反证"、"逆证"、"还原"、"溯原"、"回溯"等等。参见曾凡桂《皮尔士"Abduction"译名探讨》，《外语教学与研究》，2003 年第 6 期。

③ C. S. Peirce, *Collected Papers of Charles Sanders Peirce*, Vols. V, (ed.), by Charles Hartshorne and Paul Weiss, p. 171.

④ 同上，p. 106.

如果我们认为,当事实与预期不符时,我们就需要做出解释的话,那么这个解释就必须是一个能够在特定环境下预测所观察事实(或必然的,亦或非常可能的结果)的命题。一个自身具有可能性,并且使(观察到的)事实具有可能性的假设就需要被采纳。这个由事实驱动的采纳假设的过程,就是我所说的溯因推理。①

基于皮尔士的论述,汉森(N. R. Hanson)将溯因推理过程理解为"从被解释项到解释项的追溯",并用公式描述为:

$$\frac{C \quad H \to C}{H}$$

其中 C 为被解释项,H 为"蕴含 C 的假说",即解释项。如果这一推理成立,则 H 即成为被发现的知识②。这一模式用皮尔士自己的表述即为③:

(1)一个令人惊讶的事实 C 被观察到。
(2)如果 H 为真,那么 C 会是一个不言而喻的事实。
(3)所以,有理由相信 H 为真。

其中,H 为一个蕴含 C 的假说,同时也是一个可能得出的新的知识。

溯因推理的最大特点在于其对创新的重视。也正因为这一点,皮尔士将促进产生新知识的任务交给了它。为了进一步说明溯因推理的重要作用,皮尔士将科学研究中新知识的发现过程分为三个阶段④。第一阶段是溯因推理。在这一阶段,研究者基于人类所拥有的"猜测本能"与收集到的经验事实,将事实相互联系,直到有一个解释性的猜测或假设出现为止。第二阶段是演绎推理。这一阶段要求从刚刚形成的猜测或假设中引申出必要的结论,特别是"那些可以与实际的世界进行对照的结果"。第二阶段依然是假设性质,因为它只是从假设中推理而不涉及任何具体的经验事实。第三阶段是归纳推理。在这一阶段,研究者把从第二阶段中推理出来的结论与进一步的经验事实进行比较,以检验假设是否反映了事物的实际状况。如果比较结果相

---

① C. S. Peirce, *Collected Papers of Charles Sanders Peirce*, Vols. Ⅶ, (ed.), by Arthur W. Burks, Harvard University Press. 转引自徐慈华《溯因推理与科学隐喻》,《哲学研究》,2009(7),第 94 页。

② N. R. Hanson, *Patterns of Discovery*, Cambridge University Press, 1958, pp. 85—89.

③ C. S. Peirce, *Collected Papers of Charles Sanders Peirce*, Vols. Ⅴ, p.189.

④ 科尼利斯·瓦尔:《皮尔士》,郝长墀译,中华书局,2003 年,第 61—62 页。

符,则表示在第一阶段中做出的假设获得证实;如果不相符,则说明这些假设被证否,需要依据进一步的事实做出新的假设。可以看出,在这三个阶段中,只有溯因推理阶段才可以产生对世界的新认识,而其他两个阶段只对新认识进行推理或验证。也正因为如此,皮尔士认为"虽然关于经验的溯因推理不是必然的,但却是获得新知的'唯一的道路'"①,并且"当今的科学中每一个已经成熟的理论都应归功于溯因推理"②。

溯因推理的第二个特点是可错性。皮尔士指出,溯因推理只是"一种洞察性的行为",且"这种洞察可能是错误的"③。这一点很容易理解,因为究其本质而言,溯因推理是一种形成解释性假说的程序;从整个科学发现过程来看,它只是这一过程的起始阶段,而不代表任何最终的结论。可错性是人类知识形成过程中的一般性特征,它与波普尔(Karl Popper)提出的可证伪性在内涵上有些相似,后者是指"一切从经验得来的假说、命题和理论都不是科学的,除非它们容许反例存在的可能"④。需要注意的是,无论是可错还是可证伪均只是其各自理论的一种逻辑属性,并不表示在事实上必然发生。

最后,溯因推理的运用过程体现的是人类本能的行为。当面对"令人惊讶的事实"时,我们应该做出什么样的假设呢?面对某一个事实理论上可以形成众多的假设,但实际上我们不可能逐一去测试这些可能的假设,否则人类的科学发现过程将会无比的漫长。为了解决这一问题,皮尔士基于自己的观察指出人类具有"猜测本能"(guessing instinct)。他认为:"人有一种自然本性,一种猜测本能,能够获得正确假设。人有某种洞察力,属于自然普遍规则的第三个范畴(thirdness)⑤,这种能力是本能的普遍本质,类似于动物的本能。"⑥皮尔士甚至将人类的猜测本能与鸟天生会飞行相类比,认为这是"宇

---

① C. S. Peirce, *Collected Papers of Charles Sanders Peirce*, Vols. Ⅴ, p.145.
② 同上,p.127.
③ 同上,p.113.
④ 刘放桐:《新编现代西方哲学》,人民出版社,2000年,第517页。
⑤ 皮尔士将康德的十二个范畴进一步减化为三个,即第一的范畴——某物,第二的范畴或"第二性"——其他,第三的范畴——中介,将它们作为所有概念的基础。"猜测本能"明显属于"中介",因为它表示"事实"与"假说"之间的关系。
⑥ 转引自贺川生《乔姆斯基语言天赋思想的皮尔士哲学根源:溯因逻辑》,《当代语言学》,2004年第2期,第131页。本书作者对原译文中的个别术语按常规译法进行了修改。

宙所有奇迹中最令人惊讶的一个"①。正是这种猜测本能的存在,使得人类能够在众多可能的假设中直接选定相对恰当的某一个或几个假设,从而大大加快了认识世界的进程。

乔姆斯基是在接受了理性主义认识论思想之后才发现皮尔士及其溯因推理思想的②,很快他便接纳了这一思想并在自己的理论中加以广泛运用。乔姆斯基对皮尔士及溯因推理的论述最早出现在其1968年的著作——《语言与心智》中。在这本著作中,乔姆斯基指出:"我描述语言习得的方式使人想到50年前皮尔士所做的一个十分有趣但却被忽视的演讲。在该演讲中,他提出了一个有关知识习得十分相似的概念……在同一个演讲中,皮尔士坚持认为早期科学发展史表明一个正确的理论总可以被轻易且快速地发现,而发现所基于的事实又总是十分不足。"③当然这里的"轻易"与"快速"是相对化的概念,是相对于根据有限经验事实所可能做出的众多推理而言的。此时,乔姆斯基就已经将溯因推理中的"猜测本能"描述为"人类头脑中的一种天然倾向",是基于人类生理基础的一种生物本能。很明显,对于乔姆斯基自己的"语言官能"概念而言,皮尔士的"猜测本能"无疑为其提供了强有力的证明。乔姆斯基还进一步将基于猜测本能的知识获得过程与基于语言官能的儿童语言习得过程相类比,指出"一个孩子在出生时并不知道他/她将要去习得的是哪一种语言,但他/她一定'知道'这种语言的语法具有事先就决定好了的形式,正是这些形式使得其他一些理论上可设想的语法无法得以生成"④。这也就是说,儿童会利用先天的语言形式做出假设,并在随后的语言习得的

---

① 皮尔士甚至将人类的猜测本能与鸟天生会飞行相类比,认为这是"宇宙所有奇迹中最令人惊讶的一个"

② 乔姆斯基在回复本书作者的提问时说:"I became interested in the Cartesians and their successors out of an interest in antecedents for the kinds of ideas I had been working on for some years, and found about Peirce's quite obscure notions of abduction somewhat later."(我在展开自己研究前的好几年,就已经对笛卡尔及其后继者的思想感兴趣了,而我发现皮尔士相对模糊的溯因推理则是之后的事情。)随后的邮件中他又说:"As I explained, I learned about Peirce's 'guessing instinct' long after I'd been working genetic components of language faculty.")(正如我以前所解释过的,我是在研究了语言官能的遗传学构成之后才开始了解皮尔士的"猜测本能"。)

③ N. Chomsky, *Language and Mind*, Harcourt Brace Jovanovich, 1968, p.78.

④ 同上。

实践中对这一假设做出检验，随着假设获得不断的肯定（证实）或修正（证否），最终形成的假设便是该儿童所习得语言的具体语法。之后，随着乔姆斯基对溯因推理的研究与运用的不断深入，当被问及哪位哲学家和他的思想最接近时，乔姆斯基说:"我觉得我最为接近的哲学家是皮尔士，我几乎是皮尔士的释义者。"①在另一次采访中，谈到溯因推理时，乔姆斯基说:"我们有某种本能的机制，它是头脑中的理论构建模型，基于该模型我们得以从零乱的经验数据中形成理论解释。这么做我们完全是出于本能。随后，我们会用归纳等科学的方法来检验它……我认为这一理论是完全正确的。"②

乔姆斯基将溯因推理解释为"心智基于某一原则形成一些假设，并依据证据或某些事实在假设中做出选择的过程"③。基于皮尔士的论述本身并结合乔姆斯基的理论，我们发现乔姆斯基在以下几个方面借鉴并发展了皮尔士的溯因推理思想。

首先，猜测本能是对语言官能的进一步证实。

皮尔士溯因推理思想中的猜测本能是指人具有根据已知的"令人惊讶的事实"做出假设、提出新观念的能力。将这一能力以"本能"来定位，足以说明在皮尔士看来，这一能力是人类的一种生物禀赋，如果用现代生物学语言来表达就应该是"基于遗传而赋予人类的一种生物机能"。这样的表述明显与本书第3章中对语言官能的定位十分相近。所不同的是，猜测本能是人类普遍的认识机制，而语言官能是人类语言特有的认识机制。但无论如何，我们"没有理由怀疑有高度特定的天生能力存在，并且这一能力决定着认知结构的发展"④。从这一点出发，乔姆斯基提出天赋语言观也就不会显得突兀，因为既然人类具有知识习得的先天机制，那么也就有理由相信人类同样具有语言知识习得的先天机制。

实际上，在哲学史上，很多哲学家都提出过类似于皮尔士溯因推理的概念或观点。如休谟提出一定的形式和意义可以构建更大更复杂的结构，这是

---

① N. Chomsky, *Language and Responsibility*, Pantheon, 1977, p.71.

② M. C. Haley and R. F. Lunsford, *Noam Chomsky*, Twayne, 1994, p.182.

③ N. Chomsky, *Rules and Representation*, p.136.

④ N. Chomsky, "On Cognitive Structures and Their Development: A Reply to Piaget", M. Piatelli-Palmerini (ed.), *Language and Learning*, Harvard University Press. 1980, p.52.

来自于"大自然的原始的手";里德认为"人类常识"包括"原始和自然的判断",这是"自然赋予人类的理解能力的组成部分","在日常生活事务中指导我们";蒯因将人类理论形成过程中所需的相似性联系能力视为是天赋的;普特南提出人们应该用"一般性多目的的学习策略"来解释孩子的语言成就,而这些策略是天赋的。这些概念或观点均在一定程度上佐证着人类天赋认识能力的存在。只不过,它们(包括皮尔士的溯因推理)都没有像乔姆斯基的语言官能学说那样细致、具体。

同时,细心的读者可能会发现一个问题,即以上我们提到的诸位哲学家均可被划归为经验主义者,那么乔姆斯基是如何在与他们存在相似之处的同时又保持着理性主义者特质的呢?对这一问题的回答需基于我们在上一章中分析过的语言官能的具体内涵。与皮尔士的实用主义、经验主义思想不同的是,乔姆斯基所坚持的是人不仅具有天赋的认识能力,同时也具有一定的天赋知识结构。正是后一点将他与以上提及的一众哲学家区分开来,同时也正是这一对知识来源的规定性说明将乔姆斯基定性为理性主义者。

其次,溯因推理的普遍性与网络化。

在汉森所描述的溯因推理过程中,"H→C"中的"→"只表达假设 H 与已观察到的事实 C 之间在认识上所具有的某种联系。由 H 到 C 的过程是由猜测本能来完成的,并不需要借助其他严格的逻辑与严密的推理,因而普通人均可实现,具有普遍性。虽然溯因推理思想是由皮尔士提出的,但它的实际应用却不受对它认识的限制。现实中,溯因推理被广泛应用于科学理论的形成、事故调查、司法推断、语用推理、日常理解等各个领域。

溯因推理的普遍性也同样鲜明地体现在乔姆斯基的理论构建中,如乔姆斯基对于语言天赋观的假设与推理、对于普遍语法的假设与推理、对于语言官能模块化的假设与推理、对于语言基因进化突变的假设与推理、对于 I—语言是完美系统的假设与推理以及对于儿童语言习得的假设与推理等。

溯因推理的存在不仅是普遍的,而且是网络化的。以哲学上著名的"太阳使石头发热"这一推理为例,"如果只是孤立地理解'太阳使石头发热'这个判断,它的必然性是没有着落的。它的必然性在于它被编织在一个无限的因果网络中,或者说是一个无限的因果网络将它安排在了某个固定的'位置'"①。因此,实际应用中的溯因推理过程并不是一个个简单、独立的"假设+证实(证伪)"过程,而是一个复杂的推理网络。在这个网络中,各次推理环环相扣,往往对一次推理过程中做出的假设的证实或证否会涉及对其他相关知识或理论的调整或修正。同样,这一点在乔姆斯基的理论构建中也不例外。以下仅以儿童语言习得与天赋语言观为例,试着描述其中可能蕴含的部分溯因推理网络:

儿童可以轻易、快速地习得任何一门语言
如果某种语言习得机制存在,则儿童可以轻易、快速地习得任何一门语言
所以某种语言习得机制存在
如果这种机制,是天赋的,则依据这种机制儿童可以轻易、快速地习得任何一门语言
所以这种机制是天赋的
如果这种机制是人类的生物属性,则这种机制是天赋的
所以这种机制是人类的生物属性
如果这种机制具有神经科学和脑科学基础,则这种机制是人类的生物属性
所以这种机制具有神经科学和脑科学基础
……

这样的推理并没有完成。但从上述推理中,我们明显可以看出乔姆斯基将语言学归入心理学并最终归入自然科学的原因所在。

再次,溯因推理的科学本质。

让我们先考虑这样一个问题:作为理性主义者的乔姆斯基为何会对一个实用主义哲学家的理论如此大力推崇并加以继承?对这一问题的回答须首

---

① 钱捷:《溯因推理:笛卡尔、康德和皮尔士》,《哲学研究》,2003年第10期,第56页。

先明确这样一个观点：皮尔士在其理论构建中始终强调科学精神与科学方法①，而这也正是乔姆斯基在其理论构建中所秉承的。

皮尔士开创了美国"真理即效果"的实用主义传统，因而他被公认为美国实用主义的创始人。对于皮尔士的一般理解多被他首先是一个实用主义者这一观点所左右，而实际上皮尔士与其后的实用主义哲学家如詹姆斯、杜威等有着明显的区别，这主要体现在皮尔士身上所表现出的科学精神。科学方法是皮尔士一生所关注的主要内容之一，也是他提出实用主义的初衷。皮尔士认为应把实用主义理解为逻辑方法，而不是形而上学原理，这是它最大的优势。1892年9月17日，他在给友人贾齐·罗素（Judge Russell）的信里写道："我的唯一的和最后的劝告是，你要把你最后一美元押上去的东西不是一个学说，而是一种方法。因为一个生命力很强的方法将修正自己以及学说。学说是水晶体，而方法是酶。"②

皮尔士实用主义方法的形成基于其实验精神。他认为实用主义者在确定词或概念的意义时所寻求的方法正是科学试验的方法。他设想通过这种方法使实用主义成为笛卡尔式方法（以清楚明白为标准）的改进，进而使哲学更加科学。也正是在这一意义上，皮尔士与逻辑经验主义者的观点存在着相似之处，即他们都强调对于形式逻辑和科学方法的运用。这种科学方法及其所体现的科学精神最终造成了皮尔士与其他实用主义者的决裂。为了表达自己的立场与其他实用主义者的不同，皮尔士最终放弃了原来的实用主义（pragmatism）一词，代之以"实效主义"（pragmaticism）。

皮尔士的哲学工作就是其科学研究成果的深化和应用。他属于典型的"实验室哲学家"，或者可以直接说他是一位"科学家而非哲学家"。从根本上说，皮尔士的哲学就是科学逻辑③。

---

① 乔姆斯基在给作者的电子邮件回复中进一步表达了如下思想：His rather vague ideas about abduction are not easily reconciled with his more famous pragmaticism. Peirce is known as a pragmaticist, but his ideas on abduction, though vague, fall well within the general rationalist in crucial respects.（皮尔士本人模糊的溯因推理思想与其著名的实用主义思想之间并不十分调和。皮尔士虽然被认为是实用主义者，但他的溯因推理思想，虽不十分清晰，就其实质而言却应归入广义的理性主义范畴。）

② 转自瓦尔：《皮尔士》，2003年，第39—40页。

③ K. L. 凯特纳：《查尔斯·桑德斯·皮尔士：科学家而非哲学家》，张留华译，《世界哲学》，2005年，第6期第105页。

乔姆斯基对于皮尔士理念的借鉴主要表现为对其科学方法与科学精神的借鉴。以溯因推理为基础，乔姆斯基进一步解释了语言官能天赋的基本观点，但这只是他基于理性主义基本立场对语言本质的一种假设。在此假设之上，乔姆斯基坚持认为语言学是经验科学（empirical science）。他多次强调，语言学应是心理学的一部分，并最终属于自然科学。同时，乔姆斯基从来没有宣称他的语言官能假说是绝对正确的。不仅如此，在对待经验的基本态度上，乔姆斯基也借鉴了溯因推理的基本观点。他认为经验并非无关概念的"真假"，相反，经验构成了假说得以验证的唯一证据。

相对于皮尔士而言，笛卡尔通过普遍怀疑和理性的直观与演绎来构建其理论体系。但笛卡尔这种"思辨+演绎"的方法是坚持现代自然科学精神的乔姆斯基所不能接受的，因为思辨过于抽象与空洞，而演绎则"只是从一个纯粹假说推论出其必然的结论"；前者为科学精神所不容，后者又不可能促成新的科学发现。因此，乔姆斯基虽然继承了笛卡尔的理性主义传统思想内核，但在具体研究与理论构建中却坚持了皮尔士的科学逻辑方法。

## 4.2 伽利略—牛顿风格

以两位最伟大的科学家的名字命名，"伽利略—牛顿风格"（Galilean-Newtonian style）代表了近代以来自然科学研究所遵循的基本思维方式，乔姆斯基所创立的生成语言学也正是在这一思维方式的指导下开展研究的，这也同时一定程度上保证了生成语言学研究的自然科学性质。

所谓"伽利略—牛顿风格"，简言之，就是伽利略与牛顿在他们的研究中所遵从的基本原则。因此，要解释这一概念，首先有必要了解这两位科学家从事科学研究的方式及其主要特征。

伽利略是近代实验科学的先驱，但"实验科学"并不代表在伽利略的研究中所有理论的形成都必须事无巨细地基于具体的实验。实际上，伽利略对于实验与研究方法的要求非常严格。以他的物理学研究为例，伽利略在方法上的创新主要体现在两个方面：第一，创立了理想实验的研究模式；第二，创立了将实验的方法与数学方法、逻辑论证相结合的科学研究方法。例如，为了说明惯性的存在，他曾设计了一个无摩擦力的理想实验。伽利略设想：如果将两个倾角相同的斜面对接，从一侧斜面上释放小球，如果无摩擦力的话，小球将会滚上第二个斜面并上升到同一高度；如果将第二个斜面倾角减小，小

## 第 4 章 方法论的自然主义:语言与心智的研究方法

球要达到原来的高度就需要通过更长的距离,然后逐渐减小第二个斜面的倾角直至形成水平面,此时小球就永远无法达到原先的高度,但却以恒定的速度无限运动下去。在这一实验中,伽利略的理想化体现在他为了研究惯性而有针对性地将摩擦因素忽略。这样做的结果是在实验中主要研究对象被突出,实验的过程得以化繁为简,事物的规律也就更容易被发现。伽利略被誉为"经典物理学的奠基人"。实际上,他创立的这种实验方法不仅在物理学与其他自然科学中被广泛运用,而且还被大量运用于人文社会科学的研究中。时至今日,凡提及实验几乎都是理想化的实验,为了突出主要研究对象而对其他因素进行控制已经成为实验的常态。

相对于第一个创新而言,伽利略在方法上的第二个创新为科学研究开创了更大的研究空间。将实验方法与数学方法、逻辑论证结合起来的最大优点在于使自然科学研究摆脱了对具体经验(实验)的绝对依赖,从而使得研究者在抽象的层面上构建更为宏观的理论体系成为可能。众所周知,伽利略是哥白尼日心说的支持者,但基于当时自然科学发展的水平(至少万有引力尚未被发现),日心说面临着众多其自身难以反驳的事实,这其中最为典型的就是:"既然地球在转动,那么地球上的事物为什么不会从地球上飞出去?"可以想象,如果伽利略一切以事实为基础,在科学研究中谨小慎微,他就不可能脱离一些有关世界的常识性判断,更不可能创立更为宏观的抽象理论了。

据乔姆斯基的考证,在科学研究中首先使用"伽利略风格"(Galilean Style)一词的是核物理学家温伯格(S. Weinberg),而后者称这一表达最初源自胡塞尔(E. Husserl)。温伯格用这一词语来指称以下事实,即"在物理学家们看来,相比于'一般的感觉世界',他们用数学模型建立起来的世界'具有更高的现实性'"[1]。乔姆斯基如此描述伽利略:"伽利略最为引人注目之处在于——这在当时是难以令人接受的——他无视大量事实论据的存在。他往往会说:'注意,如果某一论据驳斥了理论,那么可能这一论据本身就是错误的'。"[2]实际上,伽利略的确无视过众多的"感觉事实",除了上面提到过的地心说之外,还有诸如轻的物体比重的物体下落速度慢、钟摆一次时间会随着其摆动圆弧的大小而改变等。而无视的结果就是伽利略在实验与数学、逻

---

[1] N. Chomsky, *On Nature and Language*, Cambridge University Press, 2002, p.98.
[2] 同上。

辑相结合的方法的帮助下确定了一系列重要的力学定律,如"自由落体定律"、"钟摆的等时性定律"等。

伽利略风格的核心内容可以简要概括为认为研究者所构建的抽象系统才是真理,而与此相对的现象序列则可能是对于真理的某种扭曲,因为这些现象总是会涉及各式各样的因素或种类繁多的事物。所以,考虑到任何研究均难以做到面面俱到,总会有些因素被疏漏,在研究中,研究者应该适当地无视具体现象,转而追求真正可以深入洞察事物本质的基本原则。仍以物理学为例,物理学家现在仍然无法细致入微地解释很多自然现象,但这并不妨碍他们获得对于这些现象所涉及事物的总体理解或设想。恰如物理学家们认为人类只认识了世界上10%的物质,并把剩下的90%称为"暗物质"(dark matter),但对于这90%物质的具体状况却一无所知。然而"一无所知"没有阻碍科学家们对这些暗物质进行演算、设想。相信虽然我们在当前还无法确定研究结果正确与否,但应该没有人会怀疑科学家们对暗物质的研究有任何不当。这就是在研究方法上"伽利略风格"所带来的巨大转变,即人们正试图了解世界是如何运行的,而不只是满足于描述有关世界的具体现象[①]。

将伽利略与牛顿并列,把他们的研究方法合称为"伽利略—牛顿风格",说明这两位伟大的科学家在研究方法上存在着极大的相似性。与伽利略一样,牛顿的研究工作也是以具体实验与抽象论证相结合为主要特征。牛顿的研究最终表明的是:世界本身是不可理解的,至少在早期近代科学所希望的意义上如此,所以研究者所能做的最好的事情就是去构建可以理解的理论,但可以理解的理论与不可理解的世界并不相同。理解这一点非常重要,因为它告诉人们常识性的直觉对于理解世界并没有太大的意义。科学发展会形成不同的发展阶段,在不同发展阶段,研究者们所能做的就是去构建有关世界的最好的、可理解的理论[②]。

牛顿风格至少在以下三个方面表现出了与伽利略风格的相似性:理想化、抽象化、无视反例。

第一,牛顿的研究中处处体现了理想化的研究方法。著名的牛顿三大定律正是这一研究方法的结果。仅以第一、第二定律为例。"牛顿第一定律"即

---

[①] N. Chomsky, *On Nature and Language*, Cambridge University Press, 2002,第99—100页。
[②] 同上,第100页。

"惯性定律"的内容为"一切物体在不受任何外力的作用下,总保持匀速直线运动状态或静止状态,直到有外力迫使它改变这种状态为止",这明显只在理想化的状态下才能实现。"牛顿第二定律"指出"物体的加速度跟物体所受的合外力F成正比,跟物体的质量成反比,加速度的方向跟合外力的方向相同"。同样,在现实中,物体所受到的合外力很难准确计算,因为外在因素的任何细微变化均可能使其出现偏差。

第二,牛顿的研究中抽象化方法的运用十分普遍。这一点似乎不用过多解释,因为在牛顿的研究中,数学的方法得到了更加充分的运用。牛顿为解决运动问题,创立与物理概念直接联系的数学概念——微积分(牛顿称之为"流数术"),将古希腊以来求解无限小问题的各种特殊技巧统一为两类普遍的算法——微分和积分,并确立了这两类计算的互逆关系,如面积计算可以看作求切线的逆过程。微积分的创立为近代科学发展提供了最有效的工具。牛顿还撰写了《自然哲学的数学原理》。在这一伟大著作中,牛顿从力学的基本概念(质量、动量、惯性、力)和基本定律(运动三定律)出发,运用他所发明的微积分这一锐利的数学工具,不但从数学上论证了万有引力定律,而且把经典力学确立为完整而严密的体系,把天体力学和地面上的物体力学统一起来,实现了物理学史上第一次大的综合[①]。

第三,牛顿在研究中同样有选择性地无视反例的存在。在牛顿的时代,笛卡尔式的机械力学仍占据着绝对的主流,机械力学的一个主要特征是相互产生作用的两个物体需要彼此接触。17世纪到18世纪初的人们是很难接受"两个物体不接触却会产生力的作用"这种说法的,万有引力定律违背了当时的主流"科学"与人们的"常识"。很明显,在研究过程中,牛顿有选择性地无视了这些"科学"与"常识",这使他有了进一步研究的可能。此外,牛顿还提出光的"微粒说"。将光视作微粒很难与人们对于光的一般认识相一致,但无论这一学说正确与否,在当时它的确有效地解释了光的运动特征,有力地推动了光学研究的进展。

科学史家科恩(I. B. Cohen)指出:"牛顿的讨论,始于一种纯数学的结构或想象的系统——它并不只是一个简化了的自然事件,而是一个在实在的世界中根本不存在的纯属虚构的系统";而牛顿风格的意义即在于:"由于他

---

① 引自百度百科:http://baike.baidu.com/view/1511.htm

并不认为这种构造物就是对物理世界精确的描述,所以他可以无拘无束地去探讨数学引力的属性和作用,尽管他发现,'远距离发挥作用的'控制力在真正的物理学王国中既是不相容的,也是不允许的。"①

这便是"伽利略—牛顿风格"——致力于建立解释性理论而不是现象描述。在构建最好的解释性理论的过程中,不要被一些与理论的解释力相违背的现象分散你的注意力,一定要意识到世界并不一定与你的常识、直觉相一致②。

了解"伽利略—牛顿风格"对于我们理解乔姆斯基的生成语言学至关重要,因为它不仅有助于消除由于对生成语言学研究方法误解或不理解而产生的疑虑,而且有助于我们深入理解乔姆斯基生成语言学研究中每一次变革的内在动因。

在上一章中我们论述了生成语言学发展过程中一直存在着描写充分性与解释充分性之间的矛盾,这一矛盾内在的张力是促进生成语言学发展的一个重要原因。原则与参数框架的提出从根本上解决了这一矛盾,从而也为人类知识习得问题的最终回答提供了很好的提示。同时,原则与参数框架也为有关语言问题的生物学研究清除了一个主要认识障碍,即基于这一框架,语言习得将主要被视为参数设定问题,而不再是一个对于语言知识的理解与记忆问题。以此为基础,乔姆斯基多年前提出的一个观点得到了恰当的回应,即"没有理由把复杂人类成就完全归功于数月或数年的经验,而不是几百万年以来的进化或是深深植根于物理法则中的神经组织原则"③。

但乔姆斯基多次强调,原则与参数框架并不是"理论",它提供的只是一个研究框架与研究设想。这提示我们在乔姆斯基的研究中研究方法及由此而形成的理论设想往往比具体的理论成果更加重要。在乔姆斯基的理论构建中,一直存在着先导性的方法论构想,如早期的"描述充分性"与其后的"解释充分性"。乔姆斯基将这两个时期合并,并将其方法论特征概括为"自上而下"(from top down)研究视角。"自上而下"的研究视角关心的问题是:"要

---

① 科恩:《科学中的革命》,鲁旭东等译,商务印书馆,第208、213页。转引自吴刚《伽利略—牛顿风格与生成语法研究》,《自然辩证法通讯》,2006第6期,第33页。
② N. Chomsky, *On Nature and Language*, p. 104.
③ N. Chomsky, *Aspects of Theory of Syntax*, MIT Press, 1965, p. 59.

解释语言习得问题,普遍语法必须包括哪些因素?"①基于这一研究视角,原则与参数框架以前的生成语言学研究多从普遍语法的内部出发来研究它所应涵盖的内容。在这一研究视角具体实施的过程中,生成语言学的研究者为了完整说明语言的生成能力而构建了众多复杂的规则体系。很明显,这与乔姆斯基所追求的理论简单性原则不相容,与人类(语言)器官最优化设计的基本设想不符,同时也与解释充分性的追求相去甚远。面对研究实践中遇到的问题,乔姆斯基等生成语言学研究者主动求变:在这之后的研究中,解释充分性受到了更多的重视。

原则与参数框架的提出标志着生成语言学研究进入了一个新的阶段,由前期回答语言官能"是什么"的阶段进入了回答语言官能"为什么"的阶段。此时,生成语言学的研究视角也发生了根本性的转变,即由"自上而下"转变为"自下而上"(from bottom up)。"自下而上"的研究视角所关心的是:"要解释人类习得的I—语言的多样性问题,除了需要依赖第三方因素的原则之外,还在多少程度上与普遍语法有关?"②简单地说,过去的生成语言学研究主要为了表明在语言习得与语言使用过程中普遍语法(语言官能)的作用到底有多大,而在原则与参数框架形成之后,生成语言学研究的重点则在于表明从整个人类的生理系统来看普遍语法可以被限定在多少范围之内,这便是乔姆斯基坚持最简主义的主要原因。

乔姆斯基的最简主义被称为"最简方案"。这是一个以非理论进行命名的研究规划或设想。最简方案坚持两个基本的设想。第一,语言习得是三个因素相互作用的结果,它们分别是:a. 基因遗传;b. 经验;c. 独立于语言或甚至独立于有机体的原则③。第二,语言官能在满足外在条件方面是一个"完美的系统"。第一个设想将语言与语言习得放到了更为宽泛的人类心智活动的整体中加以考虑,从而实现了语言研究内涵的扩展,这一扩展最终实现了从作为研究语言现象的语言学向作为研究心智现象的语言学的根本转变,从此语言学正式进入心理学与生物学研究的范畴。基于第二个设想,乔

---

① N. Chomksy, "Approaching UG from Below", U. Sauerland & H. Gartner (eds.), *Interfaces + Recursion = Language*, Mouton de Gruyter, 2007, p.4.

② 同上。

③ N. Chomsky, "Three Factors in Language Design", *Linguistic Inquiry*, 2005(36), pp.1—22.

姆斯基在两个方面将语言官能视为一个完美的系统,即一方面语言官能可以完美地满足心智/大脑中其他认识系统对其所施加的界面条件,另一方面语言官能可以完美地满足科学研究对客体对象所施加的一般性条件。综合这两个设想,可以看出乔姆斯基不仅坚持了方法论的最简主义,而且还坚持了实体性的最简主义。他对语言官能的设想与伽利略对于星体运行方式的设想以及牛顿对于万有引力的设想在思想与方法上十分相似。

实际上,这种相似不仅停留在设想上,更体现在设想形成之后对设想与规划的具体实施中。对于设想的具体实施,其实也就是上一节中所论及的皮尔士科学发现过程的第二个环节,即溯因推理之后的演绎阶段。演绎一方面将设想具体化,另一方面会形成实际中可供检验的理论或观点。我们知道,伽利略与牛顿在基于观察提出具体的设想之后,均采用了抽象的数学或逻辑等形式化的计算方法来将设想具体化,乔姆斯基也不例外。在最简方案提出以后(20 世纪 90 年代初),乔姆斯基随即便致力于对语言官能及其外在界面(interface)问题进行深入的研究,并形成了一系列明确的结论。以下将尝试呈现这些研究中最为核心的部分。

根据乔姆斯基生成句法的最简主义设想,语言表达结构不是一次性完成的,而是由选择(select)、合并(merge)和移动(move)等内在计算操作的应用逐步生成的。在这三种计算操作中,合并最为基础,也最为核心。乔姆斯基认为语言计算操作形成句法实体,其内容包括以下两种①:

(1) a:词汇项目

b:K={γ,{α,β}},其中α,β是构成部分,γ是 K 的标记

这即表明,进入计算操作的词汇项目有两种:或为词汇项目本身,或为合并构成的大于单个词汇项目的词组结构 K。因为 K 来自α和β,其标记γ可以是二者之一,具体取决于是由哪一个产生投射。如果α产生投射,则(1)b 计算结果为 K={α,{α,β}},此时α既是 K 的中心语,也同时是其标记。如:

(2)

(2)为(1)b 的具体示例,表示词汇项目"the book"是由"the"与"book"合

---

① N. Chomsky, *The minimalist Program*, MIT Press, 1995, p.243.

并生成的,其中"the"产生投射。它是这一词组的中心语,同时也是其标记。
更大的句法实体生成方式与此相同,如:

(3)
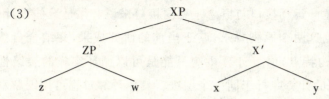

以上描述可正式表达为 ZP = {z,{z,w}};X' = {x,{x,y}};XP = {x, {ZP,X'}}。这说明以上计算中形成的句法实体共三个,呈层级型,其中 ZP 与 X'是第一层级的合并结果,生成两个简单的句法实体(词组表达);XP 是更高一级的合并结果,生成更大的句法实体(可能直接构成一个简单句或成为某个复杂句的一部分)。z、x 与 x 分别是三次合并生成的句法结构的中心语,同时也是其标记,产生投射。同时可以看出,在(3)中,x 是整个句法实体的中心语,而 ZP 整体是其标示语,y 是其补语。在实际的语言计算中,如代入具体的词汇项目,以上句法实体可以生成(4):

(4)
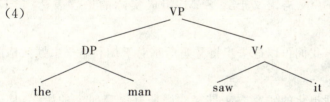

以上演示的是句法的计算过程,然而自然语言表达的生成实际更为复杂。自然语言表达由三部分组成:(狭式)句法 NS,音系组成部分 φ 和语义组成部分 Σ。语言计算过程起始于 NS 的选择,即 NS 从词库中选取词汇序列(lexical array,LA),并将其映射为推导式 $D_{NS}$,然后 $D_{NS}$ 作为计算的完成体归入接口。在感觉—运动接口,音系组成部分 φ 将其映射为语音表现形式 PHON;在概念—意向接口,语义组成部分 Σ 将其映射为语义表现形式 SEM。需要注意的是,语义组成部分对于所有语言都是一样的,人类语言的不同主要表现为由于参数的设定不同而形成的 NS 上的差异以及语音上的显著差异。

语言作为生物进化的产物,其存在一定是最优化选择的结果,因而语言内在计算机制有两个基本的原则必须要遵守:计算最简单化原则与接口条件最佳原则。根据乔姆斯基等人的研究,狭义语言机能,即递归计算机制,是人类语言能力形成的基础,为人类所独有。生物进化的结果要求这一人类独有的能力应尽可能地简单,这就是最简单化原则。接口条件最佳原则要求句法计算的结果对于感觉—运动接口与概念—意向接口来说必须是最佳设计,或就是完美设计。根据这两个原则要求,基于当前的研究成果,并结合自然语言离散无限性的结构特点,语言计算机制只能是可以循环实施的层级性操作,并且 NS 与 ϕ 及 Σ 的计算并行于同一个层级。具体计算过程可用图解释如下①:

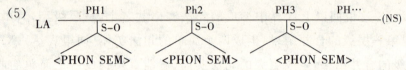

在图(5)中,PH 表示语段,是语言计算所涉及的基本句法单位。语言计算正是以语段为基本单位逐个进行的。图中 S—O 表示"拼出",其基本功能是将句法所生成的每一个 PH 移交给(transfer)音系组成部分 ϕ 和语义组成部分 Σ,后者进一步计算生成能够被感觉—运动系统与概念—意向系统"认读"的语音形式 PHON 与语义形式 SEM,组成实际的语言表达<PHON SEM>。

基于以上论述,我们可以进一步将乔姆斯基对于伽利略—牛顿风格的继承总结为以下三点。

(1)理想化。理想化的研究方法贯穿乔姆斯基语言研究的始终,从研究对象的选择到具体理论形态的构建无不如此。

早在 1965 年,乔姆斯基就将自己的研究定位为理想化的研究。在《句法理论诸方面》第一章"方法论准备"的开头,他写道:"语言理论主要关心的是生活在同质的语言社区中的理想语言交际者,他们完全掌握了自己语言社区的语言,并且这种掌握不会因为记忆限制、注意力分散、兴趣转移或语言实际使用中的偶发性错误而受到影响。"②如果仅从经验主义的角度来理解乔姆斯基的这一设定,可能有人会觉得这种设定不太现实,或即使在这种设定下有了一定的研究成果,这种成果也没有太大的意义。但如果我们将这一研究放到自然科学研究的背景下,我们就会体会到这种设定的必要性,因为这一

---

① 吴刚:《生成语言研究》,第 341 页。
② N. Chomsky, *Aspects of the Theory of Syntax*, 1965, p.3.

设定恰如伽利略对于无摩擦的惯性运动的设定一样仅是为了突出研究对象最主要的特征。同时需要注意的是,乔姆斯基并不否认对于语言学其他相关因素(社会、文化)研究的必要性,但出于认识事实本质的需要,尤其是认识语言官能这一人体器官的生理本质的需要,将语言研究对象相对独立并理想化是必然的选择。同时,生成语言学的理想化研究方法还体现在对于儿童语言习得过程、语言官能的生物基础设定等环节的研究中。

(2)抽象化。抽象化的研究过程实质上就是科学方法论下理论假设引导具体实践的发展过程。20世纪40年代末期,刚涉足语言学研究不久的乔姆斯基就对结构主义语言学完全依赖语料的分类归纳式研究方法产生了怀疑。在他看来,语料浩如烟海,无论收集到的语料多么丰富也难以反映语言的全貌,更不用说去研究人类语言整体的本质。从那时起,乔姆斯基脑中就有了抽象化研究方法的萌芽,这一萌芽最终发展成为依据母语者语感并采用形式化描写手段的理论构建方法。随后乔姆斯基生成语言学理论的每一次发展与变革均是以方法革新为先导,抽象化的研究方法一次次在其中扮演着关键性的角色(前文已有论述)。

抽象化研究方法的关键是理论构建方法的形式化。在这一方面,乔姆斯基采用的是现代数学与逻辑学的手段。他甚至认为,当年洪堡(Homboldt)在已经认识到语言的本质在于"有限规则的无限使用"的情况下却没有能够进一步推动语言学研究,其根本原因在于法律缺少相应的技术手段。在生成语言学研究中随处可见各种符号、字母、公式、图形、函数、算法,甚至可以认为生成语言学的研究过程就是形式化的描写与演算过程。有一点需要注意:乔姆斯基形式化的对象是自然语言——即作为生理状态的自然语言,而不是分析哲学家所要求的人工理想语言。这一点是准确理解乔姆斯基语言学理论的基础。

(3)研究方案。研究方案与研究理论的主要不同点在于:方案旨在提出一个基本的理论设想与一个可行的研究规划方案以引导后续研究工作并为其设定必要的研究限定,而理论则是对某一具体研究结论的描述并以观点形式加以呈现。

研究方案在科学研究领域运用广泛,其中最为著名的当数"希尔伯特方案"(Hilbert's Program)和"麦克斯韦(J. C. Maxwell)电磁研究方案。"从某种意义上说,诸如牛顿力学、爱因斯坦相对论等伟大发现既是理论,更是为后续研究而设定的研究方案。

乔姆斯基从希尔伯特的研究中借鉴"方案"设想[1]。也正是基于这种设想,乔姆斯基将自己语言学理论的最新发展命名为最简方案,并一再强调最简方案只是一个研究规划与设定,而不是一个包含具体论点的理论。这一对后续研究的"规划"与"设定"也同样明显体现在最简方案之前生成语言学研究的各个阶段中,如有关语言官能的设想、有关儿童语言习得的设想、有关原则与参数框架的设想等。这些设想均不是最终的观点,而是对于后续研究方法与研究领域的规划,因而也就具有鲜明的方案特征。

## 4.3 方法论的自然主义

"方法论的自然主义"是乔姆斯基自创的术语,用以描述其信奉并在实践中具体加以运用的方法论原则。这一原则的提出有明显的针对性,针对的对象就是蒯因提出的自然化认识论以及基于此而形成的方法论上的二元论。

自然化认识论提出于1968年。它反映了蒯因在其哲学体系中所要着力阐明的一个核心问题——我们如何在贫乏的感觉刺激的基础上构建起关于世界的丰富的理论。

蒯因认为"认识论关乎科学的基础"。因为"方法论上的二元论"在数学基础方面所取得的成功依然是典范性的,所以其"二重性"(意义与学说)的方法同样适用于自然科学知识的认识论。这种适用即表现为:"就像数学被还原为逻辑或逻辑加集合论一样,自然科学知识也以某种方式建立在感觉经验的基础之上。"也就是说,这"意味着要用感觉词项解释物体概念,这是其概念方面;同时,这意味着用感觉词项证明我们关于自然真理的知识是正当的,这是这种二分法的学说方面"[2]。通过将"观察句"定义为"当给出相同的伴随刺激时,该语言的全体说话者都会给出同样的决断的句子"[3],蒯因建立了以观察句为基础的行为主义认知论模式,即:一方面,观察句是儿童与专业语言学家首先学会理解的句子,因而与意义的关系是根本性的;另一方面,观察句

---

[1] M. Tomalin, *Linguistics and the Formal Sciences: The Origins of Generative Grammar*, Cambridge University Press, 2006, pp. 38—45.

[2] 蒯因:《自然化的认识论》,见《蒯因著作集》(第②卷),中国人民大学出版社,2007年,第400—401页。

[3] 同上,第412页。

又是科学假说的"证据储藏所",从而为知识或真理的正当性提供直接的证实依据。

蒯因对于休谟以来经验主义认识论的局限有着深入的了解,因而自然化认识论的提出表现了其试图对前者加以挽救而做出的努力。自然化认识论具有以下三个明显的特征。

(1)行为主义模式。蒯因的行为主义知识获得模式集中表现为其行为主义意义论。行为主义意义论又被称为"意义的刺激—反应理论"(stimulus-response theory),源自20世纪初在美国盛行的行为主义心理学。这一学说强调科学必须以可观察事物为研究对象,以可重复实验的方式进行研究。基于这一理论,蒯因明确了刺激意义的重要性,并最终确定了观察语句对于意义与知识获得的绝对优先地位。蒯因认为,将物理刺激作为唯一的输入,避免了经验主义有关"认识论上的优先性"的无谓争论。更为重要的是,以"刺激"为基础的观察语句排除了主观性存在的可能。

(2)描述性。自然化认识论力图解决"如何从贫乏的输入产生汹涌的输出"这一问题。一方面,"如何"指我们"由刺激而来的构造和设计",蕴含着一定的规范性。也正因为如此,蒯因认为"从某一合适的立场来看,这种旧的包含关系(认识论包含自然科学)仍然有效"。但另一方面,自然化认识论又不同于传统认识论从科学外部寻求知识合理性证明的纯规范性做法,而是主张这种合理性证明应同时来自自然科学内部,基于主体间性的观察语句与经验心理学的材料,因而它也是描述性的。必须指出的是,相对于规范性而言,描述性在蒯因的自然化认识论中占主导地位。

(3)自然科学的定位。蒯因认为认识论是自然科学的一部分。一旦确定了输入的唯一形式,那么随之而来的另一个更为根本性的任务便是对"川流不息的输入与输出的关系的研究"。这一对人类大脑思维过程的研究,明显属于心理学的范畴。正因为如此,蒯因认为,"旧认识论渴望着包含自然科学,它要以某种方式从感觉材料中构造出自然科学;相反,在新背景下的认识论,作为心理学的一章被包含在自然科学之中"[①]。

乔姆斯基以其对语言与心智的研究为基础,从方法论的角度对蒯因的自然化认识论提出了全面批判。

---

① 蒯因:《自然化的认识论》,第410页。

乔姆斯基首先批判了蒯因"只要自然科学是正确的,世界就像自然科学那样"这一"自然科学的论题"①。乔姆斯基认为,"在我们被告知什么是'自然科学'之前,并没有表达些什么"②。蒯因将"自然科学"定义为"夸克理论和诸如此类的"东西,乔姆基追问什么是足以成为科学组成部分的"诸如此类的东西"。有一点很明显,根据蒯因的划分,乔姆斯基所提出的语言习得机制与普遍语法肯定被排除在科学范围之外。这就像一个多世纪以前的化学或牛顿时期的天体力学难以归属于当时的科学范围之内一样。但实际情况是语言习得机制与普遍语法得到了儿童语言习得实践过程中大量事实的证明,因而乔姆斯基认为,蒯因对于语言习得机制与普遍语法乃至对"心智"概念的拒绝的实质,在于蒯因采取了方法论上的二元主义(methodological dualism)③,即认为"脖子以上"的问题不适用于自然科学的研究方法。

在乔姆斯基看来,蒯因的行为主义是方法论上的二元主义的一个变体。蒯因坚持认为,对于语言研究,"行为主义方式是强制性的",因为在语言习得中,"我们严格依靠可观察情景中的明显行为"④。对此,乔姆斯基认为,基于这种论证模式,我们应认为胚胎学中的营养方式是强制性的,因为在从胚胎开始发育到成熟状态的过程中,有机体严格依赖外部所提供的营养。因此,就像语言学家都必须是行为主义者一样,生物学家都必须是营养主义者⑤。这显然是荒谬的。乔姆斯基指出,对有机体(细胞、昆虫、鸟等)相互作用的自然主义研究中,我们会尝试发现其背后可能存在的内部状态;但在对人类语言的研究中,这一研究途径却为蒯因所禁止。在后一种情况下,科学家只能以明确的方式记录声音,找出话语情景的具体特征,对"这是 X 吗"的肯定或否定回答加以测试,并据此加以归纳。仅此而已⑥! 乔姆斯基称之为"激进的转化范式"。蒯因的范式同样也影响了戴维森、达米特等人。乔姆斯基进

---

① W. V. Quine, "Structure and Nature", *The Journal of Philosophy*, 1992, Vol. 89, No. 1, p. 9.

② N. Chomsky, *New Horizons in the Study of Language and Mind*, Foreign Language Teaching and Research Press, 2002, p. 92.

③ 同上,p. 93.

④ W. V. Quine, *Pursuit of Truth*, Cambridge, Harvard University Press, 1990, p. 37.

⑤ N. Chomsky, *New Horizons in the Study of Language and Mind*, p. 101.

⑥ 同上。

一步反驳说,在科学研究中,我们在证据的使用上并不会如此受限。相反,我们会寻找各种证据。例如,有关英语的研究中可以使用来自日语的证据。同样,证据还可能来自语言习得和感知、失语症、手势语、大脑的电流活动等。因此,当证据来源不再受限时,我们对于"语言初始状态"和"语言习得机制"的设想是完全基于经验的,也是合乎理性的。

乔姆斯基认为,蒯因方法论上的二元主义最突出地表现为其"消除的唯物论"立场。如前所述,蒯因提出自然科学的论题,其实质是将我们关于世界的知识/理论限定于自然科学的范围之内。蒯因的自然化认识论依据行为主义模式认为知识的获得必须基于"可观察事物"与"可重复实验的方式",因而他强调的是观察与理论之间的一种经验事实的关系,从而否定了超越经验事实之外的理论或心智存在的可能。基于这一立场,蒯因断言,语言"通过关联或条件限定的神经机制与我们的神经输入相连"。至于乔姆斯基提出的语言获得机制或普遍语法,因为不能直接并完全地源自可观察的经验事实,所以不能获得认可。乔姆斯基承认目前人类对于心智与大脑关系的认识尚存在大量的空白,但认为这并不能成为否认心智存在的充分依据。针对蒯因关于语言的解释,乔姆斯基指出,大量的经验证据表明,关联或条件限定与语言获得及使用没有什么关系。在自然科学(主要是神经科学与脑科学)尚不能提供明确解释的情况下,我们现在所能做的就是依据"现实性"来创建我们所能创建的最好的理论,而不是就此止步。这在人类历史上有着众多的先例,如哥白尼的日心说、牛顿的天体力学理论、爱因斯坦的相对论等,这些理论在创建时均没有也不可能完全基于当时的经验事实。因此,乔姆斯基认为,基于语言习得与使用的"现实性",我们应着力探求人类语言能力的"初始状态"与"获得状态",以及这两者之间的相互关系。因此,乔姆斯基提出的语言习得机制与普遍语法假说不仅具有经验基础,而且完全符合自然科学研究的通常做法。

鲍德维(Baldwin T. R.)1993年提出,当前哲学研究中存在着两种自然主义:一种是形而上学的,一种是认识论的。形而上学的自然主义主张"对于人类心智、知识与语言的哲学解释必须最终与自然科学协调或一致"[①]。认

---

① T. R. Baldwin, "Two Types of Naturalism In British Academy", *Proceedings of the British Academy*, Oxford University Press, 1993, p.172.

识论的自然主义发端于蒯因的《自然化认识论》一文,强调对知识或信念的研究必须被限定在行为主义心理学的范围之内。乔姆斯基认为,这明显是一种狭义的理解。相对而言,鲍德维提出了一个更加广义的理解。他认为广义上的自然主义认识论应考虑外界情境与心智状态之间的"自然关系",而不加以任何随意的限定。在乔姆斯基看来,这一广义的理解源自于16、17世纪的理性心理学。当时的理性主义者,如赫尔伯特等,认为存在着根植于心灵中的原则或观念。这些原则或观念,如常识或理性的真理,是自然的馈赠,虽为客体所激发,但却不为客体所具有[1]。这一思想在里德的常识学说、皮尔士的溯因推理中均有所表现,而这也正是乔姆斯基建立方法论的自然主义理论时所依据的基本思路。

乔姆斯基批评以蒯因为代表的当前认识论的自然主义在本质上依然表现为"哲学主张",排斥"心智"、"意识"等概念,固守着方法论上的二元论这一非科学立场。他认为,17、18世纪的认识论自然主义是真正的科学,因为其试图构建的正是有关心智的经验理论。在乔姆斯基看来,早期的科学与哲学并没有明确的区分。因此,乔姆斯基不赞成在哲学与科学之间做出明确的划分。他认为这一划分是后来才有的,在早期与近代哲学中并不存在。而且正是这一划分使得"心智"或"心智的"等概念具有了形而上学的含义,从而被排斥在科学研究之外。然而对比一下"化学的"、"光学的"、"电子的"等这一系列术语,我们就会发现,它们只是表达着世界的不同方面,并不具有任何形而上的内涵。"心智的"一词也应如此,它完全可以被纳入科学研究的范围,但前提是我们必须抛弃方法论上的二元主义立场。

乔姆斯基方法论的自然主义充分表现在其有关语言与心智的研究中。

随着17、18世纪传统科学精神的回归,乔姆斯基得以将心智等抽象事物纳入科学范围之内,而假说—验证这一自然科学研究模式的运用使得对这些事物的研究得以具体展开。这一点在乔姆斯基对语言与心智的研究中得到了充分的展现。乔姆斯基认为,对语言官能初始状态的研究就是要试图发现"根植于心智中的原则或概念",而这些原则与概念是自然的"直接赠予",是人类的"生物禀赋"。举例来说,当我们说"约翰懂英语"时,我们集中关注的是某一当时世界的状态,包括约翰大脑的状态,即认知状态。这一状态标志

---

[1] N. Chomsky, *New Horizons in the Study of Language and Mind*, p.80.

着约翰对于许多事物的认识。我们希望能知道约翰的大脑是如何达到这一状态的。对这一问题的研究导致了有关生物禀赋、与环境的相互作用、获得状态的本质,以及与其他心智系统的关系等的一系列经验假设。语言生长理论(即语言习得机制)由此形成,它解释了语言习得从初始状态向后续状态的转化,而初始状态理论即被称为"普遍语法"[1]。当然,有关语言习得机制与普遍语法的具体内容,尚有待进一步研究与验证。在乔姆斯基看来,这一研究模式就是对于心智的研究。

基于以上分析,我们不难发现,乔姆斯基的方法论的自然主义旨在全面修正并超越蒯因的自然化认识论。这至少表现在对第1节中论及的自然化认识论三个主要特征的批判上。

(1)对行为主义模式的批判。行为主义以"不可观察"为由,否定"任何心智结构存在的正当性,尤其是心智事件的因果可能性"[2]。在乔姆斯基看来,这正是蒯因自然化认识论的主要症结所在,而这一"极端的二元论"倾向使得蒯因的理论与自然科学明显地分道扬镳。

(2)对描述性的批判。蒯因自然化认识论的核心任务是要说明人们如何从感觉刺激达到有关世界的知识,强调对于观察与理论之间事实经验的描述,但乔姆斯基却在描述性之外更加强调"解释的充分性"。"解释的充分性"基于"人类大脑经过自然进化已能在某种程度上设想正确理论"的能力[3]。对于同一个现象,我们可能会做出不同的描述,此时唯有理论的"解释的充分性"才能促成我们做出正确的选择。如果仅基于描述,蒯因要求"达到有关世界的知识"的目标则难以实现。

(3)对认识论自然科学定位的批判。蒯因将认识论归属于心理学,并最终归属于自然科学,因为在他看来自然科学的成果足以取代认识论。乔姆斯基就此认为蒯因没有把握认识论的本质。乔姆斯基认为,一方面认识论不应具有形而上学的内涵;另一方面,认识论也不应被简单归入自然科学。认识论作为对人类知识获得过程的总体思考,至少应具有方法论上的指导意义。

---

[1] N. Chomsky, *New Horizons in the Study of Language and Mind*, p. 81.

[2] N. Smith, *Chomsky: Ideas and Ideals*, p. 100.

[3] N. Chomsky, *Language and Mind (3rd Edtition)*, Cambridge University Press, 2006, p. 80.

正是基于此，乔姆斯基提出了方法论的自然主义。

基于方法论的自然主义，乔姆斯基还对"身—心"统一问题做出了新的尝试（详见 6.4 节）。在乔姆斯基方法论的自然主义的论述中，处处表现出了对于笛卡尔及其所开创的理性主义传统的捍卫。乔姆斯基认为，笛卡尔的身心理论开创了"第一次认知革命"，并以此"奠定了神经生物学的基础"。同时，笛卡尔对于心灵实体的设定虽具有不合理性，但在当时却又明显具有科学性，属于"常规科学"，是笛卡尔科学精神的表现。这种科学精神正是乔姆斯基所理解的理性主义的内核。与此相对，经验主义（尤其是行为主义）在否定心智等抽象现象存在的同时，也从方法论上否定了新知识获得的可能性，从而在导致怀疑主义的同时，与科学发现的精神背道而驰。

## 4.4 本章小结

要全面、准确地理解乔姆斯基的语言学研究方法及其重要性，我们必须弄清以下三个问题。

（1）为什么说乔姆斯基对于语言的研究隶属于自然科学？

在 3.2 节中，我们实际上已经提及了这一问题，但论述得不够具体，尤其对于乔姆斯基语言学研究与其他语言学研究在性质上的根本区别没有明确说明。通过对比研究我们发现，乔姆斯基所创立的生成语言学研究与其他主要语言学研究派别存在着根本的不同。生成语言学所确定的研究对象是语言功能的生理器官，名曰"语言官能"，语言被定性为这一人类器官的功能表现。因此，说"某人会某一语言"，也就等于说"他/她的语言官能处于某一状态"。正是在这一意义上乔姆斯基将自己的语言学研究对象设定为 I-语言，称为"内在语言"、"个体语言"与"内涵语言"。与此相对的是"外在语言"或"公共语言"，它们是指某一人群（大到人类社会、小到某一人类语言社区）拥有的公共语言形态。"公共语言"正是生成语言学之外的其他的语言学派别研究的对象。乔姆斯基并没有否认对于"公共语言"研究的必要性，但他认为这不应该是纯粹的语言研究或至少不全部是对于语言的研究。我们可以再退一步，认为生成语言学对于语言的研究属于自然科学，因为它研究的是人类的内在生理状态；其他语言学派对于语言的研究属于社会科学，因为它们研究的是一种公共存在状态或社会约定。

对于不同的研究对象理应采用不同的研究方法。作为社会科学的语言学,其研究注重采集现实语料然后归纳分析以得出关于语言现象的准确描述;而作为自然科学的语言学,其研究应该注重基于语言事实(如语言的创造性运用、儿童语言习得)的科学假设与科学假设形成之后的抽象推理,以及后续的经验检验与假说修正。从这个角度来说,认知语言学派对于生成语言学的一味攻击与否定就显得既缺乏科学意识又缺乏科学研究中必要的包容心了。

(2)乔姆斯基的语言学研究为何具有认识论意义?

为了回答这一问题,我们可以先做一个简要的推理。首先,认识论主要关心人类知识的来源与证实,当前对这一问题的解决不可能再求助于上帝或仅仅依靠冥思所得,而应该将其归入科学研究的范畴,或至少不与自然科学研究成果相冲突;其次,由于认识论问题旨在解释人类的知识习得问题,基于当前的自然科学水平,最可能有助于该问题解决的学科应该是心理学、神经科学或其他涉及认知的具体学科;再次,目前这些相关学科的研究成果还十分有限,难以为认识论问题的解决提供具体的答案(哪怕是阶段性的答案);最后,在得到最终的答案之前,研究必须继续,研究者必须找到一个研究的突破口,以此作为研究的最佳切入点来推进认识论问题的解决。

乔姆斯基认为,语言学研究就是认识论研究的最佳切入点,因为语言学研究在一切研究中最适宜提示心智的本质。纽麦尔(F. J. Newmeyer)将乔姆斯基表述的原因概括为:首先,语言是唯独人类才具有的认知机能;其次,语言是理性思维的工具,而思维又是一种人类独有的能力;最后,与认知的其他方面相比,人们对语言和语言机能了解得更多。毕竟,两千多年的语法研究已给我们描绘出语言结构的详细图形,远远胜过为弄清视觉、记忆及概念形成等认知机能的性质所做的仅百余年的研究[①]。

因此,对语言的自然化研究其实就是对认识论的自然化研究。

(3)乔姆斯基是如何将理性主义与自然科学研究方法相结合的?

对这一问题 3.1 节中已经做出过回答,这里仅择其要点做简要回顾。从认识论的角度来看,理性主义有两个核心观点,即:①知识源于天赋;②理性是获取知识的唯一道路。这两点正好回答了知识的来源与习得这两个认识论的核心问题。乔姆斯基自称是理性主义在当代的复兴者,那么他就必须针

---

① 纽迈尔:《乔姆斯基语言哲学述略》,柯飞译,《福建外语》,1998 年第 4 期。

对这两点提出理性主义式的问题。首先,在知识来源上,乔姆斯基认为(语言)知识是天赋的。语言知识以普遍语法为基础,而普遍语法作为人类语言习得的初始状态是基于长期的进化才得以形成并通过基因世代传递的。同时,因为语言只是人类生理器官语言官能的内在状态,所以儿童语言习得过程不是知识学习与积累的过程,而是语言官能(作为器官)的发育与生长的过程。其次,在知识获得手段上,乔姆斯基认为理性起着关键的作用。在乔姆斯基的理论中,理性与经验不是对立的,而是相辅相成的,两者对于知识的习得而言,缺一不可。然而即便如此,两者相比较而言,理性更为重要。

这里的理性其实指的就是对皮尔士科学发现逻辑的运用。在本章第1节中所说的科学发现逻辑这一逻辑推理过程中,无论是第一阶段"基于事实做出假设"还是第二阶段"基于假设演绎出具体论点",都是理性运用的结果。同时需要注意的是,这种理性推演的方法也正是笛卡尔、伽利略、牛顿等科学巨匠们所使用的方法。在知识形成过程中,理性的关键作用在于它解释了由经验到知识/理论的跳跃。在科学发现逻辑中,这一跳跃是由理论假设来完成的,随后理性的演绎又将这一跳跃的结果具体化。所以,理性主义的最大好处在于它使人类避免了完全依赖经验而走进休谟式绝对怀疑的困境,从而使知识的获取成为可能。

至此,问题其实已经明了:在乔姆斯基看来,理性主义在方法论上就表现为科学发现逻辑,而后者在本质上也就是自然科学研究中所普遍采用的方法。

上述第一个问题说明了生成语言学采用自然科学研究方法的合理性或必要性;第二个问题说明了自然化的语言学研究方法具有明显的认识论意义;第三个问题则以此为基础说明了乔姆斯基对理性主义认识论的贡献。

# 第 5 章

# 殊途同归:乔姆斯基与蒯因认识论思想对比研究

将乔姆斯基与蒯因并列并加以对比研究,这本身不会令人感到突兀,因为乔姆斯基与蒯因互为对方的最主要论敌,两人之间的论战贯穿他们的学术生涯。但是看到本章的标题,读者中的大部分人或许会觉得有些不解,不解的原因应该集中在"同归"上。说乔姆斯基与蒯因"殊途",可以列出众多的事例加以证实,如一个是理性主义者一个是经验主义者、一个主张在理论研究中放弃本体论另一个坚持本体论承诺、一个坚持意义的内在论一个坚持意义外在论、前者反对后者对人类知识的层次性划分等。或者从更为基础的角度来说,两者对诸如"语言"、"意义"、"自然科学"、"自然主义"等基本概念的理解均有很大不同。这些不同足以将乔姆斯基与蒯因完全对立起来,那么又何谈两人之间的"同归"呢?其实如果为了证明乔姆斯基与蒯因"同归",我们不必逐个列举出众多的事例,因为"同归"强调的是两人在理论研究上有着共同的归宿。本章的论述将表明:首先,乔姆斯基与蒯因的理论研究围绕着同一个主题展开,即人类是如何在贫乏的感觉经验输入的基础上形成汹涌的理论(知识)输出的;其次,在解释这一现象的努力中,两人为挽救传统认识论做出了各自的努力;再次,目标的一致性使两人在具体研究策略的选择上也具有若干相似之处,如两人均采取了自然化的研究方法,两人均以语言为认识论问题研究的切入点,均以理想化的儿童语言习得过程为基本进路来研究知识习得问题,两人均认为认识论问题的深层解释应求助于作为自然科学的心理学,均把认识论问题的最终检验权交给了自然科学。

## 5.1 概念澄清:什么是语言?

本节旨在澄清乔姆斯基与蒯因对"语言"这一概念的不同理解。语言是两人共同的研究主题,也是两人理论建构的基础,澄清两人对语言的不同理解对于我们将要进行的对比研究至关重要。乔姆斯基的研究主题是语言。

同时，语言分析是分析哲学的首要工具，也自然是蒯因哲学论述的重要载体，而在语言分析过程中形成的主要理论，如行为主义的意义理论与语言习得理论，则是蒯因整个哲学理论大厦建立的基础。

乔姆斯基对语言的理解在不同的时期有过一些调整，但总体而言，这些调整是沿着同一个方向进行的，它代表着乔姆斯基对语言理解不断深化的过程。因此，我们可以将乔姆斯基在原则与参数框架及以后（最简方案）阶段对于语言的理解作为他的基本观点。乔姆斯基对语言的理解可以简要概括为：①语言官能是人类的生理器官与认识器官，语言是语言官能所表现出来的状态；②语言是一个完美的系统；③对于语言的研究就是对人类心智系统的研究。

将蒯因的语言观与乔姆斯基的语言观进行对比有一个良好的基础，即两人对语言的理解都是自然主义式的。然而在自然主义的总体框架下，两人对语言理解的差异又十分明显。对比以上三个方面，我们可以将蒯因的语言观概括为：①语言是一种社会性的技艺；②自然语言是有缺陷的；③语言分析是解决认识论问题的根本途径。

以上的三个方面，第一个方面是基础，也是本部分论述的重点；第二个方面是第一个方面之后的自然推论；第三个方面更多地讨论的是相似性，即语言研究对于认识论研究的意义，我们将会在本章第 3 节中对其进行详细论述。

乔姆斯基语言观的第一个方面在本书第 3 章中已经有了详尽论述，在此不作重复。蒯因作为经验主义者，对语言的理解与乔姆斯基差异明显。在《语词与对象》的前言中，蒯因指出："语言是一种社会性的技能，为了获得这种技能，我们不能不完全依赖于主体间通用的、提示我们要说什么和什么时候说的信号。因此，除了通过人们对社会交际中可见刺激的明显反应倾向，我们不能以任何根据去核对语言的意义。"[①]这段话不仅表明了蒯因的结论，即语言是一种社会性的技能，同时也为这一结论提供了简要的证明。提取这一简要证明中的核心词汇，我们将会得到"主体间"、"刺激"、"反应"三个词。这三个词正好勾勒出了蒯因在对待语言与意义时的基本立场，那就是"自然

---

① 蒯因：《语言与对象》，参见《蒯因著作集（第④卷）》，中国人民大学出版社，2007 年，第 195 页。

主义—行为主义"。

经验论者所坚持的自然主义强调知识对可感经验的绝对依赖性。在《自然化的认识论》一文中蒯因就曾指出:"无论如何,经验论的两个基本信念一直是无懈可击的,而且至今如此。其一是科学所具有的任何证据都是感觉经验的证据。其二是,我将重申,词的意义的全部传授归根到底必须依赖于感觉经验的证据。"[1]蒯因坚持认为哲学与自然科学是一个连续体,所以此处对科学的要求同样适合于对哲学的研究。问题在于感觉经验可能会是因人而异的,因为感觉就其本质而言是个体性的行为,研究者应如何确保个体感觉经验的真实性呢?解决这一问题的基本出路有两条:一是向内寻求心理的可证实性;二是向外寻求感觉经验的公共性。弗雷格以来的分析哲学派别一贯持反心理主义立场,认为经验的真实性问题不可能通过诉诸心理分析来实现,因为诉诸心理分析无疑是向私人因素的进一步回溯,这样一来,经验的可证实性问题就更不可期了。蒯因继承了分析哲学的这一基本立场,虽然他将认识论视作心理学的一部分,但实际上他所指的"心理学"只是"经验心理学"或"行为心理学"。在这种心理学中,经验或可观察的行为仍旧是可证实性的基础。不仅如此,作为对自然主义的另一个要求,蒯因指出自然主义的研究应该尽量减少理性的入侵。他指出,自然主义"是经验科学的重要部分,理性重构只闯入猜想的裂缝处,或者闯入历史偶然事件的复杂性遮蔽了我们正在寻找的模式化理解的地方"[2]。在对待理性及其运用这一点上,蒯因同样遵从了分析哲学的传统。基于这一传统,纯粹的理性与经验相对,它至多不过是经验科学的附带品,而绝不可能带来任何确定性的知识。同时,蒯因运用自然主义对分析哲学的这一认识进行了一些科学化的改造。在他看来,包括哲学在内的自然科学可以允许超出观察范围的假说或猜想的存在,只要它们是"合理的科学推测"即可。联系上一段引文我们可以看出,在蒯因的理解中,理性的地位甚至不如猜想。通过这一分析,蒯因实际上将理性划归心理主义一方,在合理的科学研究中是应该避免其"闯入"的。

---

[1] 蒯因:《自然化的认识论》,参见《蒯因著作集(第②卷)》,中国人民大学出版社,2007年,第404页。

[2] 蒯因:《自然主义》,参见《蒯因著作集(第⑥卷)》,中国人民大学出版社,2007年,第566页。

排除了心理主义倾向之后,求助于公共性就变成了感觉经验获得证实的唯一选择。所谓"公共性"也就是主体间的一致性,它表示经验虽然以个体的感觉为基础,但可以通过主体之间的求证来形成一致性的感觉,从而证实经验的存在。经验的私人性与多变性曾一直是经验主义者不得不面对的最大难题,因为当把经验作为知识形成的唯一基础的时候,经验本身的可靠性就是一个必须要解决的问题。休谟的困境在一定程度上就是由于它无法获得这样一种可靠性的证明。从另一方面来看,对于主体间性的强调也是对于理性主义主体性传统的发展。主体性张扬的可能结果之一便是对于人类理性能力的过度依赖并就此走向独断。康德认识到了这一点,但从根本上来说,他的理论仍是主体性的。当蒯因强调哲学与自然科学同质的时候,纯粹主体性的视角显然不能满足他的要求,因为这无法实现自然科学所追求的客观性。从这个角度来说,转向主体间性既是他的创见,也是他不得已的选择。

在此,乔姆斯基与蒯因在语言观上的区别已经初步显现。概言之,在自然化的过程中,乔姆斯基同样追求知识的可证实性,但他却走了心理主义的道路,而这正是蒯因从一开始就加以否定的。乔姆斯基的做法是为心理主义设定生理基础,然后再对这一生理基础进行科学研究。具体来说,乔姆斯基首先认定心理现象虽然是私人的,但却是客观存在的,认为这一点不可否认,正如我们不能否认我们能思考会说话一样;其次,乔姆斯基认为这些心理现象的存在必须基于一定的生理基础,这样一方面为心理现象的客观化找到了可依据的基础,另一方面也打破了理性主义因为无法说清知识来源而一味将其归为天赋(如上帝)的传统做法,乔姆斯基由此实现了对理性主义传统的科学化改造;再次,乔姆斯基以自然科学的研究方式对设定的生理基础进行科学化的研究。

这里有一个有趣的问题需要做简要解释。蒯因反对心理主义时曾提到"在现代语言学家中间已经取得相当一致的意见,认为关于观念即关于语言形式的心理对应物的这个观念,对于语言学来说,是没有丝毫价值的"[①]。可能有读者会对蒯因的话提出疑问,因为在当前的语言学研究中,乔姆斯基的生成语言学研究(或称"形式语言学")是当之无愧的主流。然而生成语言学

---

[①] 蒯因:《语言学中的意义问题》,参见《蒯因著作集(第④卷)》,中国人民大学出版社,第51页。

研究是主张语言或意义内在论的,它非但不反对心理主义,反而认为语言是心灵的镜子,语言学研究具有鲜明的心理学意义。解释这一疑问并不难:蒯因提出这一论点是在 20 世纪 50 年代初,而当时乔姆斯基的主要思想尚未完全成熟。当时在语言学研究中占主导地位的是结构主义语言学,而后者正是坚持语言的公共性与符号性,且反对心理主义的。这同时也提示我们"乔姆斯基革命"对于语言学研究的意义所在。

紧接着上段的引文,蒯因提出了他对于心理主义的解决方案。他说:"行为主义者认为,即使对于心理学来说,谈论观念也是糟糕的做法。我认为行为主义者的这个看法是正确的。"①

行为主义发端于 20 世纪初美国学者华生所创立的行为主义心理学,后来实用主义者皮尔士、杜威将其引入哲学,罗素又进一步把它引入语言哲学,自此行为主义意义观形成并成为意义理论的一个重要分支。蒯因是第一个对行为主义意义理论进行全面论证并充分利用的哲学家。他主要从两个方面来证实行为主义意义理论的合理性。首先,儿童是在行为主义的模式中学会语言的。以"红色"这个词为例,蒯因指出,如果要学会这个词语,儿童必须置身于使用该词语的具体语境中。在习得过程中,儿童所受到的语言刺激与所做出的反应,以及儿童在向家长求证后所得到的反馈,都是学习不可或缺的因素。第二,语言是交际的基础,即人们要判定各自的词语表达是否同义,必须依据具体的语言相关行为。这里蒯因坚持了他一贯的反观念论的立场。观念论认为词语的意义就是它所代表的观念或意象②,基于这一理论,当且仅当它们代表着相同的观念时,语言同义。蒯因把意义的观念论讥讽为"博物馆神话",认为语词的意义不可能与什么固定的观念相连。语言是在社会语境中获得的,语言中的某个词语当然可以具有意义,但这些意义不是因为它们联系着什么观念,而是因为它们被具体地使用。当两个不同个体说出同一个词语时,唯一可以判定这个被不同个体说出的词语同义的标准是它们具有相同的使用意义,比如说它们接收了相同的刺激并且产生相同的反应等。

"刺激"与"反应"正是行为主义的核心。在哲学界,蒯因的创新首先在于他明确了这些概念的内涵。这具体体现在《词语与对象》第 8 节"刺激与刺激

---

① 蒯因:《语言学中的意义问题》,参见《蒯因著作集(第④卷)》,第 51 页。
② 陈嘉映:《语言哲学》,北京大学出版社,2003 年,第 46 页。

意义"中。蒯因绝对翻译的例子已广为人知,那么让从事翻译手册编写的语言学家将土著人的发音"Gavagai"与"兔子"对应起来的是什么呢?首先在蒯因的理论中,它不可能是"兔子"这一词句①所对应的观念。那么是作为实体的兔子吗?蒯因同样认为不是,因为如果用一个仿制的兔子做试验,可能会得到相同的结果;不仅如此,"由于角度不同,光线及颜色的陪衬不一样,刺激物促使土著人对'Gavagai'作肯定回答的能力也会变化,尽管兔子保持不变"。所以,蒯因得出结论:"当我们试着把'兔子'和'Gavagai'等同使用时,使二者具有一致之处的是刺激物而不是动物本身。"②也就是说,是与这两个语句相联的共同的刺激。在这种情况下,当相同的刺激再次出现,语言学家问土著人"Gavagai"时,土著人会做出肯定的回答。

基于对刺激的理解,蒯因对刺激意义做出如下论述:

让我们把意义的概念更明确化一点,给它一个中性的专门的名称。首先我们把类如"**Gavagai**"这样的句子对于某个说话者的**肯定刺激意义**(**affirmative stimulus meaning**)定义为会促使他表示同意的所有刺激的集合。更明确地说,对某个说话者而言,一刺激 $\delta$ 属于句子 $S$ 的肯定刺激意义,当且仅当有一刺激 $\delta'$,如果该说话者被给以 $\delta'$,然后被问及 $S$;被给以 $\delta$ 然后再被问及 $S$ 时,他第一次会表示不同意,第二次会表示同意。我们可以用同样的方式来定义**否定刺激意义**(**negative stimulus meaning**),只需把其中的"同意"与"不同意"互换一下。刺激意义则可定义成这二者的有序偶。我们还可以根据人们做出反应时间的长短来区别其在表示同意和不同意时感到犹豫的不同程度,从而更确切地规定刺激意义的概念……于是"**Gavagai**"和"兔子"之间的等同关系便可表述为:它们具有相同的刺激意义。③

在这段话中,蒯因一方面回答了上段中提出的问题,即从事翻译手册编写的语言学家将"Gavagai"与"兔子"对应起来是因为他们"具有相同的刺激意义";另一方面,他进一步解释了判定两个语句是否具有相同刺激意义的方

---

① 蒯因认为应该将与刺激集合相关的表达(如"Gavagai")视为一个句子而不是一个单独的词语。
② 蒯因:《词语与对象》,参见《蒯因著作集(第④卷)》,中国人民大学出版社,第225页。
③ 同上,第226—227页。

法。蒯因的方法是重复同一个刺激并观察对方的反应。在"Gavagai"的例子中,语言家可以在下一次见到兔子时说出"Gavagai",如果土著人的反应是肯定的,那么可以认为"Gavagai"与兔子具有相同的刺激意义。这即表明"Gavagai"和"兔子"均与同一个刺激(的集合)相联,它们也就具有相同的意义。

对于蒯因此处的方法,我们同样需要加以简要说明。在蒯因的论证中存在着多处的"不完善性",比如难以保证重新给予的刺激与之前的刺激完全一致,尤其是当某一刺激涉及多个因素时;即使在重复刺激时做到完全一致,也并不能保证语句就一定是同义的,因为完全有可能两个表达完全不同义,但却都可以用来表达同一个刺激情境(比如它们分别表达了其中的一部分)。对此的合理解释或许只有一个,那就是蒯因也使用了类似乔姆斯基的理想化的研究方法。基于这一方法,为了突出研究的主题,一些次要因素被设想为在不同情形下具有一致性。同时,理想化方法的运用表现在一个更基础方面,那就是要使蒯因的理论成立,必须首先设定所有的人(不同民族、不同种族)应该具有相同的感觉刺激接收装置,这一装置只可能存在于人类的生理基础之上。从这一角度来看,蒯因最后需要求助于人类的神经生理基础是必然的,这也同时在自然化的道路上拉近了他与乔姆斯基的距离(对此下面第3节中还有更为深入的论述)。

然而,理想化的处理方法仍然需要以尊重客观实际为基础。在实践中,完全可能出现这样的情况:当刺激 δ 被给予某人时,他/她肯定 S;但当在另一时间将刺激 δ 被给予同一个人时,他/她却否定 S。如果此处我们将被询问者理想化,设想他具有合理回答询问所必需的各项理智或能力条件,那么对于他/她做出不同回答的解释应该是他/她两次回答时所处的具体场合不同。也就是说,刺激的意义比原先想象的更加复杂,因此有必要对刺激加以进一步的限定。蒯因很清楚这一点,他指出:"所以,严格说来,刺激意义是一个句子 S,在时间 t,对某一个说话者 a,具有系数 n 秒长的刺激意义。"①

"场合"概念的引入加深了对刺激意义的理解。所谓"场合","就是一定的时间段、空间区域、物理条件、社会状况等,在那里发生与句子的语义相关

---

① 蒯因:《词语与对象》,参见《蒯因著作集(第④卷)》,中国人民大学出版社,第 227 页。

的行为刺激,并能由此了解言说者对此的同意或反对"①。简言之,场合就是刺激发生时各项因素的总和。由于这里的场合是指语言交际过程中的场合,而语言交际明显是一种人类主体间的行为,所以场合的提出加强了蒯因"语言是一种社会技能"的论点,同时也体现了他"外延主义"的语言观。

场合对于语句的意义至关重要。尽管如此,当我们理解一个语句时,可能的情形却仍然有两种:一方面,我们必须依据当下具体场合中发生的刺激行为来对某一语句做出肯定或否定的回答,而脱离这一场合,回答就是无效的,如我们指着某物说"这是红色的";另一方面,我们的回答不依据具体的场合依然有效,如我们说"鲜血是红色的"。蒯因将前者称为"场合句"(occasion sentences),后者称为"恒定句"(standing sentences)。前者的"肯定或否定总是依赖于特定的刺激条件的激发",后者"也可以由刺激激发",但它与场合句的区别之处在于"一个说话者可以在未受当下刺激的情况下当人们后来重新问起时会重复肯定或否定"②。但场合句与恒定句的区分并不是绝对的,"如果每次激发的时间间隔越来越短,恒定句就会越来越趋近场合句"③。

场合句与恒定句的区分也促使蒯因需要对"刺激意义"进一步加以界定。对于场合句而言,当人们面对同样的当下刺激时,可能会做出不同的回答。因此,一个语句的刺激意义就不能够依据某个个体的回答来确定,它只能是"人们要肯定它或否定它的那些倾向的总和"④。这进一步明确了语言的社会性。可以认为,在蒯因的理解中,语言及其意义不过是某一语言社区中多数语言使用者所达成的共识,虽然这一共识的达成是以刺激行为为基础的。这里我们又一次看到了在蒯因的理论体系中相似性概念的重要性。相似性即上文提到的人类感觉接收装置的相似性,它是人们在面对同一刺激时可以形成相同感受的基础。为了对相似性加以说明,蒯因在晚年曾求助于达尔文的进化论,将这种相似性归结为人类进化而来的生理能力。蒯因以鸟与类人猿作类比,指出:"在个体的范围内,观察句对应于某个范围的知觉上相当类似的总体刺激,就像在个别的鸟和类人猿那里鸟叫声和猿的呼叫声那样。再

---

① 张庆熊,周林东等:《二十世纪英美哲学》,人民出版社,2005年,第312页。
② 蒯因:《词语与对象》,参见《蒯因著作集(第④卷)》,第230页。
③ 同上。
④ 同上。

一次由于先定的和谐,它们有资格成为整个共同体内的观察句。"①不难看出,在为认识能力设定(先天)生理基础这一点上,蒯因进一步走近了乔姆斯基。

然而,即使感觉接收装置的相似性保证了每个个体接收到了相同的刺激,也并不能同时保证他们会做出完全一致的"反应"。这样一来,虽然蒯因将"场合句"的意义定义为"人们要肯定它或否定它的那些倾向的总和",但对于一个追求自然科学式严谨的哲学家来说,这一点明显不够。为了走出这一困境,蒯因提出了"观察句"(observation sentence)的概念。蒯因对于观察句的理解有一个渐进的过程。在《词语与对象》中,蒯因首次给出了"观察句"的定义:"当一个场合句的刺激意义在附随信息的影响下不发生任何变化,我们就可以把它称为'观察句'。"②通过这一定义,蒯因明显是要排除回答倾向"总和"中的少数不一致现象。随后在《自然化认识论》中,蒯因对这一定义作了调整,他指出:"观察句就是当给出相同的伴随刺激时,该语言的全体说话者都会给出同样的决断的句子;以否定的方式表达这一点,观察句就是对于言语共同体内过去经验方面的差异不敏感的句子。"③这一调整对以前的定义又作了两个方面的澄清。首先,将回答的一致性明确表述为"全体说话者都会给出同样的决断";其次,将"言语共同体过去经验"排除在"伴随刺激"之外。在其后的《指称之根》、《信念之网》、《经验内容》、《真之追求》中,蒯因对观察句的理解不断地深入。1995年,在《从刺激到科学》中,蒯因对这一问题作了最终说明。此时,"观察句"已经成为蒯因哲学体系中一个贯穿始终的基础性概念。蒯因将观察句的特征总结为两个:"一个为个体所私有,另一个为社会所公有。""早期和晚期的私人要求仅仅是,该句子直接对应于一个知觉上相当类似的总体刺激的范围,而不必要求它是通过直接条件反射而学习的;在以后的岁月,可以通过精致理论的介入而间接地习得一个观察句……至于对观察句的公共要求,即所有合格的见证者毫不犹豫地一致同意,逐渐地越来越依赖于以某种方式把恰当的语言共同体狭窄化。"④在对待个体私

---

① 蒯因:《从刺激到科学》,参见《蒯因著作集(第⑥卷)》,第570页。
② 同上,第236页。
③ 蒯因:《然化的认识论》,参见《蒯因著作集(第②卷)》,第412页。
④ 蒯因:《刺激到科学》,参见《蒯因著作集(第⑥卷)》,第586页。

有这一特征时,蒯因求助于"相当类似的总体刺激的范围",认为这种类似性应该为人类所共有:于私而言,它的存在是人们可以形成相同刺激意义的生理基础;于公而言,它是我们判定一个人是否应该被划归为某一共同体的依据。对于共同体范围的界定,蒯因曾认为这一共同体应该指跨语言的(正常)人类整体;后经过长时间的思考,在《从刺激到科学》中他认为:"相关的语言共同体是一个参数,我们可以根据我们的研究目的将其取得更宽一点或更窄一点;也允许有模糊性。"①这也就是说,"语言共同体"并不是一个固定的概念。在每一个研究中,研究者可以根据自己研究的需要来设定共同体的范围。当一个语句在某一共同体内无法取得一致的回答时,研究者就可以缩小共同体的范围以便在新的缩小了的共同体内取得一致性。举例来说,假设在适当的过程中,医生瞥一眼一位病人就能看出其甲状腺肿大,那么对于医生(或许只是某些医生)来说,"他患了甲状腺肿大"就是观察句。但很明显,如果我们将范围扩大至普通人群,那么这句话就不太可能成为观察句。

为语言共同体的范围设定一个参数,无疑在客观上削弱了观察句作为认识论基础的地位。这是因为,对于认识论而言,无论是经验论还是唯理论,它们均要求知识的起点一定要是稳固的,而观察句面对不同人群时所表现出的不稳定性很难达到这一要求。这正是蒯因在哲学思想上的过人之处。要知道,蒯因赋予观察句的这种不稳定性中蕴含着他的一些重要思想,这些思想至少包括:翻译的不确定性、意义的整体性、本体论的相对性等。

从另一个角度来考虑这一问题,我们会发现蒯因赋予观察句的这种私人性与公共性和乔姆斯基对于语言能力与语言使用的区分有着众多的相似之处。首先,私人性的核心实际上是指个体在接受感觉刺激时产生相似反应的能力,这种能力当然是人类认识能力的组成部分。如果仅就语言而言,它也必然是语言能力形成必不可少的条件之一。其次,乔姆斯基认为语言能力是语言官能的内在状态,是一种生理状态,是经由进化而来并通过基因世代相传的,对于语言的研究必须依赖于心理学、认识科学等多个自然学科的研究成果。蒯因关心的是更加宏观的认识论问题,但不同于以往哲学家的是,蒯因追求理论研究的自然化。因此,在自然化的道路上,寻求来自自然科学的佐证是必然的选择。这也就解释了蒯因为什么将认识论问题视作心理学研

---

① 蒯因:《刺激到科学》,参见《蒯因著作集(第⑥卷)》,第 570 页。

## 第 5 章 殊途同归：乔姆斯基与蒯因认识论思想对比研究

究的一部分，并认为认识论问题的最终解决必须求助于神经科学的最终发展。正是在这一背景下，蒯因最终将个体之间感觉接收器的相似性归结为进化所得。再次，在乔姆斯基语言能力与语言使用的区分中，语言使用指的便是语言能力的外在运用。这一运用过程可能针对个体本身，比如个人的内心独白、自我描述等，也可能是主体间的，尤其是当语言被用来交际时[①]。这表明乔姆斯基并没有否认语言具有公共性，但认为公共性必须以个体的语言能力为基础。蒯因赋予观察句以私人性，当然是肯定了个体具有给语句赋义的能力，虽然这一能力运用的结果必须在语言共同体中获得主体间的证实。然而我们如果将语言共同体的范围无限缩小，直至只包括一个个体，那么这个单独个体所被赋予的语义也就具有了"公共"的意味（下一章有关私人语言的讨论中还将对此有详细论述）。

当然，总体而言，乔姆斯基与蒯因在语言观上的差异要远远多于他们之间的相似性，而上述有关两人之间相似性的论述反而使他们之间的差异更加凸显。在语言能力与语言使用或者在观察句私人性与公共性之间的区分中，乔姆斯基与蒯因其实是各执一端。乔姆斯基关注语言的私人性与内在性，并认为所谓的公共性只是私人性的外在延伸；蒯因则认为私人性虽然是必要条件，但语句意义的最终赋予必须依赖于公共性。沿着彼此不同的道路，乔姆斯基为语言能力设定了生理基础——个体的语言官能；而蒯因则为语言的使用找出了可能的依据——公共的观察句。

以下我们将转入对另一个相关问题的讨论——（自然）语言是否是完美的，这构成了乔姆斯基与蒯因在语言观上对比的第二个方面。

在生成语言学进入原则与参数框架之后，乔姆斯基开始考虑这样一个问题："语言有多么的完美？"[②]这一问题的提出来源于伽利略的感叹："自然完美的！"自然界的完美体现在她所创造的一切自然物之中，如美丽的雪花、六边形的蜂巢、长颈鹿的脖子以及完整的食物链等等。如果自然是如此完美，那么作为自然物的语言官能与语言能力应该也是完美的。语言官能作为人类的生理器官，其存在经过了长期的进化，因此我们完全应该相信它已经是自然界可能塑造出的最佳设计之一。这种最佳表现为它是"简单的、自然的、

---

[①] 乔姆斯基否认语言的首要功能是交际。
[②] N. Chomsky, *The minimalist Program*, MIT Press, 1995, p.9.

对称的、优雅的和经济的"(simplicity, naturalness, symmetry, elegance, and economy)[①]。乔姆斯基将语言的核心部分设想为一套内在于人体大脑/心智的表征与计算机制,这一机制主要由两部分组成:词库的句法计算程序、句法计算结果与其他生理系统(主要是感觉—运动系统与概念—意向系统)的衔接。基于最佳设计的要求,语言的计算程序一定要是最简单的,并且其计算结果一定要能够最大程度地满足接口条件(有关乔姆斯基的句法计算过程参见 4.2 节)。

句法(准确地说是最简句法或狭式句法)计算结果在接口上与感觉—运动系统、概念—意向系统的顺利衔接,要求计算结果必须满足相应的最佳接口条件。为达到这一要求,乔姆斯基认为句法计算所得结果应该满足以下四个条件,分别为:①就语言而言,唯一有意义的表现层面是接口层面;②解释性条件:句法计算生成的词汇项目在接口层面(语音与语义两个方面)都是可解释的;③包括性条件:自然语言的计算过程中没有新的特征被加入;④进入自然语言计算过程的关系,或者是由可读性条件添加的,或者是以某种自然的方面来自计算过程的[②]。就语义形式而言,语言与概念—意向系统接口的条件很容易满足,因为句法是形式化的逻辑计算所得。作为人类思维的产物,它在根本上与人类的意义理解(概念、意向等)是同质并同构的。相对而言,语音接口问题困难很多。从最简单性的角度来看,人类语音并非是完美的,如在英语中语汇在发音上会因为一些词汇曲折形式的存在而产生变化(如第三人称单数只具有形式与语音却没有意义,因此不是句法计算的产物),因此也就无法满足以上的条件②与③。对于这一点,乔姆斯基承认这里存在设计缺陷,但他坚持认为这并不能说明语言官能本身是不完美的。他认为这里的完美指最佳,也就是说,它是自然造化多种可能性中最优化的一个。举例来说,人类的脊柱从机械力学的角度来看并不完美,但它的存在却使得人体可以最大可能地发挥其潜能。又如人类的喉咙最初并不是为语言发音而生,但随着进化的进程,它却承担了这一功能。虽然从发音的角度来说它并不完美,但对生物体来说这已是最佳设计。

语言完美性论题的提出意味着语言问题成为了心理学与生物学问题,从

---

[①] N. Smith, *Chomsky: Ideas and Ideals*, p. 92.
[②] N. Chomsky, *Minimalist Inquiries: the Framework*. MIT Press, 1998, p. 27.

而也就正式被纳入自然科学研究的范围。语言完美性的提出同时也意味着乔姆斯基的语言学研究进入了一个新的阶段,即从追求"解释的充分性"阶段转向追求"超越解释的充分性"阶段。从此,生成语言学的研究重点不再是"语言的特征是什么",而是"语言为什么会有这些特征"[1]。

乔姆斯基自然化语言研究的目标在于为语言能力的存在找到生理基础,而蒯因自然化的语言研究则旨在为意义找出稳定的依据。目标不同,研究方法也不同:乔姆斯基采用了内在化的语言研究方法;蒯因则转向行为主义研究方法。

然而行为主义并没有为蒯因带来他希望达到的稳定性,基于行为主义之上的意义理论中充斥着不确定性。对于这一点,蒯因本人并不否认,他说:"因此,当我们与杜威一起转向自然主义的语言观和行为主义的意义论时,我们所放弃的并不仅仅是言语的博物馆图像,我们也放弃了对于确定性的信念……对于自然主义来说,这个问题即两个表达式是否在意义上相似,没有任何已知或未知的答案。"[2]

对于不确定性的讨论,蒯因开始是作为对意义相似性的挑战。这里存在两种情况:①当土著人说出"Gavagai"时,从事翻译的语言学家如何确定它与"兔子"的刺激意义相同;②"一个表达式,可以用两种能够得到同等辩护的方式把它翻译为英语,但在英语中却意义不同"[3]。第一种情况在本节前面有关行为主义的讨论中已经有所涉及,这里需要强调的是,这种在刺激意义上的不确定性是普遍存在的。在第一次刺激出现时,土著人说出"Gavagai",但这完全可能是指"动物"、"白色"或是其他相关的什么东西,语言学家将其理解为"兔子"应该完全是建立在猜测的基础上的。在随后的求证过程中,由于与刺激直接有关的因素可能总是在变化的,所以当语言学家再次说出"Gavagai"时,很难保证它所对应的刺激集合与第一次的刺激完全相同。如果不能保证刺激的相似性,那么作为以刺激为基础的意义的相似性也就更难保证。当然,我们还可以进一步设想翻译过程中的不确定性可以随着语言学

---

[1] N. Chomsky, "Yond Explanatory Adequacy", Adriana Bellitti (ed.), *Stucture and Beyond: the Cartography of Syntactic Structures*, Volume 3, Oxford University Press 2004, pp. 104—105.

[2] 蒯因:《本体论的相对性》,参见《蒯因著作集(第②卷)》,第 370 页。

[3] 同上。

家与土著人交往的加深而不断被消除,因为不断加深的交往一方面可以使原本不太清楚的刺激意义得到进一步的澄清,另一方面也会由于语言学家对土著语句掌握的增多而形成一个意义整体。在这一整体中,意义由于相互关联而彼此得到解释。但问题在于,因受意义不确定性因素的影响,不同的语言学家从开始时习得的土著语句在意义上就会有所差异,因此他们各自所建立的语句的意义整体也就不会完全相同。这便出现了上述的第二种情况:不同语言学家各自编写了一本翻译手册,依据其中任何一本均可以实现"可获得同等辩护"的翻译,但这两个手册之间是不相容的。

不确定性与不相容性反映了自然语言的不足,但这还不是全部,因为完全可能有人会将这些问题归结为翻译问题。那么,在某一语言内部会出现这些问题吗?蒯因的回答是肯定的。

> 现在应该注意到:甚至对于较早的那些例子,求助于一种陌生的语言,实际上也是不必要的。经过更深入的思考,可以发现,绝对翻译是从家里开始的。我们必须把我们邻居的英语单词等同于我们自己嘴中发出的同一串音素吗?当然不必,因为我们有时候并不把它们这样等同起来。有时,我们发现,为了有利于交流,要认识到我们邻居对诸如"冷"、"正方形"或"充满希望地"这些词的使用不同于我们自己的用法,因此我们把他的那个词译为我们自己的个人习语中一串不同的音素。我们通常的母语翻译规则实际上是同音规则,这种规则只是把每一串音素带进自身来。但是,我们仍然总是准备用威尔逊的"宽容原则"来缓和这种同音(现象)。我们会不时地对一个邻居的语词作异音解释,然后我们看我们的这种方式是否会使他的信息少带些荒谬性成分。[①]

在这段话中,蒯因首先表明的是,相同的发音(即书面上相同的词语或句子)并不一定表示相同的意义。但在交流过程中,如果真遇到这种情况,个体会根据自己的理解将听到的一串音素"翻译"为他/她自己用法中所对应的一串音素。蒯因的解释中仍然存在着众多的疑问,比如个体是如何判断他者的一串音素是否与自己对这一串音素的理解相同,个体将他者的一串音素翻译为自己的用法时依据的又是什么,等等。就这些问题本身而言,蒯因的回答

---

① 蒯因:《本体论的相对性》,参见《蒯因著作集(第②卷)》,第 383 页。

是行为主义的。从他之前的立场来看，我们可以断定他会认为是行为主义的刺激意义维系着语言交际的正常进行，而不是任何与语句相联系的观念或其他的什么存在物。以正方形为例，当我们的某个邻居说出"正方形"而实际上我们所接受到的刺激是长方形时，我们会主动地将对方说出的"正方形"翻译为我们的"长方形"。然而，进一步的问题在于，在语言实践过程中，这种以直接刺激为基础的交际行为只占很少的一部分，更多的时间我们是依据语句相对稳定的意义（无论是什么性质或类型）在进行交流。那么这时除了可以借助具体语境的帮助之外，我们时刻准备用"宽容原则"来缓和可能遇到的同音不同义的现象。

但是，"宽容原则"并不能解决问题。语言交际不是一个成功率的问题，即交际成功率达到了百分之多少就算是合格的交际，余下不成功的部分就应"宽容对待"了。语言交际讲求的是实际过程的流畅性。应该相信在语境与直接刺激所不及的地方还存在着其他的因素，它们将协助语言内翻译的进行，并就此促成交际流畅性的实现。蒯因给出的答案是意义的整体性。意义不是基于词语而单独存在的，就每一种语言而言，它均构成了一个相互关联的整体。蒯因在以上引文中似乎还暗示了这样一种可能：如果语言内的翻译也经常发生的话，那么也许说明每一个体所掌握的意义整体均或多或少是独特的。这是完全可能的。说同一语言的人群中存在众多的语言社区，一个人可能在不同的时间分别隶属不同的语言社区（如家庭成员、同事、牌友、球友等），那么综合而言，不同个体对意义的综合难以做到完全一致。这也就是社会语言学上所说的个体语言存在的原因①。个体语言一方面为语内翻译找到了直接刺激之外的依据，另一方面进一步证实分析哲学对于自然语言的基本看法——自然语言是混乱的、模糊的。

自然语言在语义上的混乱带来的最为严重的一个问题是它使本体论问题得不到澄清。蒯因认为本体论问题可简单概括为"何物存在"（What is there）的问题，但这不是说"何物实际存在"，而是说"我们说何物存在"。这

---

① 这里并没有直接否认语言的公共性。"个体语言"中的每一个特征均不是某一个体独立拥有的，只是因为个体的语言特征来自于不同的语言社区，所以在实践中我们很难找出两个语言特征完全一致的个体。需要注意的是，这并不是本书作者的观点，更不是乔姆斯基的观察。具体请参见下章有关私人语言的论述。

在蒯因的理论体系中被称为"本体论的承诺"。在这一思想的指导下,如果以自然语言为研究对象,那么当人们使用一个单独名称时,是否就因此承诺了它所指称的对象的存在呢?显然不是。在日常语言中,人们创造了很多假想的名称,如"飞马"、"龙"等。蒯因认为,自然语言中的名称对于本体论问题而言是完全无关紧要的,因为一切名称都可以被转化为摹状词。不仅如此,自然语言中一些谓词也不可能成为本体论问题的承载者。比如,"红的"这个词只有在用以描述其他名词时才有意义,而我们却绝不可能找到一个以"红的"或"红性"命名的事物本身。

自然语言自身存在着以上诸多问题,这使得它明显不适合作为哲学研究的工具。这是蒯因对于自然语言的基本认识,也正是这一点促使他转向了他更为熟悉的逻辑语言。但同时需要注意的是,这并不代表自然语言在蒯因的理论体系中完全没有地位。在下一节中,我们将会看到,当面对认识论问题时,尤其是当他以儿童语言习得为例来说明知识获取的过程时,蒯因不得不回归到对自然语言的讨论上来。

## 5.2 殊途:儿童如何习得语言?

本节旨在对比研究乔姆斯基与蒯因在认识论上的主要不同点。两人有关儿童语言习得的论述将会被用来作为讨论的基础。这么做有以下三点原因。

第一,语言对于二人的理论体系至关重要,上节中已有明确论述。

第二,语言与认识论的关系。这个问题可以被理解为语言研究对于认识论研究的意义问题。乔姆斯基对此的基本观点是"语言是心灵的镜子",并且,"对我自己来说,这是语言研究最能够吸引我的一个原因"[①]。他认为在当前自然科学对于人类心灵与认知能力的认识还十分有限的情况下,语言就成了人们从事认知科学研究、探索人类认识论难题的最佳切入点。这一点我们在第3章第2节与第4章的小结中均已经有所论述,这里再从语言与思维的关系角度作一点补充。作为一个复杂的系统,语言有什么功能呢?一般认为语言有两种基本功能:交际与思考。社会语言学家关注前者,这一点无可厚非。但一个普遍存在的问题是语言作为交际的工具这一点已经深入人心,

---

① N. Chomsky, *Reflections on Language*, Pantheon, 1975, p.4.

以至于很多人会忽视语言作为思维工具的功能。后一点正是乔姆斯基等生成语言学研究者强调的。在乔姆斯基看来,思维才是语言的首要功能,这从语言承载的信息量与其被使用的时间上都可以获得证实。即便是对于一个普通人来说,在其日常生活中,语言被用来理解与思考的时间也总是会大大多于被用来交际的时间。同样关注语言思维功能的还有福多和分析哲学家们,但他们在自然语言之外提出思维语言或理想语言,而不是关注实际行使思维功能的自然语言。从这一角度来说,乔姆斯基对自然语言的研究最贴近人类思维的实际,也因此最符合自然科学研究自然对象的一般要求。同时,我们并不否认从非语言角度研究思维的可能性与必要性,但鉴于语言的独特地位,以语言为思维研究的最佳切入点仍然应该是当前的最佳选择。

以语言为切入点研究思维与人类的认识论问题是很多研究者的共识。除了福多与分析哲学家,17世纪时笛卡尔就曾注意到语言的创造性使用是人类区别于动物的主要特征。唯理语法学派的研究者们继承了笛卡尔的传统,进一步将语言研究的目标指向心理现象,引发了对于心智问题的持续关注。之后采用相似研究路径的研究者至少还包括洪堡、维特根斯坦、奥斯汀等人。即便到了当代,我们仍然可以发现像戴维森、塞尔等人仍然在延续着这一基本做法。

在对待语言的态度上,蒯因与乔姆斯基有着根本的不同,但这并不妨碍两人在认识论研究中选择相似的研究路径——从语言入手(有关这一点我们将在下一节中着重论述)。我们知道,蒯因认为哲学并不凌驾于任何具体科学之上。根据他的整体主义思想,哲学与具体科学是一个连续体的不同方面。因此,认识论研究与具体科学研究并没有本质的不同,它可以被视为经验心理学的一部分从而完全归属于自然科学。就此而言,研究认识论仅有逻辑手段是不够的,还必须求助于心理学、生物学、认识科学等各相关自然科学的具体学科。然而,蒯因毕竟不是自然科学家,他虽然为认识论研究规划了自然科学式的研究道路,但他不可能如一个自然科学家一般去具体推进这一研究。为了解决这一问题,蒯因找到了语义上溯(semantic ascent)的策略。

当面对认识论等哲学问题时,蒯因坚持了卡尔纳普的基本立场,认为"哲学问题就其为真正的问题而言,都是语言问题"[①]。这便要求哲学研究者将

---

① 蒯因:《词语与对象》,参见《蒯因著作集(第④卷)》,第462页。

哲学问题转化为语言问题来加以研究。举例来说,当谈论英里(miles)时,研究者应该转向词语"英里"(mile)。这种"从实质的说话方式导向形式的说话方式的方法,是从以一定语词进行谈论转为对这些语词的谈论"。蒯因接受了卡尔纳普有关实质说话方式与形式说话方式的区分。而这种"从实质说话方式向形式说话方式的转化",在蒯因看来,便是语义上溯策略的运用。蒯因甚至认为,语义上溯的方法完全可以被扩展到哲学之外的其他地方。

语义上溯的含义是:"不去直接讨论对象,而去谈论语言;不去直接讨论外部对象的实在性与真理性,而去谈论语词、语句、语句系统的意义及其相互关系。"①蒯因采用语义上溯策略首先是为了说明本体论问题。仍以上面所提到的"英里"为例,如果在讨论中不采用语义上溯的策略,可能的结果便是双方会为英里(miles)的存在到底会是什么样子而争论不休,甚至可能"陷入谩骂和丐辞(question-begging)的混乱之中"。反之,"当我们上溯到'英里'(mile),问它的哪个语境有用、出于什么目的时,我们就可以继续前进,不会再陷入这个词的各种相反用法的圈套里了"。通过"语境"与"(认识)目的"讨论研究对象的本体论问题,蒯因在这里实际上已经赋予了研究以明确的认识论意义。蒯因进一步指出:"语义上溯的策略是,它使讨论进入双方对所讨论的对象(即词语)和有关对象的主要词项的看法比较一致的领域……该策略是上溯到两个根本不同的概念图式的共同部分的策略,能较好地讨论两个根本不同的基础。"②这其中,无论是"看法比较一致的领域"还是"两个根本不同的概念图式的共同部分",均揭示了蒯因在本体论研究中的认识论取向。换句话说,蒯因虽然提出了有关本体论的学说(本体论承诺),但就其根本原因而言,他的这种本体论学说实际上为其认识论思想做了铺垫,因为只有当认识对象明确之后认识才可以真正开始。从随后蒯因所列举的有关语义上溯的具体应用实例中,我们的推理得到了证实。

现在来对蒯因的论点做一个简要小结。蒯因认为,在认识论研究中,研究的对象是承载着本体论的语言,研究的手段是语言分析。如此一来,认识论问题——感觉经验如何形成理论知识,也就转化为语言问题。结合蒯因的行为主义意义观,我们可以将认识论问题进一步描述为"观察语句是如何形

---

① 夏国军:《蒯因自然化认识论研究》,人民出版社,2009年,第33页。
② 蒯因:《词语与对象》,参见《蒯因著作集(第④卷)》,第464页。

成理论语句的"。

第三,语言习得的认识论意义。认识论的基本问题是知识习得问题。所谓"习得",简单地说也就是从无到有的过程。传统认识论研究在这个问题上走了两个极端,即一方面理性主义者认为人类心智中从一开始就有全部的知识,另一方面经验主义者认为人类心智在出生时没有任何知识,一切知识均来自于后天的经验。如果依据前者,那么人类的知识应该是一样的,或至少在知识的基本结构上是如此;如果依据后者,那么由于经验的不同,人类的知识就应该是千差万别的。对于这一问题,传统认识论研究者多会束手无策。而在乔姆斯基看来,语言习得研究因为直接关乎心智,所以恰好可以为知识习得问题提供有益的借鉴。

蒯因对于语言习得认识论意义的描述更为直接。他指出:"我们看到了研究观察与科学理论之间的证据支持关系的一种方法。我们可以采取发生学的研究方法,去研究理论语言是怎样被学习的。实际看起来,证据关系实际上是体现在学习行为中的。语言学习在世界上持续发生并且可供科学研究,因此这种发生学方法是具有吸引力的。它是对于科学方法和证据进行科学研究的一种方法。"[①]

基于以上三点原因,我们认为对比两人有关儿童语言习得的理论是恰当的,也是必要的。同时,对比两人有关同一主题的不同认识可以更好地揭示两人在理论立场上的根本差异,更易于凸显对比的重要意义。以下我们先来讨论乔姆斯基的儿童语言习得理论。

乔姆斯基的儿童语言习得理论一般会被冠以"天赋性假设"(innateness hypothesis)或"理性主义假设"(rationalist hypothesis)之名。加州大学伯克利分校心理学教授戈普尼克(Alison Gopnik)将乔姆斯基儿童语言习得假设的主要观点归结为以下四个要点[②]:

(1)人类心智高度受制于天赋机能;
(2)人类仅能构建很少的一些可能的表征与规则;

---

① 蒯因,《自然知识的本质》,转引自陈波,《蒯因哲学研究》,三联书店,1998年,第43页。
② A. Gopnik, Chomsky, "The theory Theory as an Alternative to the Innateness Hypothesis", M. A. Louise, H. Norbert (eds.) *Chomsky and His Critics*, Blackwell Publishing Ltd., 2003, pp. 238—240.

(3)来自于外在世界的信息可以激发表征的形成,并通过参数设定减小可能性的范围,但在这一过程中,天赋机能的限制始终保持不变;

(4)表征与规则并不是源自输入(derived)或者从输入中推导而来的(inferred)。

乔姆斯基随后回应了戈普尼克的总结。在回应中,他首先指出,对于(4)而言,"每个人都会同意(人类知识的)习得状态是以某种方式源自输入的,但这并不表示它可以从输入中推导而来"①。乔姆斯基在此重复了他一贯的立场,那就是外在(经验)输入对知识的形成是不可或缺的。在他看来,"以某种方式源自输入"本质不同于"从输入中推导而来"。这种本质上的不同至少体现在以下两个方面。首先,前者仅说明了外在输入具有认识论意义,但并没有说明这种意义是什么、有多大;后者则较为明确地强化了输入的地位,因为"从输入推导而来"隐含着结果对于前提的依赖,这明显是一个经验主义的立场。其次,前者仅说明输入具有认识论功能,但对于这一功能如何实现没有规定;后者则清楚地说明了从输入到习得(知识)状态我们应该运用的方法是"推导",这一方法不禁使我们想起逻辑经验主义的方法,它一方面强调了(经验)输入是知识的唯一来源,另一方面又突出了人类逻辑思维方法的重要性。

就以上(3)而言,前半句是乔姆斯基的基本观点,但对于戈普尼克将后半句归为他的观点,乔姆斯基本人表示否认。他指出:"我不知道有任何一个论述语言官能的天赋性假说曾持有此观点。"虽然在随后他承认在生成语言学研究中的确有过"相似的东西被提出过",但是还"远没有达到(3)的程度"②。在上几章的论述中,我们已经表明了乔姆斯基自然科学式的研究态度,这种态度要求一切理论或假说的提出必须以事实为依据,并且还要接受后续事实的进一步检验。我们知道一个儿童可以快速并且轻易地学会自己的母语,但是当面对第二语言(或外语)时,他的学习速度与困难程度都会发生很大变化。不仅如此,即便是对于母语来说,如果一个儿童由于某种极端的原因被"隔绝"了几年,得不到任何语言输入,那么随后即便他可以获得最好的语言

---

① N. Chomsky, "Reply to Gonik, in M. A. Louise", H. Norbert (eds.), *Chomsky and His Critics*, Blackwell: Publishing Ltd., 2003, p.316.

② 同上,第316页。

学习资源,他仍然很难完全掌握所学的语言(母语)①。这些事实均说明人类天赋语言机能的限制在人的一生中并非保持不变。

现在我们来看前两点,乔姆斯基认为(1)只是一个特例,因为受限于天赋机能的不仅是人类的心智,实际上(5)才是它的完整表述。

(5)有机体及其组成部分高度受制于天赋机能。②

这一点应该是不言自明的。狗有很好的嗅觉与听觉,猫有很好的夜视能力,人有更加发达的大脑,人体器官如肝、脾、胃等各有自己明确的功能,如此等等。这些功能无疑均高度受制于相应的生物基础,它们经由基因遗传而来。基于此,乔姆斯基认为(2)是(5)的应有之义,因为大部分表征与规则并不是人类自己构建的。以语言为例,一个人或许从来没有学过语法或任何其他有关语言的知识(比如文盲),但这并不代表他不懂语言。在实践中,他完全可以凭借自己的语感对一个句子是否符合本族语的语法规范做出准确的判断。在做出判断时,他凭借的是自己内在的默示知识(tacit knowledge)。"默示"与"明示"相对,它表示这些知识内在于拥有者脑中,是无意识的,拥有者无法将其准确表述出来。默示知识是语言知识存在的常态,我们可以想象在语言学家出现之前人类已经"无意识地掌握"了自己语言的语法规则。同样,我们甚至完全可以想象,一个口才甚佳的人完全说不出自己所表达话语的语法规则。这些都说明,语言表征与语法规则虽然为人类所掌握,但这种掌握并不是人类自己构建的结果。"无意识地掌握"背后隐藏着的"秘密"便是人类作为有机体的生理机能。这种机能从属于人类的生物基础,是进化而来并通过基因世代传递的。所以,对于每一个具体人类个体而言,它是天赋的。

通过以上对戈普尼克的回应,乔姆斯基澄清了一些对于生成语言学尤其是对于其儿童语言习得理论的不解与误解。在澄清之后,仅有(5)被认为是正确的且必要的而被保留了下来。那么接下来,乔姆斯基必须要回答的问题便是,基于(5)这样一个仍显宽泛的论点,儿童是如何习得自己的母语的。

由于现在我们讨论的话题仅是儿童语言习得,我们不妨将(5)具体化,形

---

① 语言学与心理学界很出名的"珍妮的例子"(the case of Genie)证实了这一点。在这个例子中,从2个月大开始珍妮就被关在一个封闭的房子里,一直到13岁才被解救。在此之后,语言学家们尝试用各种办法教她语言,但珍妮的语言水平始终无法达到一个正常母语者的水平。

② N. Chomsky, "Reply to Gonik", p.317.

成(6)：

(6)语言高度受制于天赋机能。

自然科学研究发现已经部分证明了大脑中语言区域的存在(如"布罗卡区"(Broca's area)、"韦尼克区"(Wernicke's area)的发现等)。除去自然科学研究上的进展之外，我们还可以考虑现实中存在的一些经验事实：①一个刚出生的儿童无论在哪一种语言环境中均可以快速而又轻易地掌握该语言，而一只猴子无论经过怎样的训练都不可能做到这一点；②正常的儿童，无论是身在一个教育环境优良的家庭中，还是身在一个文盲的家庭，都可以充分地掌握自己的母语；③正常儿童可以快速掌握自己的母语，但当他们学习第二语言时(或外语时)，虽然此时他们的认识能力已大大增强，但令人遗憾的是不仅他们对于第二语言的学习难度大大增加，而且第二语言的水平永远达不到母语的水平；④回顾一下刚刚提到的珍妮的例子(参见上页注释)，这种现象在语言学与心理学研究中被称作"关键期假设"(critical period hypothesis)，它表明如果过了语言习得的关键期(婴儿期到青春期)，儿童习得语言的能力(包括母语习得)会不断衰退。

在以上这些事实中，①说明语言必须以人类的生理机能为基础；②说明人类的语言习得能力是一致的，并不会因为输入语言经验的优劣而发生明显的变化；③和④进一步证实了语言习得对于生理机能的依赖性，因为它并不会随着人类认识能力的提高而改善。为了进一步澄清问题，让我们再来分辨乔姆斯基提出的两组有关儿童语言习得的重要概念：教与学，学习与生长。

首先，分辨教与学旨在回答这样一个问题：儿童语言是教会的吗？乔姆斯基的回答是否定的。语言心理学研究表明，无论是音位发展、词汇习得，还是语法习得，"儿童的语言是创造性的，儿童不只模仿他们听到的语言，更会吸收这种语言并以新的方式使用它们"①。除此之外，语言学家还在对于儿童语言习得过程的观察中发现，在语法问题上，儿童一般不会因为家长的纠正而改变自己的表达方式。以上例②也说明了这一点，即儿童在语言习得过程中受到家长引导或纠正的多少对于习得效果并不会产生质的影响。

其次，学习与生长旨在回答儿童语言习得的性质问题。学习过程指知识

---

① 卡罗尔·D·W：《语言心理学》，缪小春等译，华东师范大学出版社，2007年，第258页。

的积累过程。如果语言习得是学习过程,那么这就意味着在这一过程中,儿童有关语言的知识在不断地增长。但实际的情况并非如此,儿童的语言习得过程并不表现为语言知识的获取而是表现为语言能力的增长。不仅如此,儿童语言习得过程可以在经验刺激相对贫乏的情况下发生,并且只能发生在儿童成长的某一特定阶段,这与人类视力的发育甚至有机体的自然生长过程十分相似。所以,乔姆斯基断言:"在某种基础性的层面上,我们人类不是真正地在学习语言,真实的情况是语言在心智中自行生长。"①

蒯因理解的儿童语言习得过程与乔姆斯基所描绘的完全不同。在蒯因看来,儿童语言是学会的;在这一学习过程中,家长(或其他成人)的教育、纠正、强化必不可少。

蒯因的语言习得理论仍然以其两个主要理论立场为基础:行为主义与逻辑构建方法,前者适用于最为基础的观察句的学习,而后者则适用于更为复杂的语句的学习。

"婴儿学习是一个阳光灿烂的领域,行为主义心理学在其中展现出了勃勃生机"②。以行为主义为基础,蒯因认为儿童语言习得是从观察句的学习起步的。"观察句是通向语言的入口,由于我们必须只将它们诉诸当下片段,所以我们可以首先学会它们;没有任何私下的盘算,无需求助于演绎或推测,也用不着在记忆中去搜寻"③。观察句的学习涉及两个要点:实指学习与同意。语言的初始部分是被实指地学会的,因为通过实指,"所需的刺激就在眼前,几无神秘可言"④。为了说明这一点,蒯因设想了一个具体的学习情境——对词语"红的"的学习。当儿童面对一个红色的斑点时,首先要做到的便是使他们找到这一场景的正确定向,以及要考虑的范围:他们必须懂得这是一个视觉问题而不是触觉问题,他们应该注意对象的颜色而不是形状;同时还有一个更加困难的色彩宽容度(chromatic latitude)的问题,即究竟在光谱上多大范围内可以使用"红的"一词加以描述。这些问题当然可以随着时间和儿童习得观察句的增多而逐步解决,但蒯因指出这并不是实际的情况。

---

① N. Chomsky, *Rules and Representations*, p.134.
② 蒯因:《指称之根》,参见《蒯因著作集(第④卷)》,中国人民大学出版社,第542页。
③ 同上,第547页。
④ 同上,第542页。

在实践中由于"显性"(salience)的缘故,学习进程要快得多。而"显性"的形成,"这都是'指'(pointing)这一手势的功劳"。"这一情景由于一根手指赫然侵入一选定对象的突出部分,或者由于动用一根手指画出了一个选定区域的轮廓,被有选择地激活了。"①

需要指出的是,在儿童语言习得的过程中,相似性原则起着关键性的作用。蒯因指出:"确实,学会使用一个词,依赖于一种双重的相似性:第一种相似性是存在于该词被使用的目前情况及过去情况之间的相似性;第二种相似性是存在于该词过去的表达及现在的表达之间的相似性。"②在观察句的习得中,儿童的习得是否成功,取决于他的相似性标准与大人的相似性标准是否吻合。实指学习的作用就在于它创造了儿童与大人的相似性标准直接对照的契机,从而大大加快了学习的进程。

另一个可以大大促进这种学习的手段是同意。通过实指,儿童将"红的"与"红色的对象"联系起来。在随后的时间中,当具有红色特征的物体再次出现时,儿童说出"红的",这时他们便会引起大人的同意与褒奖(蒯因称之为"愉快原则")。那么,如果相似的情形再次出现,当大人问"红的",这时儿童就可能会表示同意。同意习得的必要性体现在两个方面:一方面,儿童必须学会同意以便对父母的询问加以回答;另一方面,儿童必须学会就一些陈述征得父母的同意,因为父母主动说出的东西可能太过零散而难以满足他们的需要。

相对于同意,儿童对于不同意的习得要困难得多。蒯因认为这只能求助于对同意的习得,后者是通向前者的一个有益的初级步骤。"如果说,为对同意的一般性把握提供基础的那种共同特征就是关于去重复所听到的句子的意愿的意识,亦即从压制中获得自由的意识的话,那么,为对不同意的一般性把握提供基础的只是对压制的意识。"③

通过实指与同意的学习方式,儿童学会了"红的"。同样的方式也适用于所有的"可观察词项",比如物体的名称、基本特征等。当然"红的"既是一个词项,又是一个句子,因为当涉及同意以后,它就应该被当作像"天在下雨"一

---

① 蒯因:《指称之根》,参见《蒯因著作集(第④卷)》,中国人民大学出版社,第549页。
② 蒯因:《本体论的相对性》,参见《蒯因著作集(第②卷)》,第436页。
③ 蒯因:《指称之根》,参见《蒯因著作集(第④卷)》,第553页。

样的观察句加以探讨,被理解为形如"这是红的"或"我看见了红色"这样的句子。观察句是通向语言的入口,观察句的习得真正促成了儿童语言习得的开始。

儿童语言学习不可能总停留在观察句。随着学习进程的正式展开,儿童会逐渐摆脱对于当下情境的完全依赖,这时他们首先遇到的会是另一种场合句——固定句。一个固定句一旦被同意,这种同意至少持续一段时间。固定句的极限情况是恒久句。恒久句的真值永远是固定的,与说话者及情境无关。对恒久句的学习中,单纯的实指与同意明显无济于事。就经验与理论相关联的整体而言,场合句处于边缘,在那里可以通过是否同意而逐个场合地对它们加以检验;但是要检验恒久句的意义,我们必须深入到理论内部,依赖其在理论体系中各种各样的关联。此时,如果问单个句子的意义便没有什么意思了。"但是我们看到,(对于恒久句来说)真值可变性只是退回到了一个更高的抽象层次上。一个谓述可以被一劳永逸地赋予一个真值;然而,谓述构造法却赋予有些词项对(pair of terms)为真,而赋予另一些词项对为假。总的来说,我们在学习语言时就是学习如何分真值……我们是在学习真值条件。"①

举例来说,儿童在语言习得过程中,在学会了"这是雪"、"这是白的"、"这是斐多"、"这是一条狗"等一些观察句后,他们又是如何学会诸如"雪是白的"、"斐多是条狗"这样的直言句的呢?蒯因认为,当一个已被学会的词随后又被听见时,它便会激活那个学习片段所留下的痕迹。"雪"与"白的"被儿童学会,这表示他们学会了在什么样的情境下对"雪吗"及"白的吗"这样的询问表示同意。此时如果大人再问他们"雪是白的"这一恒久句的话,其中第一个词激活了儿童对于雪的"记忆",这一记忆中的影像会引起他们对于"白的吗"表示同意。在对后一个词表同意时,儿童仿佛真的看到了雪一样。这种现象叫做"转换",它表示从对具体对象(如雪)的刺激转换为对与之关联的言语刺激("雪"这个词),痕迹与显性是这种转换实现的基础。对于"斐多是条狗"的学习与此相似,但由于它涉及"变动实指"而比前者稍显复杂。在实指狗时,我们可能会指向狗的一部分(如狗头)而不是全部。然而随着实指次数的增加与每次实指时指向的变化(可能另一次指向狗的身体),儿童同样会成功将

---

① 蒯因:《指称之根》,参见《蒯因著作集(第④卷)》,第 567 页。

其与整体狗的影像相连并实现刺激转换。

除绝对普遍词项外,儿童会运用相同的方法学会相对普遍词项。比如儿童在学习"斐多比加博小"这种句子时只不过需要先学会三个词项罢了。不仅如此,对于像"一条狗是一个动物"这样更为复杂的一类谓述的学习,蒯因认为应该遵循同样的方法。"在学会'动物'这个词项之后,儿童若推想到狗或其他动物的出现的话,他便倾向于对'一个动物吗'表示同意。随后,在听到'一条狗'这几个词时,他便会通过转换对'一个动物吗'表示同意。他对'一条狗是一个动物吗'表示同意。"[①]对于诸如此类"每一 α 都是一 β"全称直言式的学习无疑又大大促进了新词项的实指学习。到此时,儿童的语言学习已经进入了快车道。

接下来蒯因介绍了复合句的学习。要学习复合句,真值函项的学习必不可少。这其中首先是否定。蒯因认为从句子造出句子最简单的方法是否定。比如,当一个场合句被一个儿童说出时,大人回答"不是的"。如果场合句与不同意被看作持续地组合在一起,那么它就已经算是做了一个否定。因为这表示对于这一场合不合适的那些场合是适合的,所以我们正好可以把"不"当作一个后置的否定指号。除否定外,合取式与析取式也同样在这一时期进入儿童的学习范围。

学习进行到这一步,蒯因认为儿童已经内化了一点逻辑,"因为肯定一个形如'p 并且非 p'的复合句,只不过是错误地学习了一个或两个分句"[②]。随后,儿童会进一步学会更多的联结词,比如"在……之上"、"在……之下"、"在……之前"、"在……之后"等,其中每一个都被用来把两个观察句两两结合成为一个复杂的观察句。儿童由此似乎掌握了构成句子的钥匙,更多的句子被他们用类比的方法构造出来。

最后,我们来看蒯因对儿童是如何习得更为复杂的关系分句的描绘。蒯因对于学习过程的设计要求最终导致儿童掌握量化词项的对等物的过程应该由尽量短的变换和类比步骤构成,并且在这一过程中儿童是先掌握关系从句,然后借助它达到量化词项的。蒯因的基本方法是引入一个在英语中已存在并且更为简单的变体结构"such that"。引入后,关系从句"I bought Fido

---

① 蒯因:《指称之根》,参见《蒯因著作集(第④卷)》,第 568—569 页。
② 蒯因:《从刺激到科学》,参见《蒯因著作集(第⑥卷)》,第 571 页。

from a man that found him"的关系代词"that"替换形式"that I brought from a man that found him"就进一步转换为"such that I brought him from a man that found him"。此时,如果要进一步将"that found him"也转换为"such that found him"的话,句子意义就会有些混乱。惯于使用"such that"的数学家们为了明辨其指称关系,将句子改写为"x such that I bought x from a man y such that y found x",使指称清晰、语义明确。那么儿童是如何做到这一点的呢?

关系从句使我们得以将任何一个关于对α的句子转译为"α是P"这样一种谓述形式,其中"P"是一个普遍词项。于是"I brought Fido from a man that found him"也就可被转换为一个谓述"Fido is such that I bought him from a man that found him"。以此为基础,我们只用"事物"(thing)做一个转换词,原句便可以变为"Fido is a thing such that I bought it from a man that found it"。这种结构已经十分类似于数学家的结构,只要我们再次稍做转换为"Fido is a thing x such that I bought x from a man that found x"。从中我们可以看出,关系从句所发挥的作用十分类似于一个普遍词项。比如,全称直言结构"一个α是一个β"并不是一个谓述,它只是将两个普遍词项连接在一起。

儿童正是借助这样一种等值转换的方法学会关系从句的。这种转换的基本结构可以用"α is a thing x such that Fx"替换"Fα"。接着,儿童对于类比的追求赋予了关系从句具体的应用。"普遍词项和关系从句都占据着谓述位置,所以关系从句类似于普遍词项,所以儿童才把关系从句放在其他位置,特别是放在他惯于在那儿使用普遍词项的直言结构中。更准确地说,他们所做的是:借助于类比并且不顾没有任何等值可用以将关系从句从此上下文中解释掉的事实,不加犹豫地以这种方式去仿效大人。"①

关系从句的习得同时也使儿童学会了他们的第一批变项。实际上,经过转换之后的关系从句在结构上与直言句并没有多少区别。于是,在经过"such that"改造之后的关系从句中的变项便作为对象变项而不是作为替换变项出现了,因为动物和其他物体大都是无名称的。"我们的学生现在便致力于量化了,因为带关系从句的直言句提供了量化,而且它是对物体的对象

---

① 蒯因:《指称之根》,参见《蒯因著作集(第④卷)》,第594—594页。

量化。"①对象量化的习得表明儿童已经基本掌握了所学习的语言。

以上简要说明了乔姆斯基与蒯因各自设计的儿童语言习得模式与过程，从中我们发现两人存在着巨大的差异。基于语言习得的基本流程，这些差异主要包括：

(1)对语言习得前儿童所具有的生理基础理解不同。乔姆斯基认为儿童具有专门司职语言的生理器官——语言官能。蒯因则认可儿童除了具有正常的认识器官与认识能力之外并没有提到有任何语言器官的存在。

(2)对于天赋内容所涵盖的范围认识不同。乔姆斯基认为天赋不仅是生理能力，可能还包括一些知识性的原则，因此他设定了普遍语法的存在。蒯因则认为人类除了具有内在的天赋行为倾向（包括言语表达倾向）之外，不可能再有任何知识原则②。

(3)儿童获得语言知识（尤其是句法知识）的途径不同。乔姆斯基认为儿童语言知识的获得是在外在语言经验的激发下语言官能自然生长而形成的。在很多时候，儿童所要做的只是依据语言经验对自己内在的语言知识加以参数设定而已，并且参数设定是一种生物本能，对此过程儿童可能是在无意识状态中完成的。蒯因则认为儿童语言知识的获得需要在成人的指导下通过他们自己的认识能力总结得来。

(4)语言能力与其他认识能力的关系不同。乔姆斯基接受了福多关于人体认识体系模块化的观点，设定人类语言官能的存在，因此他认为人类的语言能力是相对独立的。除了在表达与意义理解时会与其他生理体系相关之外，儿童在言语表达生成过程中并不需要其他认识能力的帮助，这也就解释了为什么智力水平不同的儿童（有智力障碍的除外）语言习得能力是一致的。然而在蒯因看来，语言能力是一个综合能力，它的形成依赖于人类整体认识能力，尤其是逻辑思维能力的提高。因为在他的描述中，观察句之后的语言习得过程更像是一个逻辑演算过程。

(5)在儿童语言习得过程中成人的角色不同。乔姆斯基并不否认成人对于儿童语言习得的作用，但他认为这种作用仅限于提供必要的语言经验作为语言官能生长的激发条件。对于儿童语言习得来说，这一点必要但并不关

---

① 蒯因：《指称之根》，参见《蒯因著作集（第④卷）》，第594—594页。
② W. V. Quine, "Replies (to Chomsky)", *Synthese*, 19, 1986—1987, p.278.

键,因此在习得过程中儿童是相对独立的。相对而言,蒯因赋予成人的是一个近似教师的角色,他们不但要为儿童提供必要语言输入,而且还必须监督整个习得过程并不时地提供必要的指导,或加以纠正,或加以褒奖,或给予批评,因此他们是习得过程积极的参与者。

(6)习得的结果不同。乔姆斯基认为儿童最终习得的是有关语言的默示知识,它具体表现为内在无意识的语言表征与计算系统。这一系统是语言官能的成熟状态,属于自然实体,负责句法生成,并通过与感觉—运动系统、概念—意向系统衔接完成语言表达与理解。而根据蒯因的设计,儿童最终习得的是有关语言的明示知识,这些知识形成于儿童语言习得过程中不断发生的教导与强化行为之中,所以儿童不但意识到它们的存在,而且会在自己的语言行为中有意识地运用以避免因为出错而可能受到否定或惩罚。

上述这些差异表明乔姆斯基与蒯因为儿童语言习得设计了根本不同的道路。在乔姆斯基的设计中,儿童语言习得是一个"经验激发+机能生长"的过程。一个很好的类比对象是人类视力的发展。研究发明,如果在早期没有外界光线的刺激,人类的视力不可能获得发展。但很明显,人类的视觉功能及其特质和光线本身并没有直接的联系(除非我们从进化角度来对其进行长期的考察),它们主要取决于人类长期进化而来的生理基础。另一个明显的事实是,一个普通人对于自己视力的"知识"可能一无所知,但这并不妨碍他具有使用自己视觉的能力。正是基于这一点,乔姆斯基认为,人类知识的获取应该取决于几百万年的进化,而不是几年甚至几个月的发展。乔姆斯基对于知识来源的态度回应了笛卡尔以来理性主义的基本立场,那就是"经验本身无法带来可靠的知识"。在经验之外,为了找出知识的真正来源,笛卡尔求助于上帝,将一切可靠的知识视作上帝对于人类的恩惠。在一个宗教信仰盛行、教会势力猖獗的时代,这应该是唯一的选择。同时相对于柏拉图的"回忆说"而言,这也可以算是一种进步,因为它至少说明了知识的具体来源。笛卡尔之后,康德赋予了人类认识世界以新的视角。他告诉人们的是,知识源于人类自身,知识是人类先验认识结构的创造。此时如果有人追问:"先验的认识结构从何而来?"那么他从康德那里将得不到明确的答案。回答这一问题的恰是乔姆斯基。乔姆斯基将康德的先验性理解为人类进化而来的生理机能,并以儿童语言习得为基础对其进行了具体的描述。正是在这一点上,阿佩尔认为乔姆斯基把康德的先验哲学纲领转换为一种经验上可检验的认识论纲领。

在蒯因的设计中,儿童语言习得是一个"行为观察+逻辑推演"的过程。"在心理学中,一个人可能是或可能不是行为主义者,但是在语言学中,人们别无选择。我们每个人都观察别人的言语行为,并让别人观察、强化或改正自己磕磕巴巴的语言行为,从而学会自己的语言。我们严格依赖于可观察情景中的明显可见的行为。"[1]称其为"别无选择",蒯因实际上已经封杀了其他任何路径的可能,而他在此所秉持的"行为主义"本身无异于是经验主义的一个较为极端的变体。经验主义强调一切知识最终只能来自人类与世界的经验接触;行为主义则将其进一步限定,认为一切知识的获取都是源自行为上一次"刺激—反应"与"强化"的过程。需要注意的是,蒯因虽然反对还原论,但他并不否认"一切知识最终来自经验"这一经验主义的基本立场,而他要求学习行为必须"严格依赖于可观察情景中的明显可见的行为"无疑是对这一立场的强化。在言语行为中儿童学会的观察句,相当于知识习得过程中形成的经验原子,虽然它们并不直接决定后续其他句式的意义,但后者却都必须要以它们为原始构建材料。从观察句到直言句再到后续复合句,蒯因描述了儿童语言习得过程,借此他实际上说明的是从观察句到理论语句的知识形成过程。在对这一过程的刻画中,一方面,凭借行为主义立场与逻辑构建方法,蒯因保证了知识来源与构建方法的合理性,从而超越了传统经验主义者对于知识的怀疑;另一方面,发生学的研究方式赋予了蒯因以整体、实用的思考视角,以此为基础,他克服了逻辑经验主义者在研究中因严重脱离实践而造成的僵化与刻板。

造成两人研究道路不同的深层原因在于:他们分属于两个不同的认识论阵营——理性主义与经验主义。

## 5.3 同归:认识论研究的自然化

乔姆斯基将自己语言研究的首要目标设定为"柏拉图的问题"——语言知识如何习得。由于"语言是心灵的镜子",他认为对这一问题的研究必将为解开人类心智的认识之谜提供一把钥匙。那么乔姆斯基所设计的儿童语言习得过程是否就肯定是这样一把有用的钥匙呢?乔姆斯基本人的回答十分

---

[1] 蒯因:《真之追求》,参见《蒯因著作集(第⑥卷)》,第495页。

耐人寻味:不是可能也是。"不是"的原因在于,人类的科学探索是一个持续上升的过程,在每一个时期我们的认识都是有限的,以有限的认识来断定世界的客观性显然是不充分甚至不恰当的。基于此,乔姆斯基从来没有宣称自己的研究成果是最终的结论,他反复强调的是这些成果将有待于后续科学研究的进一步检验。"是"则是出于乔姆斯基对于自己研究方法的自信。乔姆斯基所运用的方法是"理性假设+经验验证",在他看来这正是自然科学研究中最为常见的方法。最后,为什么"可能也是"呢?乔姆斯基认为这是一个合格研究者必备的科学态度。一个科学的研究者应该专注于构建针对当前经验事实"最好的解释性理论假说"。就"假说"的性质而言,它不是定论,具有"可谬性",因此只是一种理论上的"可能性"。

乔姆斯基的回答一方面表明了他严谨的科学态度,另一方面也说明了他对于"自然主义"研究路径的信心。

蒯因同样是自然主义的倡导者与实践者。蒯因将经验主义的发展之路分成不同的几个阶段,并指出其中存在五个"里程碑",其中第五个里程碑"带来了自然主义"。自然主义放弃了第一哲学的目标,也就意味着放弃了对于凌驾于具体科学之上的绝对确定性的追求。"自然主义把自然科学看作一种对实在的探索,这种探索是可错的和可纠正的,但它不对任何超科学的裁判负责,也不需要在观察和假设—演绎方法之外作任何辩护。"[①]对比乔姆斯基的研究,我们可以这样来理解蒯因的这段话。首先,既然自然科学是对实在的探索,在蒯因看来放弃了第一哲学目标的哲学研究同样以实在为对象,那么哲学理所当然地也就成了科学连续统一体的一部分。所以,无论是本体论问题,还是认识论问题,最终的解决都必须取决于自然科学的发展。因此,也就不难理解蒯因为什么将认识论定位为"经验心理学"了。相比而言,从乔姆斯基复兴理性主义的初衷与他为笛卡尔心灵实体设定所做辩护的努力来看,他实际上也将这些问题视作科学问题:认识论取决于自然科学研究的过程与方法,本体论取决于自然科学研究的结果,这应该都是不言而喻的。其次,自然科学对实在的探索是"可错的和可纠正的"。这本就是自然科学的基本特征之一,因为自然科学研究只能运用现有的研究方法与手段、基于当前的认识水平与当下收集到的经验事实来展开对实在的探索。"现有的"、"当前的"

---

① 蒯因:《理论与事物》,参见《蒯因著作集(第⑥卷)》,第 72 页。

与"当下的"构成了某一阶段科学研究的核心要素。它们一方面保证了对实在探索的"科学性";另一方面,它们也充分说明了探索本身的"历史性"。乔姆斯基与蒯因在此观点上完全一致。再次,"它不对任何超科学的裁判负责",它表达的是自然主义研究应该限定在科学之内。从蒯因的角度来说,他更加强调的是从刺激到理论的推理过程,行为观察与逻辑推理是其中的关键;而从乔姆斯基的角度来看,他更加注重的是对于经验事实的科学解释,理论假设与经验验证是其中的关键。但就对自然科学的信奉与执著而言,两人没有差异。最后,这也是在乔姆斯基和蒯因的对比研究中最令人欣慰的一个发现,那就是一直坚持行为主义立场的蒯因并没有忽视假设对于科学研究的作用,而这一点将他与乔姆斯基之间有关研究方法差异上的边界无限拉近。要知道,对乔姆斯基来说,基于可观察的(尤其是令人惊讶的)经验事实做出解释性的理论假设是实现科学发现最为关键的一步。

以上分析中"相似性"的得来并非出于偶然,它们实际上是源于乔姆斯基与蒯因共同持有的一个基本立场——自然主义。鉴于认识论关心的是"知识如何获取的问题",而知识的来源与知识获得证实的方式是其中的核心,所以在以下的论述中,我们将先从这两点分别来对比乔姆斯基与蒯因的自然主义认识论思想。

蒯因认识论研究关注的焦点是"只给定我们感觉证据,我们是如何达到我们关于世界的理论的"①。这句话明确包含了上述两个问题。其中第一个问题——知识的来源——已经得到回答,即知识源自我们的感觉证据。我们先来讨论这个问题。

"科学本身告诉我们,我们关于世界所获得的信息仅仅限于我们表面的刺激。"②蒯因自称采取这样一条路线(以表面刺激为认识论研究的起点),为的是"抵制一种现象学的解释"。现象学解释"涉及世界中那些在不同程度上被假设或者被认识的物体和物质",而这些并不是人类与世界接触的最初形式。人类与世界的接触最初是通过感觉材料或者经验来实现的,更为具体地说,是通过人类所获得的有关世界的"表面刺激"来实现的。现象学的解释只能是"通过表面刺激引出",或者"以较不直接和更加轻微的方式与表面刺激

---

① 蒯因:《指称之根》,参见《蒯因著作集(第④卷)》,第513页。
② 蒯因:《理论与事物》,参见《蒯因著作集(第⑥卷)》,第73页。

相联系"。① 为了排除"表面刺激"这一表达可能引起读者对于感性特质不自觉的联想,蒯因随后使用了"感官接受器的触发"。后一个表达实指的正是人类神经末梢的触发。通过引入"神经末梢",蒯因将有关知识起源与知识初始证据的讨论导向了生物学领域。蒯因曾直言不讳地指出,"这种从生物学角度谈论这件事的处理方式是与我的自然主义是相一致的,与我对那作为科学基础的第一哲学所持的否定态度相一致的"②。

将表面刺激归结为神经末梢的触发,体现了蒯因物理主义的基本立场。但在物理学能够提供有关神经末梢等相关事实之前,蒯因仍然面临着众多的问题,首当其冲的就是"相似性"问题。这一问题如此重要,是因为如果无法保证人类所接受到的刺激或触发具有相似性的话,那么任何知识都将是个体的且转瞬即逝的。在蒯因的理论中,相似性具有一定的层次性。蒯因首先区分的是感受相似性(receptual similarity)与知觉相似性(perceptual similarity)。"每一个刺激都是主体的神经末梢的一个有序子集,两个这样的子集以或多或少同样的次序包含着或多或少同样的神经末梢,在这种明显的意义上,它们或多或少是相似的。我把这一点叫作'感受相似性'。"③据此,我们可以分析认为,感受相似性的实现完全依赖于人类相似的生理基础。具体来说,它依赖于人类相似的神经末梢构造与对外部刺激相似的接受方式。这些无疑均是物理的,属于自然科学可以验证的研究范围。因此,在自然主义的道路上,蒯因走出了继将经验证据归结为神经末梢触发之后的第二步。

虽然感受相似性对于认识世界不可或缺,但是在实践中这种具体到神经末梢的相似性所占比例并不大。认识过程主要还是依赖于知觉相似性实现的。知觉相似性指的是"总体刺激(global stimulus)之间的关系"。"总体刺激"指的是"属于某一时刻的总体感觉经验的一种合适的物理关联物"④。相比于神经末梢的触发,总体刺激强调的是主体在某个时刻或倏忽的当下的整体的感觉经验,是在那个倏忽的当下被触发的接受器的时间上有序的类。由于输入一般以整体的感觉经验进入大脑,大脑判断一个输入与另一个输入是

---

① 蒯因:《理论与事物》,参见《蒯因著作集(第⑥卷)》,第 42—43 页。
② 蒯因:《理论与事物》,参见《蒯因著作集(第⑥卷)》,第 43 页。
③ 蒯因:《从刺激到科学》,参见《蒯因著作集(第⑥卷)》,第 566—567 页。
④ 蒯因:《从刺激到科学》,参见《蒯因著作集(第⑥卷)》,第 566 页。

否相似所凭借的依据就是"何种接受器被触发,以何种次序被触发"。可见相对于感受相似性而言,知觉相似性是一种整体的相似性,因而也就属于高一级的相似性。知觉相似性被引入的必要性是由认识的复杂性所决定的。

知觉相似性区别于感觉相似性的另一个更为重要的特征在于它涉及"对主体的作用"与"主体的反应"。借助这一点,蒯因将论述带回了他所熟悉的行为主义模式。而对于蒯因而言,回归行为主义也就意味着回归自然科学。我们不妨将蒯因的这一回归视作他在自然主义道路上迈出的第三步。

基于行为主义模式,个体认识过程中的知觉相似性可以依据其行为来判定。假设某一个体在面对总体刺激 A 时做出了某个动作,并且因此受到了奖励。随后,我们用感受上有些类似的 B 再一次刺激他,他做了相同的动作,但这一次他受到了惩罚。最后,我们以在感受上介于 A 和 B 之间的 C 又一次刺激他。如果尽管有过刚才的惩罚,他在第三次还是做出了该动作,那么我们便得出结论:C 在知觉上更类似于 A,而不是 B。可能有读者对于这一判定方式表示不解,因为上述方式也同样体现出了感受相似性上的远近关系。其实蒯因本人对这一点并不否认,他认可这一观点,即"两个在感受上非常相似的总体刺激确实易于是相似的"。但他接着又指出,"两个感受上不相似的总体刺激也能够是知觉相似的,因为在一给定场合被触发的许多接受器对于反应是无关紧要的"①。那么有没有一个更容易把握的判断标准呢?蒯因给出的答案是"凸显的(salient)接受器"。

"凸显的接受器"的优势体现在三个方面。首先,蒯因借助它再次强调了人类知识来源的生理基础——感觉接受器。其次,由于总体刺激太多,而这其中被触发的大部分接受器是不起作用的,所以提出凸显的接受器能够进一步缩小研究的视野,同时也应该符合人类认识世界的实际。在每一个认识过程中,不可能每一个刺激都是同等重要的。再次,也是最为重要的一点,凸显的接受器与两种相似性均相关。"在一个总体刺激内有助于凸显的接受器,就是那些该刺激与它在知觉上相似但在感受上不相似的其他总体刺激共享的接受器。凸显的部分是这样的部分,该总体刺激由于在知觉上类似于其他部分,尽管这些其他部分有歧异。"那么如何实现"凸显"呢?蒯因认为靠的是"实指"。"凸显是实指定义中的操作性因素。动作加强了凸显,在所意指的

---

① 蒯因:《从刺激到科学》,参见《蒯因著作集(第⑥卷)》,第 567 页。

那部分场景的邻近区域或方向上的一个总括性或指着的手势，由此造成了与说出的话语的意想中的关联。"很明显，蒯因在此强调的仍然是认识过程中的生理基础与行为主义模式，毕竟在他看来这些才是真正的自然科学。

将认识的最初证据仅仅限定为"表面刺激"，表明蒯因对经验主义基本立场的明确继承；而进一步将"表面刺激"解释为"感觉接受器的激发"与"行为倾向"，蒯因实现的是对经验主义立场的具体化与自然化。在蒯因看来，这进一步的发展是必要的，因为它为哲学研究与自然科学研究形成一个连续的统一体提供了一个共同的起点。同时，蒯因也认为这一步发展在现阶段是彻底的，因为从感觉经验出发，研究者已经不可能再找出另一个比神经末梢更为初始的认识环节了。所以，从自然化的角度来看，蒯因对于知识来源的追问已经相当成功了。

然而，乔姆斯基却持有不同的观点。乔姆斯基与蒯因意见相左的地方并不在于经验是否是认识的起点，更不在于神经末梢的激发是否是人类与世界接触的唯一途径。乔姆斯基置疑的是能否就此便将经验作为知识来源的唯一依据以及将神经末梢的激发等作为科学研究的初始起点。乔姆斯基的质疑有着较为充分的理由，具体包括以下三点：

(1) 日常的经验或者行为对于科学研究而言过于琐碎，因而科学意义不足；[1]

(2) 经验与行为总是不完整的，无论我们收集到的经验数据多么的丰富，也难以反映对象的全貌；

(3) 经验与行为存在着不确定性，因为外在的环境与内在的心智状态(如理智、情感、意向等)均可能影响到个体即时的感受与行为倾向。

乔姆斯基的结论是：经验是重要的，但对于包括人类在内的这样一些经过了数百万年才进化而来的复杂生物体而言，它可能并不是知识唯一的来源。比如，研究表明蜜蜂的舞蹈与猿猴的叫声基本上是遗传所得，而不是经验接触的结果。与此同时，将感觉经验分解为神经末梢的激发，对于人类认识世界的活动本身来说，这一分解在现阶段应该已经足够彻底；但对于有着充分理性能力的人类来说，这一分解还远不能说是彻底的，甚至可能这种基于物理主义的简单分解路径本身就有问题。

---

[1] N. Chomsky, *Reflections on Language*, Pantheon, 1975, p.17.

对于乔姆斯基指出的问题，蒯因并非一无所知。在其晚年著作《从刺激到科学》中，他总结说："这里有一个令人困惑的问题。总体刺激是私人性：每一个都是某个个体的接受器的时间有序集。他们的知觉相似性，部分是先天的，部分是由经验养成的，也同样是私人性的。那么，整个群体中行动的协调是如何发生的？"①为了解决这一问题，蒯因想到了要找出"最深层的解释"，他相信这一解释一定是生理学上的，并且可以用神经触动或其他解剖学、化学界定的有机体进程等领域明确的术语来加以说明。但蒯因止步于"最深层的解释"之前，他将经验与行为作为研究的最初起点与最终依据，并没有为经验或行为之后的深层解释做出任何努力。如果仅从蒯因作为一个哲学家的身份而言，这并没有什么不恰当之处，因为那是具体科学的研究者应该去努力的事情。然而，乔姆斯基却以他自己的方式做出了这一努力。乔姆斯基的努力首先表现为他对于"行为原因"的追问。在这一追问过程中，乔姆斯基面临着与蒯因相同的困境——相关自然科学研究成果的严重不足，因此他的研究主要是以理想化、抽象化的形式展开的。这一情形一直到最简方案时期才有所改变。20世纪90年代以来，伴随着认知科学的发展，"生物语言学"（biolinguistics）这一术语被重新启用并且地位得到确立。

需要说明的是，乔姆斯基对于"深层解释"的努力与蒯因对之放弃的原因并不在于两者谁是自然主义者谁不是。通过以上的分析我们发现，两人至少在对待经验的态度上确定无疑都是自然主义者，因为他们都视感觉经验为认识过程的起点，并且都承认感觉经验是人类与世界接触的唯一方式。

在认识来源的问题上，作为自然主义者的乔姆斯基与蒯因所具有的相似之处还不只如此。为了说明知识的来源问题，乔姆斯基求助于内在的生理机制，求助于达尔文的进化论，甚至求助于类似康德的先天认识结构（但乔姆斯基将其理解为生物体的先天机能），而蒯因又何尝不是如此。在《指称之根》中谈到语言学习时，蒯因指出："要更好地理解语言和语言学习的技巧，就要不断地执著于外部物。就其有望得到神经科学发现的支持而言，关于内部机制的猜想是值得赞许的。"②这一机制只可能被理解为生理机制。同样在这本书中，当谈到生物学相似性的"先天意蕴"时，他指出："我们关于知觉相似

---

① 蒯因：《从刺激到科学》，参见《蒯因著作集（第⑥卷）》，第569页。
② 蒯因：《指称之根》，参见《蒯因著作集（第④卷）》，第543页。

## 第5章 殊途同归：乔姆斯基与蒯因认识论思想对比研究

性的先天标准表现出一种可喜的顺应自然本性的倾向。这种协同一致当然可用自然选择加以说明。由于好的预言具有持存的价值，所以自然选择会在我们及其他动物中培养出知觉相似性标准。"①在《从刺激到科学》中，他重复了这一观点，强调"我们看到了知觉相似性标准的先定的和谐"②。那么这种和谐的具体内涵是什么呢？对于这一问题，蒯因囿于当前有限的自然科学研究成果没有做出进一步的回答，而乔姆斯基所做的只是基于可观察到的事实对此进行了大胆的假设。

蒯因没有回答什么是"先定的和谐"，但是他的研究却不能因此停止。他必须找出另一个可信赖的知识起点作为研究推进的基础。蒯因找到的是观察句。我们可以将其部分理解为蒯因在向内寻找"深层原因"受阻之后不得已的选择。观察句的特殊性在于它取得了观察各方一致的同意，并且这种同意还是可以重复的。这种主体间的一致克服了感觉经验的私人特质，从而（至少是部分地）达到了科学研究所要求的客观性。有了观察句作为认识论研究的起点，蒯因下一步的任务就是要说明从观察句出发的理论阐述是如何生成的。换句话说，也就是研究观察句与理论语句之间的证据关系是如何体现的。

在上一节中，我们已经对蒯因的儿童语言习得理论进行了具体的说明。其中我们提到，儿童从观察句"雪"与"白的"到直言句"雪是白的"的学习是基于"转换"来实现的。"转换"在这一学习过程中至关重要，通过转换，儿童可以将具体对象（雪）的刺激与相应的语言刺激（"雪"）联系起来。这一过程实现了两次"跃进"。其一是从对象刺激到语言刺激的跃进。这一跃进的基础虽然形成于观察句习得中，但却是在直言句的学习中才真正得到运用。其二是从公共的行为观察到个体的语言判断的跃进。观察句的基础是主体间性共同的行为倾向，而直言句的基础则是个体内在判断。说它是"个体"是因为在对"雪是白的"表示同意的过程中，无论是影像的提取还是转换的实现都是以个体内在心智活动为基础的，它完全不同于观察句的实指定义。说它是"一种判断"，是因为个体将一个观察句与另一个观察句相关的依据不是对象本身，也不是主体间的同意，而是有关对象在主体脑中的影像，这完全有出错

---

① 蒯因：《指称之根》，参见《蒯因著作集（第④卷）》，第528页。
② 蒯因：《从刺激到科学》，参见《蒯因著作集（第⑥卷）》，第569页。

的可能。

实际上,蒯因的跃进已经使他理论语句构建的努力部分地偏离了严格的经验主义的要求。然而联系他的知识整体主义思想,这一偏离并不会令人感到奇怪。蒯因的整体主义知识观告诉我们,人类的知识体系是一个整体。在它的内部,各个学科相互联系,形成一个连续体。蒯因更是直言不讳地认为"知识信念的整体是一个人工的织造物",作为连续体的知识体系只是沿着边缘同经验紧密接触,"但边界条件即经验对整个场的限定是如此不充分……(以至于)任何特殊的经验与场内的任何特殊的陈述都没有联系"。

在此我们看到,蒯因与乔姆斯基在对待理论的态度上正在不断地接近。我们在第3章中就已经讲到,乔姆斯基从没有否认过经验事实对于理论的基础性地位。与蒯因相似,他强调从经验事实上升到理论认识过程中人类认识能力的发挥是不可或缺的。从这个角度来看,理论也就是"一个人工的织造物"。

在另一个方面,乔姆斯基与蒯因对实现认识"跃进"或"上升"的认识能力也有着相似的论述。从经验到理论(就蒯因而言,从观察句到理论语句),这之间可能的路径有很多,不同的人、不同的切入角度、不同的方法,即使基于同一个经验事实形成的理论也可能有很多种,那么哪一种才是最为合理的呢?这涉及跃进成功率的问题。我们很难想象,人类每一次认识上的进展都是经过了无数次的"试错"过程。从某种意义上说,休谟等经验主义者对于人类获得确定知识可能性的怀疑正是源于他们没有找到一条可信赖的跃进道路。蒯因将跃进的成功归结为相似性[①],随后又将相似性归结为自然进化,这使他在解释了跃进的同时并没有脱离自然化的轨道。乔姆斯基则借鉴了皮尔士的术语,将之归功于猜测本能。猜测本能指人类的一种自然本性,通过运用猜测本能,人类能够从众多的可能性中形成相对恰当的假设。至于猜测本能的来源,乔姆斯基(包括皮尔士)与蒯因有着相同的认识,那就是自然进化。

这里同时带来另一个需要解释的问题:乔姆斯基的理论源于猜测,这怎么能够在性质上与蒯因的理论相比呢?以下我们来分析这一问题。

回到上面蒯因的例子。"雪是白的"暗示着另一种更为抽象的结构,即

---

① 蒯因:《指称之根》,参见《蒯因著作集(第④卷)》,第633页。

"如果这是雪,那它就是白的"。后一句体现了"这样一种方式,把两个观察句相结合,以表达一个普遍的预期:当一个观察句成立时,另一个观察句也将被实现"①。这里不妨多举几个蒯因自己举过的例子:"若天下雪,天气就会冷";"凡有烟处就有火";"当太阳升起时,鸟儿就会歌唱"。如果说"如果这是雪,那它就是白的"与观察句关系非常紧密,还具有很大程度上的必然性的话,那么蒯因自己的例子就具有更大的偶然性。但是,无论是必然性还是偶然性,都不是蒯因所要关注的。实际上他关注的是把"两个观察句相结合"的可能性以及这种结合可能形成的"普遍的预期"。蒯因把以上这些句子称为"观察断言句"(observation categoricals),并认为"这是我们第一批尝试性的科学规律"②。但是,正如蒯因所说,此时的"科学规律"只是"尝试性的"。在蒯因的理解中,观察断言句"是一个微型的科学理论,它的前件从句是实验条件,它的后件从句是预言"③。在以上的例子中,每一个句子的后件从句(如"是白的"、"天气会冷"等)均可以作为一个独立的观察句看待,因此均可以获得独立的证实。那么蒯因为什么要说它们是"预言"呢?回答这一问题需要解释两点:其一,蒯因强调的是两个从句之间的关系,即从前句成立到后句实现的可能;其二,蒯因将第二个从句设计为观察句,这为理论的验证提供了方便。但无论如何,就整个句子而言,它已经失去了在主体间直接取得一致同意的可能。从中我们可窥见蒯因科学观的部分:初始的科学理论所直接蕴含的并不是客观的恒久句,而只是一些条件句以及与之相连的普遍预期;当作为观察句的条件出现时,如果与之相连的普遍预期(在理论初始期也表现为观察句)发生,则说明这一科学理论是对的。

我们不妨从蒯因对于观察断言句的定义中提取出三个关键词并将之与乔姆斯基相对比:科学理论、条件、预言。首先,被定位为"科学理论",说明了观察断言句的性质与重要性。联系后两个词,我们不禁会觉得有些吃惊,因为蒯因将基于条件的预言认定为科学理论,这不恰好与乔姆斯基对于理论(准确地说是理论假说)的理解是一致的吗?乔姆斯基将理论定位为基于可观察事实所做出的解释性假说,而解释性假说除了解释事实发生的内部机制

---

① 蒯因:《从刺激到科学》,参见《蒯因著作集(第⑥卷)》,第 572 页。
② 同上。
③ 同上,第 586 页。

外，还可以对后续事件进行预测。其次，蒯因将前件从句设定为"实验条件"。"条件"之为"实验条件"在于它的可控性。蒯因认为为了检验一个观察断言句，我们可以"等待这样一个场合，该断言句的第一个分句被实现，甚至是造成一种情形使得它被实现"①。从自然科学研究的角度来说，这样的方式是理想化研究策略的一部分，即为了检验某一预测是否成立，研究者会有选择性地设定一个特定的实验场合。在这一场合中，与研究相关的因素或条件被突出，而不直接相关的因素或条件则被选择性忽视。如我们在4.2节所述，理想化的方法是自然科学研究中的基本方法。在乔姆斯基的研究中，这一方法也得到了广泛的采用。最后，我们来看"预言"。"预言"意味着包括它的理论是有待检验的，这也正是乔姆斯基"假说"的含义。蒯因认为，检验"预言"的方法是：当第一个分句的条件被以某种方式满足时，关键看第二个从句（可能是一个观察句）是否被实现。"一个不利的结果将拒斥该理论——断言句；一个有利的结果会对该理论作进一步的考察。"在此方面，相对于蒯因而言，乔姆斯基更应该算是一个实践者。生成语法从初期理论一直到最近的最简方案体现的正是这样一个持续的"预言（提出假说）—检验—拒斥或改进"的过程。这正是纽拉特比喻中的航行中水手所做的一切：必须在浩瀚的大海中修补自己的船只，绝不能在船坞中拆卸并用最好的构件把它重新组装起来。

以上我们从三个方面论证了乔姆斯基与蒯因在经验与理论（观察句与理论语句）之间证据关系的认识上存在的相似性：理论（语句）的形成过程、人类的认识能力与理论的性质。联系稍前段落中有关乔姆斯基对感觉经验态度的论述，我们应该不难理解另一位理性主义者（曾是乔姆斯基的追随者）卡茨略带批评的评述："乔姆斯基常常说他自己是一个理性主义者，但事实上，他的研究进路跟蒯因一样是经验主义的。"②

以下我们将进一步对几个容易引起误解的概念做简要对比分析，以便对乔姆斯基与蒯因的自然主义立场做进一步的解释。

（1）自然科学。乔姆斯基将自然科学定义为"从事自然化研究所取得的

---

① 蒯因：《从刺激到科学》，参见《蒯因著作集（第⑥卷）》，第573页。
② J.J.卡茨：《意义的形而上学》，苏德超、张离海译，上海译文出版社，2010年，第441页。

一切成果"①。"一切成果"自然要包括人类（自然）语言与心智研究的成果。蒯因将自然科学理解为一个包括从历史学、工程学、心理学、生物学、物理学、数学、逻辑学直至哲学的一个范围很大的具有不同等级的连续体。连续体内的各个学科相互关联，并作为一个整体共同面对经验的检验。

这里有一个看似巧合的现象。乔姆斯基研究的主题是语言学，为了说明自己研究的自然化程度，他将语言学定位为心理学。蒯因研究的主题是认识论，同样，为了表明认识论自然化研究的特征，他也将认识论视作心理学。在两人的理解中，心理学是纯粹的自然科学。心理学的独特之处在于：一方面，心理学不同于物理学，后者是自然科学的基础与典范，而前者则是一个相对年轻的学科；另一方面，心理学研究必须要涉及人类的认识能力、认识条件与认识结果。将心理学视作自然科学，既反映了乔姆斯基与蒯因对这一年轻学科的信任，更重要的是说明了两人对人类认识相关问题的理解已经充分自然科学化了。因此，在看似巧合的学科定位中，体现出的是两人对自然科学内涵理解上的相似性。

（2）还原。乔姆斯基与蒯因均是还原论的坚定批判者，然而他们各自所批判的还原论本身却并不完全相同：乔姆斯基所理解的还原是指学科之间统一的方法，蒯因所理解的还原论则指对待认识论的一种基本态度。

虽然两人对于还原所指不同，但他们对于学科统一的愿望或立场却得到了充分的体现。乔姆斯基坚持认为自然科学研究中"一个始终如一的目标就是统一有关世界的各种理论"②。这其中常见的就是以物理学为基础，实现其他学科与物理学的统一，比如将天文学还原为物理学而形成天体物理学（参见 3.2 节与 4.3 节的相关论述）。但乔姆斯基认为以现有的物理学为基础来实现学科间的统一是不可能的，未来学科间统一的实现不仅依赖于新兴学科的发展，还需要依靠作为基础的物理学的根本变革。蒯因的还原论可以概括为：每一个有意义的陈述都可以认为被翻译为一个关于直接经验的陈述（真的或假的）。蒯因批判还原论的依据是他的知识整体论，他认为"我们关于外在世界的陈述不是个别地而是仅仅作为一个整体面对感觉经验的法庭

---

① N. Chomsky, *New horizons in the Study of Langue*, p. 81.
② 同上。

的"①。根据蒯因的理解,我们不妨推断,在自然科学这个整体中,学科之间只有研究主题的不同,在与经验证实的关系上不应该有明确的分界线。自然科学作为一个完整的知识体系,总是以整体的姿态面向人类的。

(3)方法论的一元与二元。本书4.3节"方法论的自然主义"中,我们曾对这一主题进行过较为详细的阐述,并且也是以乔姆斯基与蒯因对比论述的方式展开的。这里我们再对其做进一步的解释。

在4.3节中我们说到,乔姆斯基因为蒯因对心智现象的研究持否定态度而指责他犯了"方法论的二元论"的错误。然而,蒯因本人却并不认可这样的指责。在《经验主义的五个里程碑》一文中,蒯因指出,第三个转折带来了一种温和的和相对的整体论,而"紧跟着这种整体论而来的是第四个转折点,这就是转向方法论的一元论"。"整体论模糊了人们在具有其经验内容的综合语句和不具有任何经验内容的分析语句之间所想象的那种对立。现在人们认为分析语句所起的那种组织作用为所有的语句普遍共同享有,同时认为以前被假定为仅仅为综合语句所具有的那种经验内容已分布于整个系统之中。"②从中可以看出,蒯因在此使用的"方法论的一元论"指的是摒弃分析与综合之后所形成的统一的方法,这种方法综合了逻辑分析与经验证实的作用:一方面它是蒯因整体主义知识观的要求;另一方面也是他贯彻自然主义认识论的必然结果。

就此我们可以认为,蒯因既坚持又没有坚持"方法论的一元论"。就坚持而言,蒯因批判并摒弃了分析与综合两分的方法。就没有坚持而言,蒯因在研究中没有将这一方法贯彻到底。他只将行为以及与此相关的观察句作为研究的对象,而无视包括语言创造性在内的心智现象的存在。但无论是坚持还是没有坚持,却又都是出于他的自然主义立场。这是因为,分析与综合的二分"是经验论者一个非经验的教条,一个形而上学的信条"③。要实现研究的自然化,当然必须否认这一"教条"与"信条",所以要坚持"方法论的一元"。对于心智现象而言,由于缺乏可信赖的客观事实与必要的自然科学研究基础,无法直接对其开展经验科学式的实证研究,因此在认识论研究中要放弃

---

① 蒯因:《从逻辑的观点看》,参见《蒯因著作集(第④卷)》,第34页。
② 蒯因:《理论与事物》,参见《蒯因著作集(第⑥卷)》,第72页。
③ 蒯因:《从逻辑的观点看》,参见《蒯因著作集(第④卷)》,第42页。

心智现象,采取二元的策略。

特别需要注意的是,这里的一元与二元,只是方法选择的问题,与本体论问题无关。蒯因在方法论上的一元或二元主要是出自他对于科学研究方法的认识,而并非仅源自他的经验主义哲学立场,因此他的选择与乔姆斯基在方法论上的选择并不构成任何本体论上的对立。在 A·乔治(Alexander George)看来,蒯因反对心智,但这主要是因为心智现象不可以作为认识世界的证据,而不是因为他否认心智现象的存在[①]。

总之,正如乔治所言,乔姆斯基与蒯因,他们的论证基于相同的经验数据,他们都认可知识获得需基于人类内在的先天结构,他们均认为在深层解释上应求助于神经生物学,他们玩着相同的游戏。他们之间的不同仅是因为他们对"什么是解释"意见相左。最后谁会赢得这场争论呢?正如两人都强调的,这是一个经验科学的问题[②]。

## 5.4 本章小结

乔姆斯基与蒯因的对比研究本应该更为复杂,篇幅也应该远不只以上区区三节。但在实际写作过程中,我们将内容适当压缩,以免冲淡了本书的正题——有关乔姆斯基的研究。本章论述中主要关注的是两人以语言习得理论为基础的自然化认识论思想。为了使对比论述的意义更加突出,同时也是为了给对比研究做一点宏观上的提炼,我们将补充以下两点作为本章的小结。这两点同时也是我们在以后的相关研究中努力的方向。

第一,两人的相似之处大于不同之处。

乔姆斯基与蒯因在理论上的不同点几乎涉及两人研究中的所有主要论题:理性主义、行为主义、天赋观念、本体论、知识整体性、不确定性、语言、语言习得、自然化、规则等。通过本章第1、2两节的论述,我们可知他们的区别主要源于两人对待认识论的基本立场不同:乔姆斯基是一位坚定的理性主义者,而蒯因则是一位彻底的经验主义者。

然而,两人在理论上实际并没有这两个词语——理性主义与经验主

---

[①] A. George, "Whence and Whither the Debate Between Quine and Chomsky", *The Journal of Phylosophy*, 1980(9), p.492.

[②] 同上,第499页。

义——所表明的那样相距甚远。从研究主题到研究过程再到研究结论,乔姆斯基与蒯因都表现出了明显的相似之处。首先,两人的研究均旨在解决一个基本的认识论难题——人类何以在与世界接触如此之少的基础上却又知道得如此之多? 其次,为了回答这一难题,两人均选取了语言为研究的切入点,并通过儿童语言习得来具体描述人类的知识获取过程。在描述过程中,理想化与形式化(逻辑化)的手段又成为两人共同的选择。再次,为了找出人类的知识习得之路,两人均转向自然科学,采用了自然化的基本进路,并都认为认识论问题的最终解决应该取决于对认识能力"深层解释"的实现,即应该求助于脑科学、神经科学、认知科学等自然科学的进一步发展。在乔姆斯基与蒯因的对比研究中,经常的情况是,在我们试图对比两人的不同点时,我们发现的是两人的相同点;而当我们以为两人完全一致时,我们又会发现他们在具体论点与研究方法上差异明显。

我们认为,所谓的"理性主义与经验主义之间的鸿沟"在乔姆斯基与蒯因之间并不存在。只是因为两人重申并延续了这两个"主义"中的某些基本立场,他们便被冠以各自"主义"的称号,这实在是对两人理论的误解。乔姆斯基与蒯因的差异主要表现为他们对什么是自然科学(尤其是对什么是自然科学的研究方法)的理解有所不同。在乔姆斯基看来,自然科学重视感觉经验,但更重视人类进化而来的理论构建能力。具体来说,乔姆斯基更加强调人类基于经验事实构建解释性假说的能力与实践,他认为这些才是自然科学研究的常态,并为自然科学发展史所证明。相比而言,蒯因认为自然科学应该突出知识的可证实性,自然科学的研究方法应该具有很强的证实能力,行为观察与逻辑分析就是证实的好方法,而假设与猜想虽然有时必不可少,但不应该是方法的主体。

第二,两人均为认识论研究的发展做出了各自的贡献。

传统理性主义与经验主义的区别主要表现在知识来源与知识获取方法这两个方面。乔姆斯基自称是"理性主义者"并被认可,这主要是源于他提出了"天赋语言"的观念,并且在其理论构建过程中对人类理性构建能力的依赖大于对经验事实的依赖。然而,仔细分析乔姆斯基的思想,我们会发现他离经验主义并不遥远。首先,"天赋"在乔姆斯基的理论体系中仅表示人类"先天"具有,进化与基因遗传是基础。其次,"人类理性构建能力"实质上指人类的生理机能,它与人类的视觉能力、无意识的反应能力没有什么不同。再次,乔姆斯基构建理论时不完全依赖经验，但这不表示他脱离了经验。这些足以说明乔姆斯基研究的是作为人类生理机能的认识能力，他在研究过程中运用的也正是自然科学中常见的"大胆假设、小心求证"的方法。

蒯因无疑是一个经验主义者。对于行为观察的依赖说明他希望为理论建立一个可确认的经验基础，而对于逻辑分析方法的运用则说明他希望在理论知识与经验事实之间建立一套可靠的联系。这里要说明的是，行为主义首先是一个心理学概念，也就是一个科学研究中的概念。蒯因坚持行为主义正是因为他认可行为主义心理学家们的看法，即科学必须以可观察事物为对象，以可重复实验的方式进行研究。需要注意的是，蒯因并没有直接否认心智现象的存在，这说明他对于行为主义的坚持是一个科学研究方法选取的问题，而不是一个哲学本体论立场的问题。逻辑分析的方法严谨、精确，是理论构建的有效手段，不仅蒯因在使用，牛顿、爱因斯坦、卡尔纳普、乔姆斯基等也都在使用。作为一种研究工具，它并不构成乔姆斯基与蒯因之间的区别，甚至也不构成理性主义与经验主义之间的区别。

乔姆斯基走向了自然主义，但这是以对传统理性主义认识论的改造为代价的。正如乔姆斯基在给本文作者回复的电子邮件中提到的：没有人还可能再是一个传统意义上的理性主义者，正如没有物理学家可以依然是一个牛顿主义者一样。乔姆斯基希望复兴的是传统理性主义认识论中科学的部分。蒯因也同样走向了自然主义。相比逻辑经验主义者而言，他的选择将经验主义又带回到了现实世界。而当他发现现实世界已经高度自然科学化以后，他理所当然地认为，作为对知识进行探索的专门哲学领域，认识论研究的自然化是大势所趋。

看似是自然化将乔姆斯基与蒯因联系了起来，但就其更深层的原因而言，真正将他们联系起来的却是他们对解决人类认识之谜的责任感与为此而付出的巨大努力。

# 第 6 章

# 理性主义的复兴

乔姆斯基与蒯因构成了"奇怪的一对":立场对比鲜明,但具体研究又如此接近。

从 20 世纪 50 年代中期开始,以《语言学理论的逻辑结构》(1955)与《句法结构》(1957)为标志,乔姆斯基开始思考语言知识习得过程中经验的实际作用。两个现象给乔姆斯基的触动最大,分别为刺激贫乏现象的存在和行为主义的困境。刺激贫乏十分类似于蒯因对于认识论问题的追问:我们是如何在贫乏的经验输入的情况下获得汹涌的理论输出的?乔姆斯基追问的是:儿童是如何在语言输入严重不足的情况下掌握语言知识的?在上一章中我们已经说明了两人对于这一相似问题的不同回答,并且我们提到,两人在回答中都选择了自然主义的道路。造成两人不同的主要原因在于他们对什么是自然科学的研究方法有着不同的理解。这便出现了上述的第二点,即"行为主义的困境"。乔姆斯基对于行为主义的批判是革命性的。通过 1957 年出版的评斯金纳的《言语行为》(Verbal Behavior),乔姆斯基几乎颠覆了当时盛极一时的行为主义心理学与行为主义认识方法。而通过批判,乔姆斯基也渐渐明确了他自己的理性主义路线。在他看来,17 世纪理性主义思潮中的一些优良传统已经被忽视了太长的时间,现在当我们再次面对认识论(知识习得)的困境时,应该是恢复这些传统的时候了。

本章论述将从认识论的困境开始展开。全章共四部分。第一部分首先分析乔姆斯基所面对的认识论困境;第二部分从两个方面论述乔姆斯基对于这一困境的思考与超越,分别体现为语言观变革与对心智本体论地位的澄清。第三、四两部分将尝试基于乔姆斯基的研究视角来解决两个研究者们长期争论不休的理论问题:私人语言和心灵的自然化。

## 6.1 认识论的困境

简单地说,认识论问题就是知识的起源与获得问题。在经验主义者看来,知识起源于人类的感觉经验,因为感觉经验是人类与世界接触的唯一途径。就知识的获得而言,经验主义者很难取得一致的意见,这也就为休谟式的怀疑和逻辑经验主义式的人工构造与逻辑抽象提供了生存的土壤。以下分析将基于认识论的这两个基本问题——知识的起源与知识的获得——具体展开,经验主义将是论述的重点。

如上所述,经验主义者视感觉经验为知识的唯一来源。这看似认识论研究确定无疑的起点,实际上却暗含着众多的不确定性。首先,感觉经验给予人类的信息是如此之少,而且又是如此之肤浅,那么人类是如何获得有关世界的丰富的理论知识的呢?亚里士多德的三段论虽然严谨,但显然不是发现新知识的途径,因为三段论的结论部分均包含在其前提之中。不仅如此,有关亚里士多德的推理逻辑的最大疑问应该是他的前提是如何得来的。以"人都是要死的"为例,作为一个全称命题,它的正确性很难从特称命题中得来。因此,亚里士多德欠后人一个明确的证明。亚里士多德论证上的缺陷暴露的是经验主义在方法论上存在的一个普遍不足,那就是归纳逻辑问题。这一问题可以简单表述为"归纳的不可靠性",这也是休谟怀疑主义的要旨所在。

以感觉经验为知识唯一来源的另一个更为基础性的问题是:感觉经验就一定是可靠的吗?哲学的特征不仅在于其深邃,更在于其严谨。细致思考经验的产生过程,我们会发现,感觉经验不仅是个体的,而且是多变的。就"个体的"而言,感觉经验可能因人而异,不同的个体面对相同的刺激完全可能有不同的感觉经验;就"多变的"而言,感觉经验可能因时而异,当面对不同时间出现的相同刺激,即便是同一个体,身处不同的具体情境时,所产生的实际感觉经验也可能不同。第一个明确将知识来源归于经验的人是洛克。他说:"理性和知识方面的一切材料,都是从哪里来的呢?我可以一句话答复:它们都是从'经验'来的。"[1]洛克进一步将经验分为两大类:感觉与反省。感觉是我们的感官对于外界事实刺激的感觉,如颜色、冷热、软硬等;反省则来自心灵观察本身,由此我们获得的是知觉、思维、认识等。在洛克的理论体系中,

---

[1] 洛克:《人类解释论》,关文运译,商务印书馆,1959年,第68页。

感觉与反省共同构成了观念，与性质相对，后者指物体中能够产生观念的能力。从中可以看出，"观念是认识主体参与的产物"也就打上了明显的主观烙印，因此所谓"可靠性"必须有待进一步说明。洛克之后，休谟将经验主义对于知识可靠性的追求推向了无以复加的极端，这一点在知识起点问题的论述中表现得同样明显。休谟将人类通过感觉经验获得的东西称为"知觉"，知觉又可以进一步分成印象与观念，它们之间的区别仅在于强烈与生动的程度不同。但问题是，作为认识的主体，我们体验到的只有印象和观念本身，对于它们背后的实体我们仍然一无所知。而当实体受到怀疑时，认识的客观性与可靠性也就没有了依据。休谟的困境同时也是传统经验论者的困境，即如果将知识的起点严格限定为感觉经验，感觉经验自身内在的主观性特质必然会影响到基于此产生的知识。其结果就是，要么经验主义者走向休谟式的彻底怀疑，要么他们必须为可靠性找到新的依据。

鉴于休谟已经将传统经验主义推向了极端，要想为认识起点的可靠性找到新的依据，研究者必须另辟蹊径。休谟之后，在经验主义认识论的道路上，分析哲学家们走出了关键的一步。分析哲学强调逻辑分析，而随着逻辑分析手段的成熟，语言这一逻辑分析手段必须依附的基础性工具开始进入研究者的视野并逐渐占据主体地位，哲学研究中的语言转向也就此发生。语言转向的形成有着充足的依据。不可否认的是，就人类的认识而言，任何认识都是一种表达、一种陈述，任何认识的成果也都必须以语言表述的形式呈现。所以，哲学研究实际上也就是对这些语言表达进行研究，哲学试图揭示知识的本质也就是揭示逻辑与语言的本质。

哲学研究中语言转向对于认识起点的可靠性问题而言，其意义在于我们可以将对经验的认定由个体内在的感觉推进到外在的表达。这么做虽然不能直接消除经验的主观性特质，但至少可以将这些本质上主观性的感觉或感受部分外在化。外在化的优点在于为感觉经验在主体间的传递创造了条件。要知道，当绝对的客观性难以达到时，实现感觉经验在主体间的一致或许是余下的最好的选择了。

随着分析哲学的兴起，尤其是哲学研究语言转向的实现，认识的起点正式实现了从感觉经验转向表达感觉经验的初始命题。卡尔纳普称之为"第一语言"、"体验语言"、"现象语言"。这种命题最大的特点在于它们可以被主体"直接观察"，从而就其本身而言，它们是无需再加以证实的。正如苏珊·哈克所说:"报道直接经验的陈述是不可矫正的,也就是说,我们能直接判定它们符合事实。然后,其他陈述的真假就能够依据它们与这些感觉陈述的逻辑关系来检验。"①观察句构成了逻辑经验主义证实原则的基础。

观察句指的是直接记录感觉经验的语言表述,它可以仅是一个词语,但却总是表示一个完整的命题。逻辑经验主义者虽然使用了这一表达,但真正对"观察句"这一概念进行澄清的是蒯因。蒯因有关观察句的论述我们在上一章中已经有过详细的说明,这里再强调两点:第一,为了说明观察句产生基础的可靠性,蒯因诉诸感觉经验产生的生理基础;第二,为了维护观察句意义的可靠性,蒯因求助于主体间性。与其他分析哲学家相比,蒯因对于感觉经验产生的过程描述更为细致。蒯因认为:"我们只能通过神经末梢所受的刺激认识外界事物,这个看法是基于我们对物理对象的各种状况,如被照明的桌子、被反射的光线以及被刺激而活动的视网膜等的一般认识。"②在《语词与对象》中,我们还可以找到众多诸如"感觉刺激"、"刺激诱因"、"体表激发"、"感觉接受器的激发"等一些物理主义式的表达。透过这些表达,蒯因将感觉经验完全归于人类的生理基础,从而实现了经验产生基础的客观性,即可靠性。蒯因之前的分析哲学家喜欢用观察来代替感觉,这可能是因为在他们看来,比起感觉,观察显得更为客观,更能凸显经验与事物本身相符。然而,仔细想来,如果仅就人类经验的获取方式而言,观察与感觉并没有本质区别③。如果感觉是主观的,那么观察也一定是主观的。实际上,由于人类的认识活动最初总是表现为个体行为,认识的初始阶段总会带有主观特征。因此,分析哲学家们的努力并没有解决经验的可靠性问题。蒯因明显看到了这一点,因此他对观察句做出了第二个设定,那就是观察句必须经由同意获得主体间的一致。

蒯因的努力无疑增加了知识起点的可靠性,但这并不代表问题的解决。在蒯因的解决方案中至少还存在着以下三个方面的问题有待进一步解决。首先,将经验的产生诉诸人类的生理基础,然后再将人类生理基础的相似性

---

① 哈勒:《新实证主义——维也纳学派哲学史导论》,韩林合译,商务印书馆,1998年,第61页。

② 蒯因:《语词与对象》,参见《蒯因著作集(第④卷)》,第200页。

③ 这里的"感觉"与"观察"均指称人类与世界的接触方式,切不可狭义地理解为一个是触觉,一个是视觉。

归因于长期的生物进化,体现的完全是自然科学的研究路径。但是,诉诸自然科学并不意味着可靠性也就会随之而至。自然科学更强调的是客观的研究态度与严谨的理论构建方法,并不对研究结果做出过多的客观性或可靠性预设。因此,蒯因诉诸自然科学来确定知识起点的可靠性,应该说这一做法本身是正确的,但如果据此便认定其结果(神经末梢的激发)具有绝对的可靠性,则明显有失科学态度本身的严谨性。其次,蒯因强调的主体间一致其实永远是一个相对的概念。多少人之间的一致才算是一致?主体间多大程度上的一致才算是一致?蒯因为主体间的一致设定了一个判定标准,它包括两项内容:场合、所有合格的见证者毫不犹豫地同意。很明显,这两项内容均没有普遍性内涵。相反,它们将一致性限定在一定的范围内,实际上也就是允许了范围之外不一致的存在。蒯因已为我们列出了两种不一致性。其一,在某一特定场合中,即便土著人与语言学家均对"Gavagai"表示同意,也很可能不是真正一致,因为实际的情形可能是:土著人将其理解为一种兔蝇(假设其存在),而语言学家将其理解为兔子;其二,两位语言学家编写的两本翻译手册均与土著语言整体相容,但它们之间却不相容,这也就提示我们,当面对相同的场合与刺激时,两位语言学家与土著人之间可能分别取得了不同的一致。最后,蒯因的论述中预设了两个前提,即行为主义与公共语言。对于行为主义,蒯因认为:"在心理学中,一个人可能是或可能不是行为主义者。但是在语言学中,人们别无选择。"然而,乔姆斯基显然为语言学提供了其他的选择,而且就总体而言,蒯因的行为主义语言习得模式并不比乔姆斯基的理性主义语言习得模式更具有说服力。对于公共语言,蒯因认为:"语言是一种社会性的技能,为了获得这种技能,我们不能不完全依赖于主体间通用的提示我们要说什么和什么时候说的信号。"一般认为维特根斯坦已经证明了私人语言不存在,因而蒯因的公共语言设定是可信的。但实际上,基于经验主义立场,维特根斯坦在论述之前其实已经预设了交际功能是语言的首要功能,所以他的证明在某种程度上是同义反复的。如果已经认定语言是为交际而生的,那么私人语言的存在当然是多余的。在本章第 3 节我们将会进一步证明维特根斯坦的论证并不全面,因而蒯因公共语言的预设也是有问题的。

接下来我们来看知识的获得问题。先做一点简要说明。以下将要论述的知识获得问题主要指知识形成的路径,或称为"知识获得确证的方法"。对于传统理性主义者来说,这一问题很容易解决,因为他们认为知识形成于天赋观念与理性演绎,而这两者均远离作为"不确定性因素"的感觉经验。然而,对于经验主义者来说,由于他们认为感觉经验是知识的唯一来源,那么论证感觉经验与理论知识之间的关系也就成为他们最重要同时也是最为迫切的任务。

弗朗西斯·培根(Francis Bacon)无疑是经验主义的早期开创者。培根对于经验主义的贡献主要体现为两点:强调观察自然、扫除"假象";采用新工具。第一点要求研究者在研究中要摒弃各种先入为主的偏见,直接面对自然。对于后世研究者而言,这一要求并不陌生,因为它已经被具体贯彻在经验主义的方法论中。但正如我们在本节前一部分中所言,直接面对自然并直接获取感觉经验(或观察经验)并不能完全保证认识起点的绝对可靠性。培根最为后世所称道的贡献是他提出了新的认识工具——归纳法。培根认为归纳法"直接以简单的感官知觉为起点,另外开拓一条新的准确的通路,让心灵循以行进"①。归纳法的重要性不言而喻,但它的不足亦十分明显,即从经验中我们很难达到类似全称命题一般的确定性知识。休谟的怀疑论以及古德曼的"新归纳之谜"均是这种方法先天不足的表现。培根之后,洛克为知识下了一个明确的定义,在他看来,"所谓知识,就是人心对两个观念的契合或矛盾所生的一种知觉"②。洛克进一步将知识划分为:"直觉的知识"——心灵直接觉察到的两个观念之间的契合;"证明的知识"——心灵通过某一中介观念推理出的两个观察之间的契合;"感性的知识"——观念与外在实物之间的契合。然而,多少有些令人不解的是,洛克认为这三种知识的可靠性是由强到弱的。也就是说,洛克认为凭借直觉获得的观念间契合要比凭借感觉经验获得的观察与外在世界的契合更为可靠(这不禁使我们想起笛卡尔的"自明"性)。同时鉴于洛克将以上三种知识分别称为有关"自我"、"上帝"与"外物存在"的知识,我们会进一步得出这样的结论:有关外物存在的知识缺乏普遍性和可靠性。然而,"有关外物存在的知识"正是我们现在称为"科学知识"的主体。这说明洛克的理论内部已经蕴含了认识论的困境。如此看来,从培根到洛克,再到休谟,传统经验主义走向彻底的怀疑论是由于其理论的内在困境使然。休谟及其彻底怀疑论的出现是这一困境发展的必然结果。

---

① 弗朗西斯·培根:《新工具》,许宝骙译,商务印书馆,1984 年,序言第 2 页。
② 洛克:《人类理解论》,关文运译,商务印书馆,1959 年,第 515 页。

传统经验主义不可避免地将认识论研究引向了怀疑论是后世的经验主义者不希望看到的,但他们又不得不面对。基于上一段的简单分析,我们可以看出,早期的经验主义者虽然开创了这一认识论传统,但他们总结的方法(从经验上升到理论的方法)还远不够精致。这一缺陷在其后的实证主义与马赫主义中得到了一定的弥补,但真正为经验主义建立一套认识方法的是分析哲学家们。

分析哲学家以逻辑分析与语言分析见长。蒯因之前的分析哲学都可以用以下两个词来概括其特点:还原、逻辑构建。借助还原,分析哲学家们将认识的基点追溯至感觉经验(或事实,如罗素与维特根斯坦;或现象,如卡尔纳普),从而坚持了经验论的基本立场。罗素将知识还原为原子事实,他认为任何有关世界的陈述都是由原子事实直接或组合构成的。因此,只要我们判定了每个作为建构材料的原子事实的真假,就可以判定一切人类认识的真假。维特根斯坦进一步将原子事实描述为对象的存在方式。在他的逻辑图像论中,原子事实对应于原子命题。既然所有的命题,无论有多复杂,最终都是由原子命题构成的,那么也就表示所有命题的意义或真假均取决于原子事实。还原的要求在逻辑经验主义理论中得到了进一步的贯彻。还原论的主要问题在于:首先,因为过于强调证实的经验性,而经验本身并不可靠,所以它的前提是不稳固的;其次,从理论到经验的还原并非总是可行的;再次,恰如蒯因所证明的,知识是以一个整体来面对经验的检验的,因此一次经验的证实或证伪并不一定直接决定着理论的真假。

借助逻辑构建,分析哲学家们试图建立一条严密的认识上升通道,其特点为:①方法自身具有高度的严密性;②清楚说明认识由低到高的上升过程;③可以解释或验证人类所有的理论知识。早期分析哲学以数学为基础。在早期分析哲学家中,弗雷格、罗素均是著名的数学家,正是他们共同创造的现代数理逻辑促成了分析哲学的形成。作为分析哲学的分析工具,数理逻辑兼具数学的周密与逻辑的严谨,因此我们有理由相信以此为基础的逻辑构建是严密的。同时,分析哲学家所使用的逻辑构建方法的严密性还可以从另外一个方面得到证明——人工语言。有关建立"逻辑上完善的语言"的理想最早见于弗雷格。罗素认为日常语言(自然语言)在语汇与句法方面都是模糊的,如在词汇方面的抽象句词或句法方面的主谓结构均构成了人类理解上的桎梏,无法成为严谨科学的一部分,所以运用逻辑分析的方法改造日常语言十分必要。在随后的早期维特根斯坦以及维也纳学派的主要成员如石里克、卡尔纳普等人中,相似的思想也有过明显表述。建立人工语言的理想,无论最终能否实现,都在客观上促进了分析手段的严密性。因此,我们先设定,上述①得到满足。

那么严密的方法是否可以保证结果的可靠性呢？这是上述②所要解释的问题。②的焦点在于逻辑构建的方法本身是否能够清楚地说明从经验/事实到理论的人类认识过程,即是否可以仅通过逻辑推理的手段来促成理论知识的形成。我们不妨将这一过程视作上述还原过程的一个逆过程。借助语言分析的手段,分析哲学家们为经验上升为理论规划了这样一条道路：将人类最基本的经验转化为简单命题,以逻辑句法为手段,通过逻辑计算将简单命题组合起来以形成更为复杂的命题,直至形成各种具体理论。这说明,如果一个命题是以分析哲学家认可的逻辑手段构建形成的,那么它应该就是有意义的。逻辑经验主义者对此做了进一步的说明。通过否认康德"先天综合命题"的存在,他们认为科学上一切有意义的命题只有两类：分析命题与综合命题,前者能够被逻辑推理本身得到证实,后者能够被经验证实。逻辑经验主义者将这视为命题是否有意义的判定标准,并试图以此排除无意义的形而上学命题。然而,这一意义判定标准的实际运用并不尽如人意。以综合命题为例,逻辑经验主义者先后提出过3个经验证实要求：强的可证实性要求、弱的可证实性要求、可证伪性要求。强的可证实性要求指"一个句子具有经验上的意义,当且仅当它不是分析的,而它又能够至少在原则上能够被我们用观察证据完全证实"[①]。这一要求明显很难达到。某些命题,如"人是会死的",我们不可能要求它被完成证实,因为只要仍然有人活着,这一命题就有被证伪的可能。逻辑经验主义者可能会争辩说意义经验证实原则只要求"原则上"的可能性,但问题是这种原则上的证实并没有实际的价值,因为这意味着研究者很难对全称命题的具体意义做出判定,而全称命题对于科学研究而言是不可或缺的。如此一来,更大的问题在于,如果我们认可这种没有多少实际价值的命题的存在,实际上也就为形而上学命题的存在"开了后门"(恰如我们说"一切都是物质的"是有意义的,因为这里也存在着原则上被证实的可能)。为了挽救经验证实原则,部分逻辑经验主义者提出了"弱的可证实性

---

① 张庆熊,周林东等：《二十世纪英美哲学》,人民出版社,2005年,第131页。

要求",即"一个句子具有经验上的意义,当且仅当它不是分析的,而它又能够至少在原则上能够被我们用观察证据确证为是或然地真的"①。这一要求表示只要验证过程中肯定的例子在不断地增长,而又没有发现否定的例子,那么就可以认为被验证的命题得到了逐步的论证。我们不难看出,弱的可证实性要求实质上已经部分偏离了证实原则提出的初衷,因为证实原则不可能仅仅满足于这样一个完全相对性的标准。更为致命的问题是,这一相对性标准本身就不完善。在此之外,我们必须要再设立一个标准,以说明当肯定的例子的数量达到多少时,才可以做出证实的判定。于是,为了挽救证实原则,又有逻辑经验主义者提出了可证伪性要求,即"对于一个全称命题,我们虽然不能用归纳的方法完全证实它,但是我们却可以用演绎的方法决定性地证伪它"②。然而这一要求对于存在命题或包含存在量词的命题却不适用。总而言之,逻辑经验主义的经验证实原则面临着重重的困难,难以解决。不仅如此,分析命题所对应的逻辑证明也同样面临着众多的困难。蒯因将分析命题分为两类。第一类是逻辑地真,这类命题不涉及语义,如"没有一个未婚的男子是已婚的"。此类命题只涉及运用逻辑项进行的逻辑演算,因此无论对"(结)婚"做何种理解,这个命题均为真。但问题在于,这类命题是重言式,除了反映出一定逻辑演算特征之外,对于认识过程——经验上升为理论知识——没有多少实际意义。蒯因区分的第二类分析命题是分析为真的命题,例如"没有一个单身汉是已婚的"。这类命题之所以为真,是因为其中存在着"同义"关系。然而,对于这样一种同义关系的得出必定是基于定义者对"单身汉"与"已婚"等概念经验认识基础上的。也就是说,同义关系必须依据经验事实,反之不成立。因此,第二类分析命题与经验关系密切,以至于它与综合命题"之间分界线一直根本没有画出来"③相关。这也就表示,分析命题也必须面对综合命题所面临的困难。

逻辑经验主义者不可能完全无视逻辑构建过程中的众多的困难,但这些困难本身的顽固性也的确一次次地挫败了逻辑经验主义者们的努力。作为

---

① 张庆熊,周林东等:《二十世纪英美哲学》,人民出版社,2005年,第132页。
② 同上。
③ 蒯因:《从逻辑的观点看》,参见《蒯因著作集(第④卷)》,第42页。

"逻辑经验主义的集大成者"[1],卡尔纳普对此有着深入的了解。卡尔纳普提出的"宽容原则"与"逻辑概率"概念既可视为是对这些困难提出一种解决方案,同时也可以被看作对这些困难的一种妥协。宽容原则允许研究者选择不同的语言系统来描述世界和人类的知识体系,但卡尔纳普同时指出,每一种语言系统均只能在一定的程度上满足我们的需要。逻辑概率是指证据对于命题的验证度。卡尔纳普的逻辑概率基于其本人提出的归纳逻辑体系,而不是一般意义上的统计学概率,然而这一方案也难以成功。到了晚年时,卡尔纳普就曾悲哀地说:确证的理论和没有确证的理论,最后在概率上是一样的,都为零[2]。

  卡尔纳普的思想客观上为蒯因的本本论、认识论理论做了必要的铺垫。蒯因提出了一系列具有相对性内涵的概念,如"本体论的承诺"、"意义的不确定性"、"知识的整体性"等。联系他本人对于观察句的态度,我们不难发现其理论体系中包含着一个内在的矛盾:知识起点的确定性与知识本身的不确定性。基于蒯因本人的论述,这一矛盾似乎不可调和,或者说无需调和。如果是前者,也就意味着蒯因并没有找出一条从确定性的经验基础(观察句)上升到理论知识(理论语句)的严谨的道路,认识论的困境仍然存在;如果是后者,则表明在蒯因看来,人类的知识本性如此,不确定性与整体性才是知识的常态。可能有读者会依据蒯因描述的儿童语言习得过程来反驳我们的观点,因此我们有必要再次回到蒯因的儿童语言习得理论,来看看蒯因为儿童成功习得语言设定的原则与方法。蒯因为儿童语言习得规定了三个原则:相似性原则、愉快原则与移情原则。相似性原则的功能在于它使儿童可以将不同情形下接受到的刺激联系起来,相似性的增强表明习得进程的深入。对于相似性原则存在的依据,蒯因认为只能归于人类先天的生理基础。愉快原则指愉快片断的痕迹(记忆是其中一例)对儿童语言习得的促进作用。蒯因认为:"学习的过程就是学会扭曲片断的走势……一个片断要是培植起了一种再现它的驱动力,则它就是愉快的,而不管所假借的是什么样的一种神经或荷尔蒙

---

[1] 刘放桐等:《新编现代西方哲学》,人民出版社,2000年,第272页。
[2] 转自李侠:《自然主义与自然化的认识论》,复旦大学博士后研究工作报告,2005年,第82页。

机制"①。很明显,愉快原则依据的同样是人类先天的生理基础,移情原则对于生理基础的依赖更是不言而喻的。在这三个原则中,我们看不到逻辑演算的身影。在上一章的论述中,我们已经看到儿童对于观察句以及最为关键的观察断言句的习得均是以相似性原则与愉快原则为基础的。对这些原则的依赖必然使我们对蒯因所描述的儿童语言习得过程在逻辑上的严密性产生怀疑。接着我们再看蒯因提出的儿童语言习得的方法:实指与类比。蒯因认为实指是儿童在语言习得之初必须依赖的方法。然而,皮亚杰等心理学家早就研究表明,儿童是在相当靠后的阶段才学会客观观察的,而学会类比则是更靠后的事情。这不禁使我们对蒯因所描述的儿童语言习得过程的科学性产生了更大的疑问。

综合来看,与先前其他的经验主义者一样,蒯因并没有为我们描绘出一个从经验到理论的严密的逻辑构建过程,经验主义认识论面临的困境仍然存在。或许这就是人类认识世界的现实。困境的存在不是因为现实没有达到人类的期待,而是因为人类误判了认识的实际。我们将在下一节讨论这一问题。

最后需要提及的是,传统理性主义者也在不同程度上面临着与经验主义者相似的困境。首先,从知识来源看,传统理性主义者将知识的普遍性与可靠性归因于人类天赋的观念,但很显然,这在当代自然科学研究中找不到相应的依据;康德提出的先天的直观形式(时间与空间)与知性的纯粹概念(范畴),虽然比天赋观念要更加具体也更接近于科学形式,但就其先验本质而言,即便不能排除它们成为科学的可能性,也至少还有待进一步的说明(乔姆斯基的工作实际上为此做出了贡献,下一节将进一步论述)。其次,从知识的获得过程来看,传统理性主义者在知识的可靠性上普遍排斥经验,这么做的结果就是他们只能运用很少的逻辑规则从天赋的自明原则中推演出所谓的知识体系来。之所以说"所谓的知识体系",是因为一方面逻辑规则内部演算尤其是演绎演算很难形成新的知识,而且这些逻辑规则本身的性质也很可疑:它们即便不是人为创造的(这也需进一步的科学说明),也只是在认识工具的意义上才有价值。另一方面,这些排斥经验的知识体系在多大程度上是关于我们周围世界的,又在什么意义上是人类所需要的,均不得而知。更何

---

① 蒯因:《指称之根》,参见《蒯因著作集(第④卷)》,第 536 页。

况,当年被认为是确定且普遍的知识体系在后世很可能会被科学研究的新成果证明是错误的。不可否定的是,理性主义者必须正确对待认识过程中经验的作用,虽不能过于夸大,但也不能完全排斥。实际上,康德的理论体现了理性主义者试图调和理性主义与经验主义的努力。就其本人所处的时代来说,康德的努力应该是相当成功的。然而,200多年之后的今天,我们却不能就此止步不前。历史已经证明,理性与经验对于人类认识活动均不可或缺。有鉴于此,我们现在需要做出新的努力。

## 6.2 乔姆斯基对分析哲学传统的超越

沃尔夫冈·B·斯波里奇在其所著的传记《乔姆斯基》中对乔姆斯基的哲学贡献做出如下总结:

> 具体来说,乔姆斯基的语言哲学对一个古老的问题做出了贡献,即说明了儿童是怎样习得语言的,他们又是如何创造性地使用语言的。没有其他任何一种理论能够像这一理论这样具有如此强的解释力。乔姆斯基解决了语言学领域的柏拉图的问题,即环境给我们提供的信息如此之少,而我们是如何获得如此丰富的知识的呢?[①]

联系本书第3.2节中的论述可知,在自然化的视角下,对认识论相关问题的研究目前尚无法取得决定性的进展。作为心灵的镜子,语言及其研究不仅是心智研究的最佳切入点,而且也必将为认识论难题的解决提供一把钥匙。

本节的论述将从以下三个方面展开。首先,我们将简要回顾乔姆斯基的语言学说,并基于此论证他的这一学说促成了新的语言转向,从而实现了在语言观上对分析哲学的超越[②]。其次,我们将立足于自然主义视角,说明自

---

① 沃尔夫冈·B·斯波里奇:《乔姆斯基》,何宏华译,北京大学出版社,2010年,第73页。

② 清华大学周允程有过类似的论述(参见周允程:《乔姆斯基对经验主义分析哲学传统的超越》,《清华大学学报》,2008年第1期,第99—106页),但他认为乔姆斯基的功绩在于促成了分析哲学从经验主义向理性主义的转变。对于这一观点,我们完全不赞同。乔姆斯基对分析哲学有所继承,但他本人的观点与分析哲学的主要论点差异显著。同时,分析哲学本质上是经验主义的,所谓"分析哲学从经验主义向理性主义的转变"无从说起。

然科学研究为本体论问题带来的新的解释。乔姆斯基并不是这些新解释唯一的提出者,但他是它们坚定的倡导者。乔姆斯基等人推动的本体论变革为当前的认识论研究开拓了新的领域,带来了新的希望。最后,基于以上两部分,简要总结认识论困境得到解决的可能途径。以下先来讨论第一个方面:语言观的变革。

分析哲学内部派别众多。达米特(M. Dummett)认为使这些内部派别统一起来的基础在于他们均相信:"第一,通过对语言的一种哲学说明可以获得对思想的一种哲学说明;第二,只有这样才能获得一种综合的说明。"[①]达米特进一步认为正是弗格雷的工作开启了分析哲学研究,最终导致了哲学语言转向的发生。我们知道,分析哲学研究的主要目标不在于构建一个宏大的知识体系,而在于澄清现有知识体系中命题的意义,以避免无意义的形而上学命题。命题意义澄清最为有效的手段是对它们进行缜密的分析。基于对分析对象与分析手段的不同理解,分析哲学内部分为两个主要派别:人工语言学派与日常语言学派。人工语言学派包括弗雷格、罗素、早期维特根斯坦、维也纳学派以及卡尔纳普、蒯因等。他们的基本主张是:日常语言在意义上模糊不清,因此有必要以现代数理逻辑为基础创立一套理想的人工语言,这套语言由一些意义确切的符号与严谨的计算规则组成。在人工语言学派看来,命题意义的澄清是通过以下途径来实现的:基于严谨的计算规则,复杂命题可以被分解为简单命题,复杂的概念可以被分解为简单的概念,而作为分析最终结果的简单命题与简单概念可以通过它们与经验的直接关系来加以确定。因此,经验基础加上逻辑规则是人类知识确定性的保证,在此之外的一切都应当被当作是无意义的形而上学命题而加以抛弃。日常语言学派虽然也同样持有分析的态度,但他们对于创立人工语言的做法不以为然。在他们看来,语言与人类的生活形式紧密相关,生活形式的丰富性也决定了语言形式的多样性,而这些均不是某种人工语言所能传达的。他们认为,正确的做法是研究者应直接面对日常语言中的词句,分析它们最初的用法,了解它们是如何被学会,又是如何被(形而上学哲学家)曲解的。通过这一系列的分析,日常使用中词句的意义将会得到澄清。同时,日常语言学派也不认为有所谓的"最简单概念"。他们认为分析不存在一个由繁到简的过程,因为即使

---

① 达米特:《分析哲学的起源》,王路译,上海译文出版社,2005年,第4页。

是同一个(最简)词句在不同的语境中也会具有不同的意义,这与其繁简程度并不必然相关。恰当的分析应该是将某一词句与其他词句的用法相比较,以确定它的用法与意义,这就叫"释义"(elucidation)。

不可否认,人工语言学派与日常语言学派对于语言的理解均有一定的道理。人工语言学派追求的是表达式自身的清晰与严谨,然而无论是罗素的逻辑原子主义、维特根斯坦的图像理论,还是卡尔纳普的"世界的逻辑构造",均没有实现相应的目标或期望。如果联系蒯因对于经验主义"两个教条"的批判,我们甚至可以认为这些努力在被提出之初就走错了道路。蒯因虽然看到了问题的症结,但作为其理论构建的基础,他所采用的行为主义语言观明显不合时宜。其结果是他最终只能诉诸知识整体论,但知识的整体性与知识的客观性并不完全相容。换言之,蒯因的认识论存在着一个内在的矛盾:一方面,在经验层面,他追求知识基础的客观性;另一方面,在理论层面,他又强调知识的整体性与融贯性。后者以前者为基础,但具有自主性,并且可以通过自身内部的调整来消解经验的检验功能。简言之,这一矛盾也就是自然主义与实用主义之间的矛盾。蒯因以自然主义研究为起点,但他无力将其贯彻到底,最终不得不走向实用主义。

蒯因与其他人工语言学派学者面临的困境或许可以归咎于多种原因,但首要的应该是他们对于语言的不同态度。从方法论的角度来看,建立人工语言固然可以使分析的工具更为精致、分析的过程更加严谨,但是方法论上的优势并不足以使人工语言喧宾夺主,代替自然语言。如果说语言结构反映了人类的认识结构的话,那么这里的"语言"一定首先指自然语言。在这一点上,日常语言学派的立场无疑是正确的,哲学分析的基础只可能是充分反映了生活世界的自然语言(即日常语言)。回顾人工语言学派的理论研究过程,我们的观点得到了证实:在这一过程中,人工语言学派对于哲学研究的对象不断加以限定,从而使他们的认识论探索道路越走越狭窄。越来越狭窄的道路的确实现了方法上的不断精致化,但这是以愈发地脱离人类认识世界的实际为代价的。

人工语言学派面临着难以解决的困境,是否意味着日常语言学派的正确性呢?我们的回答是:是的,但不完全。单从对待语言的态度来说,日常语言学派直接面向现实中的经验语料,因而更加贴近实际。但同时日常语言学派也同样面临着一些它自身难以克服的困境,这主要表现为以下两点。首先,日常语言及其使用过于丰富、繁杂,完全研究不太现实。日常语言学派以日常话语为分析对象,注重理解使用中词句的细微差别,开创了言语行为理论的研究方向。然而,这一研究进路的局限性也同样明显。为了厘清某一词句的语义与用法,我们必须了解这一词句的具体使用语境,对比它在不同语境下的使用情况;除此之外,我们还必须了解人们对于它的习得以及与之相关的其他词句的使用情况。且不说这一过程本身就已经很复杂,还要面对异常丰富、不断更新的语言表达以及其更为丰富、更多变化的具体使用,要实现对于日常语言的分析,其工作量是不敢想象的。其次,对于日常语言的分析难以发现人类语言的普遍性,因此也就难以为了解人类的知识结构提供太多的帮助。应该说,这一问题更为致命。在语言学研究中,日常语言学派的历史功绩在于它直接促成了语用学的形成,但语用学的形成并不意味着它将取代语义学、句法学等其他原有语言学分支。实际上,它只表示人们对于语言本质理解的进一步加深与语言学研究维度的又一次扩展。日常语言学派明显没有充分理解这样一对概念之间的区分:语言与语言的使用。语言是语言使用的基础,研究语言使用固然可以加深对语言本质的理解,但后者不可能取代前者,对于后者的研究也不可能向我们揭示语言本质的全部。这一点很容易证明:语言使用可能因人而异、因语境而异,但无论如何,在一定时期内语言的本质总是相对稳定的。不仅如此,对不同语言的使用情况加以对比研究,可能会发现它们之间差异明显。然而,人类认识能力与认识结构的差异显然不可能如此之大。这也就说明,对于语言使用的研究很难直接为揭示人类的认识之谜提供主要的帮助。因此,就语言本质的研究而言,日常语言学派的研究有舍本求末之嫌(放弃了语言本身或转向了语言的使用)。

那么,有没有可能找到一条中间的道路,既可以视自然语言为研究对象,又能实现用严谨的形式化方法来探索语言的本质并基于此揭示人类的认识特征呢?

乔姆斯基的研究正是对这一问题的回应。有关乔姆斯基的语言理论以及语言哲学思想,我们在本书第3章与第4章中已经有了较为详尽的论述,此处将不再重复。这里我们仅分析一下乔姆斯基对于分析哲学语言观的变革,并基于此对上述问题做出回应。乔姆斯基在两个方面突破了分析哲学家们对于语言的理解。第一方面是对自然语言本质的理解。日常语言学派坚持认为哲学概念上的混乱源自人们违背了日常语言的正确用法,但日常语言本身是完善的。因此,只要我们细致分析语言的具体使用情况,语义就会得到澄清,哲学上的混乱也就会随之消除。乔姆斯基同意"日常语言是完善的"这一观点,但对于如何分析日常语言却持有完全不同的态度。我们刚刚提到日常语言学派在语言理解上的困境源自他们没有区分语言与语言使用。通过分析语言使用,得以澄清的只是语句的语用意义而不是它们的基本意义。更为重要的是,如果关注研究语言的使用,也就将意味着语言的研究必须涉及众多的语境因素。例如,我们必须考虑说话人,说话人的身份、地位、心理状态,说话人与受话人之间的关系,还必须考虑话语发生的时间、地点、时代背景、社会背景,等等,这可能是一个无尽的过程。与其说我们是在分析语言的使用,倒不如说我们是在研究以语言为手段的社会交际。在这一分析过程中,因为众多因素的介入,我们可能很难具体把握语言本身的意义。以这样的分析结果来作为概念与命题的基础是很不恰当的。乔姆斯基清楚地看到了这一点。他承认语言可能被误用,但对误用并没有一个明确的判定标准,因为在言语交际中任何一次使用均可能具有特定的语用意义。所以,要想研究语言的本质并基于此探索人类的认识结构,应该做的只能是研究语言本身。据此,乔姆斯基提出了内在化的研究道路,即语言研究应该关注 I-语言,而不是 E-语言。内在化的语言研究之路以语言经验为基础,但不囿于此,因为研究者收集到的语料总是有限的,所以研究可能是片面的。唯有以内在语言能力为基础,研究语言能力的内在运作过程与儿童习得过程,我们才可以更好地接近语言的本质,也才可以更好地透过语言揭示人类以语言为基础的认识与理解方式。

乔姆斯基超越分析哲学语言观的第二个方面表现为:他使得以逻辑计算为基础的形式化研究方法介入自然语言研究成为可能。人工语言学派认为自然语言混乱不堪,难以适用于严谨的逻辑分析,因此必须要建立工整、精确的人工语言,以数理逻辑为基础。应该说人工语言学派已经注意到了人类语言(无论是人工语言还是自然语言)内在的形式化特征,并且相信这一特征与人类的知识同构。结合上段的分析,我们不难发现,人工语言学派所指的自然语言实际指称的是使用中的语言,这样的语言因为众多语言外因素的介入而难以把握。但是,造成人工语言学派在语言理解上陷入困境的深层原因在于他们的经验主义立场。经验主义立场要求认识的起点只能是感觉经验,这就要求语言结构的基本因子只能是感觉词项或观察句,而日常语言恰恰无法提供具有固定语义的词项作为逻辑构建的基础。乔姆斯基并不否认在语言与逻辑构建中应该具有一个稳固的基础,但在他看来,这一基础不可能来自于具体的感觉经验,而应该是存储在人类大脑词库中的词汇项目(词项)。词项并不是每一个人类个体的经验所得,因为那不仅是有限的,而且还会因人而异(自然也就不可能作为逻辑计算的起点)。就此而言,弗雷格等人工语言学派成员所寻求的经验词项与外部世界之间的"指示"(denote)或"指称"(refer)关系并不存在[1]。乔姆斯基认为词项是人类整体认识所得,并且它们中的大部分已经作为人类天生语言官能的一部分世代遗传。词项以生物表征的方式存在并呈现给语言官能的其他部分(递归计算机制),以供句法计算并最终生成具体的句法结构(参见 3.1 节与 3.2 节)。这既保证了人类语言能力的一致性,也在一定程度上保证了人类认识世界结果的相似性。

以上两个突破均是以乔姆斯基对语言本质的不同认识为基础的。乔姆斯基认为自然语言是人类语言官能(作为生理器官)的一种生理状态,同时也是人类认识的一种心理状态。语言作为一个内在化的表征与计算机制具有明确的生理基础,因此对于语言的研究应该归属于严格的自然科学研究范围。同时,也正是这种生理基础而不是语言使用的公共性使得人类具有相等的初始语言能力(比如同一个儿童在任何语言环境中均可以轻松习得该语言作为其母语)。分析哲学研究者们以语言的公共性与主体间的可观察性为基础,认为分析语言的形式与结构可以透视人类认识的形式与结构。他们明显走错了方向,因此也就不难解释他们为什么会在认识论等哲学问题上面临着众多难以解决的困难。

接下来我们讨论自然主义视角下的本体论问题。

沙弗斯曼(Steven D. Schafersman)曾仿照波普尔提出了三个哲学的世界:第一,物质的或物理的世界,包括物质和能量;第二,非物质的世界,包括心灵、观念、价值、想象和逻辑关系等;第三,超自然的先验世界,包括上帝、精神、灵魂等。以此为基础,他进一步认为,相信第一世界、否认第二世界的独立存在构成了唯物主义(materialism);相信第一世界和第二世界,并认为没有必要否认第二世界的构成了自然主义(naturalism);相信所有三个世界的

---

[1] N. Chomsky, "Language and Nature", p.24.

构成了超自然主义(supernaturalism)①。沙弗斯曼的区分虽未必能获得广泛的认可,但至少给我们提供了一点提示:自然主义与物理主义并不完全相等,自然主义应该是一个比物理主义内涵更加丰富的概念。或者说,在本体论问题上,自然主义比物理主义更加宽容。自然主义比物理主义更为丰富的部分首先应该体现在其对待心智的态度上。物理主义者持有绝对的物质一元论的立场。但回顾科学发展史,我们发现,物理主义的内涵并不是固定不变的,实际上它经历了一个不断扩展的过程。随着自然科学的不断发展,一些新的物质被不断地引入,并逐渐取得了物理学的认可,从而获得了本体论的地位。这些新的物质包括分子、原子、电子,甚至包括夸克、场等。而且,基于当前自然科学的迅猛发展,我们有理由相信会有更多的这样的"物质"被发现。

新的物质不断被发现这一事实说明物质的内涵本身也在不断地扩展,或许今天被认为不是物质的东西将来某一天会被认定为物质。这同时也说明,在现阶段做任何有关物质的绝对的判定都不符合科学的严谨态度。这便是乔姆斯基自然主义的本体论立场(参见 3.2 节,随后第 4 节还将有进一步论述)。实际上乔姆斯基本人反对讨论其理论的本体论意义,因为在他看来,本体论不是一个可以讨论解决的问题。在科学研究未及之处,对有关"何物存在"的任何判定都是主观的、武断的,只会束缚研究者的手脚,无端地限定其研究范围。这也正是分析哲学家们在研究上处处被动的主要原因之一。早期的分析哲学家们对于形而上学普遍持否定的态度,因此他们也多认为有关本体论问题没有意义。然而,虽然放弃了有关本体论问题的讨论,但这并不代表他们不对"何物存在"问题做出任何判断。自弗雷格开始,分析哲学反心理主义的立场得到确立。在分析哲学家们看来,具有客观属性的仅包括以下两项:观察意义与逻辑规则。观察意义的客观性源自感觉经验,后者基于我们的生理感官,因此是可靠的。逻辑规则的客观性则来自其"永真性",这与心理主义相对,后者涉及人的主观的心理活动。对于观察意义的可靠性(且不说客观性)我们在本章上一节中已经做了否定性的证明。逻辑规则的客观性实际上也从没有得到过充分的论证。弗雷格、罗素等人的论述更多地只是强调"严格区分心理的东西和逻辑的东西、主观的东西与客观的东西"的重要性,而没有对区分的依据做出具体的说明。实际上,分析哲学家们对于心理

---

① 转自李侠:《自然主义与自然化的认识论》,第 22 页。

现象实在性的否定态度决定了他们难以对此做出有效的说明,因为就根本性质而言,在现阶段我们尚无法对逻辑计算与其他心理活动做出本质上的区分。弗雷格将逻辑规则、数等定性为"客观非实在的东西",似乎更加令人感觉不解,因为一般而言,"客观"与"实在"紧密相联,凡"客观的"均是"实在的"。我们理解弗雷格如此定性应该是无奈之举。弗雷格等分析哲学家们的理论困境源自他们先入为主式的本体设定,即在自然科学尚未做出证实之前就设定心理现象是主观的、不可信赖的。在这种情况下,当他们发现逻辑规则及其计算对于认识不可或缺时,便只好又回过头来将它们与其他心理现象强加区分,并对其性质做出规定。这种规定,恰如他们创立的人工语言一样并没有以自然科学研究为依据。不仅如此,过于依赖观察经验与逻辑规则的结果使分析哲学家在知识构建过程中顾虑重重,不敢轻易超越规则。然而,我们知道,单纯的分析命题不会产生包含新内容的判断,综合命题又难以达到全称判断,因此分析哲学的知识构建之路只能以怀疑或失败告终。

那么,到底"何物存在"呢?凡已被当前自然科学(主要是物理学)认可的东西都是存在的。这一点无可争议,但它并不是问题的关键所在。有关本体论问题的难点在于是否承认心智的存在。笛卡尔的二元论设定备受诟病,但后来者似乎也因此成了惊弓之鸟,除了坚定的唯心主义者之外,再无人敢宣称心智现象的实在性。这本无可厚非,但如果因为无法证实其实在性就否认心智现象的存在,其实也是一种二元论立场,因为它仍然基于"非此即彼"的思维方式。由此带来的结果就是心智现象被抛弃或悬置。乔姆斯基称采取类似立场的研究方法为"方法论上的二无论"。正确的做法是自然主义的,即在任何事物的最终性质得到科学确证之前,不要妄下结论。研究者应该以经验观察为基础,努力构建对于经验事实具有最佳解释力的理论假说,然后再通过进一步的经验或实践来对已构建的假说加以检验。妄下结论并基于此对研究对象或研究范围加以限定只会妨碍科学研究的正常开展。

乔姆斯基的态度恰好是自然科学研究的基本态度。自然科学不会在获得证实之前就对任何事物的客观性或可靠性加以设定,它追求的是基于自然科学方法获得有关经验事实最佳解释的可能性。这也正是乔姆斯基认为研究者在对待心智现象时应该持有的正确态度。实际上,身为分析哲学创始人的罗素亦持有相似的立场。罗素指出:"我认为必须承认,他人具有心灵这一假设不可能通过类比论证而得到任何强有力的支持,所以没有什么东西能否定其真实性,而且有充分理由把它当作一个有效的假设。一旦承认这个假设,就能使我们通过证言来扩充我们关于可感世界的知识。"①有关心智的研究目前已经取得了一定的进展,以福多、乔姆斯基为代表,心灵的表征与计算机制在一定程度上实现了对于心智现象的有效解释。虽然其中还存在诸多的不完善之处,但在自然科学研究还没有取得进一步的进展之前,它不失为一个阶段性成果并因此而受到更多的关注。

乔姆斯基所持有的本体论立场的另一个优势在于它可以为解释康德的先验认识形式提供一条有效的研究路径。康德提出人类具有先天给予的认识形式,但对于这一先天形式的来源,他没有做出明确的解释。随着自然科学的发展,这些先验形式本身完全有可能被视作类似于当年笛卡尔的心智而遭到抛弃,因为依据当前自然科学的研究成果,先验形式本身仍无法获得合法的本体论地位。我们相信康德的研究是严谨、细致的,他不会完全无中生有地创造出这些先验形式。但另一点也很肯定,即康德在提出这些形式之初并没有获得(也无法获得)足够的经验支持。那么是否有可能他也像乔姆斯基一样,是基于人类认识的实践经验以及人类可以获得有关世界的恰当认识这一事实而做出的大胆假设呢?回答是肯定的。首先,"先验"并不表示完全脱离经验,它不同于超验。康德认为:"我的位置是经验上的肥沃的洼地;这个词("先验")并不意味着超过一切经验的什么东西,而是指虽然是先于经验的然而却仅仅是为了使经验知识成为可能的东西说的。"②其次,康德对于先验认识形式的探索基于当时两门具有"普遍、必然性的学科"——数学和理论物理学。再次,对于知识之为判断,康德追问的是"先天综合判断何以可能"。然而他对于这一问题的回答虽然冠之以"先天"或"先验"之名,但其本身又何尝不是一种判断呢?最后,先天认识形式作为康德哲学思辨的结果,不可避免地受到了康德所继承的哲学传统与他所处时代的科学发展成果的局限。康德试图赋予它以先验式的普遍性,这对于从独断论的谜梦中惊醒并且深受怀疑论困扰的康德及其时代来说是必要的。而且,康德的发现再次肯定了人类的理性能力与人类认识世界的可能性。但从历史的角度来考察,这一立场无疑有其时代的局限性。康德的局限性最为明显地表现在他在应该提出假

---

① 罗素:《我们关于外在世界的知识》,任晓明译,东方出版社,1992年,第86页。
② 康德:《未来形而上学导论》,商务印书馆,庞景仁译,1978年,第172页。

说的地方做出了论断。恰如笛卡尔对于心智的设定一样,康德的论断也很容易受到批判。然而,如果我们转换思路,转而认为康德为人类认识能力的形成与本质提供了很好的"假说性"解释模型,那么我们完全有理由认为在康德的时代,先天认识形式是当时"最佳的"解释性理论,它有效地解释了人类知识获得的普遍性问题。在做出这一假定时,我们已经转入了乔姆斯基的方法论轨道。康德设定的人类先天的认识形式与乔姆斯基设定的人类先天的普遍语法,二者无论在形式上还是本质上均十分相似,所不同的只是后者被赋予了明确的生理基础,因而可以被进一步的自然科学研究成果检验。我们有理由相信,乔姆斯基自然化的道路也是康德的先验认识论获得新生的唯一选择。

乔姆斯基在语言观与本体论立场上的变革为当前的认识论研究带来了新的研究视角,并基于此实现了对分析哲学传统的超越。

从贫乏的经验输入到丰富的理论输出,人类认识世界的实践,虽然还远不够完善,但总体而言是成功的,或者至少是持续地走向成功的。因此,认识论的基本问题就应该是解释贫乏输入与丰富输出之间的实现关系。分析哲学家们及其之前的经验主义者或理性主义者们,在探索这一关系的过程中普遍持有一种基础主义的立场。这一立场要求将知识体系建立在基本的、不可改变的认识信念之上,并且,"它们(认识信念)是自明的、无需经受进一步辨明,而其他的非基础信念则必须借助它们才能得到证明"①。这一基础信念,笛卡尔认为是天赋观念,康德认为是先验认识形式,而经验主义者则认为是感觉经验。基础主义使认识论研究受制于对基础的追寻,而如果一个明确的基础不可得,研究者极有可能会脱离其所处时代的自然科学发展水平而强行对基础进行人为的设定。如此一来,这一未得到充分证实的基础信念往往会成为进一步认识的障碍。蒯因提出"本体论的承诺",已经具有了初步的反基础主义立场,可惜蒯因没有将其贯彻到底。蒯因认可了一种相对的基础主义的存在,但在认识论上蒯因对于行为主义与观察语句的坚持与设定则又使其回归了基础主义。基础主义本身并非不可取,关键是这个基础要经得起自然科学与更多后续经验事实的检验。时至今日,这样一种基础仍然难以获得。

---

① 尼古拉斯·布宁,余纪元:《西方哲学英汉对照辞典》,王柯平、江怡等译,人民出版社,2001年,第392页。

在这种情况下,乔姆斯基的本体论立场恰好有力地向我们宣示了另一种反基础主义道路的可能。乔姆斯基拒绝在科学未及之处对何物存在的问题予以回应,因为对于像什么是物质这样的基础性问题,自然科学界都还没有取得一致的认识。在这种情况下,乔姆斯基式的本体论立场不仅不构成认识论研究顺利开展的障碍,反而解放了研究者被束缚的手脚,使他们不至于为是否符合某个人所设定的基础或规则而顾虑重重。以乔姆斯基的本体论立场为基础,认识论研究的道路将真正实现与自然科学研究道路的重合。乔姆斯基在本体论上"大胆假设、少做论断"式的开放心态反映的正是自然科学细致严谨却又勇于探索的精神。

我们可以将第 4 章有关乔姆斯基语言学研究的方法论策略简要回顾如下,以论证其科学性与合理性。首先,认识从少到多、从贫乏到丰富,人类认识能力的获得应归功于人类区别于其他动物的生理特殊性,因此乔姆斯基大胆假设包括语言能力在内的人类认识能力在生理上是先天获得的(对此,洛克、休谟、里德、蒯因、普特南等均有相似论述)。其次,人类的认识能力过于复杂,而作为心灵的镜子,语言及其相关研究可以很好地透视心智与人类认识能力的特征(对此,分析哲学家们持有相似意见)。再次,语言作为一种心智现象,虽然与大脑在本质上并不相同,但经验事实告诉我们它应该是存在的,因此在其本质被充分揭示之前(无论是最终被取消还是被证实是物质的另一种形态或是其他的什么),我们理应依据其表现出的特征与我们感受到的经验事实对其本质进行大胆的假设(笛卡尔、康德、罗素、洪堡以及心灵哲学家中的功能主义者、解释主义者们实质上采取了相似的研究路径)。最后,句法表现出了明显的形式化特征,因此符号表征与逻辑计算的研究方式可以有助于对语言能力本质的探索(表征与计算的研究方式已经成为当前认识科学研究的主流,"计算无处不在"[①])。可以看出,在语言学研究中,乔姆斯基采取的只是"假说—验证"的基本科学研究路线。从这一点来说,乔姆斯基是一个温和的科学主义者,他并没有提出什么骇人听闻的论点或是在方法论上走向某一个极端。相对而言,包括蒯因在内的分析哲学家们对于心智现象的抛弃本身就是一个不当之举;而在随后的研究中,他们对于认识前提与方法的进一步规定则更加剧了他们对于自然科学方法的偏离。

---

① 郦全发:《用计算的观点看世界》,中山大学出版社,2009 年,第 2 页。

乔姆斯基的语言学研究旨在解开人类的认识之谜,他的本体论立场旨在消解任何在科学范围之外的本体论判定。无论是语言观还是本体论,乔姆斯基的变革都可以被看作是对分析哲学认识论思想的颠覆与超越,也可以被看作是对蒯因自然化研究路线的纠正与彻底落实。乔姆斯基有志于推动传统认识论问题的当代解决,但他却并不认为自己做到了,他只是觉得自己走在了正确的道路上。至于理论成果,那需要后续研究的检验。

在以下两节中,我们将尝试以乔姆斯基的语言观与本体论立场为基础,探讨两个在哲学领域备受争议的话题:私人语言与心灵的自然化。我们希望能够为这两个问题的进一步澄清乃至最终解决提供一个新的研究视角。

## 6.3 语言规则遵守与私人语言论证

面对维特根斯坦在《哲学研究》第 201 节提出的悖论,我们或许可以像维特根斯坦一样将分析终止于语言实践,因为实践中本无悖论;我们也可以选择继续前行,但这样一来可能的情况是将会面对更多的悖论。在本书中我们选取的是后一条路径。通过不断的追问,我们试图澄清悖论背后的误解。在这一澄清的努力中,乔姆斯基的语言哲学观将为我们提供有益的提示。

**悖论一**:这就是我们的悖论,没有什么行为方式能够由一条规则来决定,因为每一种行为方式都可以被搞得符合于规则。[①]

对此悖论,一般可做如下理解:虽然我们的一切行动都遵守规则,但我们却无法用某一规则来解释我们的行动,因为我们的某次行动可以遵守无数条规则,也可以不遵守任何既定规则,只要我们对规则及其解释做出必要的调整。

但维特根斯坦实际上并不认可悖论的存在。悖论本质上不融于"生活世界"的实际与语言共同体社会交往的实践,因而自然也就不可能存在于坚持只描述语言用法的维氏理论中。"哲学绝不干涉语言的实际用法……因为,它也不可能给语言的实际使用提供任何基础。它没有改变任何东西。"(第 124 节)"哲学只是把一切都摆在我们面前,既不作说明也不推理。"(第 126 节)悖论的产生恰是由于对方法的误用,而方法的误用则又是由于对哲学研

---

① 维特根斯坦:《哲学研究》,李步楼译,商务印书馆,1996 年,第 121 页,第 201 节,以下出自该书的引文将仅注明所在节。

究目的的误设。就规则及其遵守而言,当我们希望为规则的使用提供某种存在于现象背后的解释模式时,或更进一步,当我们试图为语言游戏制定规则时,我们的研究其实已经步入歧途。在语言规则的研究中,不应存在任何对规则的解释或建构,相关研究的目标应定位于对语言实际使用的澄清。在维特根斯坦看来,这种澄清并非指对于"隐藏着的东西"的发掘。澄清同样也不需要任何的解释,因为"一切都一览无遗",哲学研究所要做的与所能做的仅是将这一切"弄懂"并客观呈现出来。

由此可以认为,悖论的存在只是研究者误用方法与误设目标而产生的假象。然而,即使是假象,其对于哲学研究,尤其是对于语言使用问题的澄清而言,却具有重要意义。这也正是维特根斯坦"无中生有"地提出悖论的原因,即:"哲学的成果是我们发现了这个或那个明显的胡说,发现了理智把头撞到语言的界限上所撞出的肿块。正是这些肿块使我们看到了上述发现的价值。"

规则悖论即为这种形式的"胡说"或"肿块"。在哲学史上,规则悖论并不"孤独"。自古希腊开始,各种悖论便层出不穷。然而,对于悖论的消除在哲学史上却鲜有成功的范例。由于悖论均源于逻辑的运作,源于"理智的蛊惑",所以其解决不可能再次诉诸逻辑或理智。要消除悖论唯有回到实践。就此维特根斯坦对于哲学及其意义进行了重新定义:"哲学是以我们的语言为手段反对我们的理智的蛊惑所进行的斗争。"回归"生活世界"、按照语言的日常用法来描述语言是消除悖论的唯一途径。

规则悖论的提出为维特根斯坦树立了批判的标靶。维特根斯坦的批判主要从两个方面展开。

首先,维特根斯坦认为,对于语言规则的遵守不依赖于对规则的解释。对此可以进一步作两个方面的理解,即对规则的遵守既不依赖于对规则的既定解释,也不依赖于对规则的新解释。对规则的既定解释存在于行动之前,它对规则遵守具有规范与指导意义。要实现这一点,必须要求规则具有确定的内容且行动者在其行动实施前就已知晓这一内容。如此一来,规则便被赋予了"规范—目的论"的内涵,同时更因其对于规则既有内容的强调而误入传统本体论的窠臼。很明显,这不可能是规则遵守赖以成立的基础。那么,规则遵守是否有可能依赖行动中或行动后对规则做出的新解释呢?维特根斯坦的回答是否定的。他认为:"任何解释以及它所解释的东西都是悬而未决的,因而不可能对被解释的东西给予任何支持。"(第198节)不仅如此,允许对规则做出新的解释,也就同时许可了解释主体(行动主体)充分的能动性,从而可能为私人规则遵守开启了方便之门。

基于以上两个方面的分析,维特根斯坦得出结论:规则"并不是一种解释,而是在一个又一个的应用实例中显示在我们所谓的'遵守规则'和'违反规则'的活动中"。(第201节)简言之,"'遵守规则'是一种实践"。(第202节)

其次,维特根斯坦通过置疑记忆的可靠性来否定遵守私人规则的可能。也许有人会认为,只要保证个人在某一语词用法上的连续性,即可认为其在遵守着某一个用法规则。如果这一点成立,即意味着私人遵守语言规则是可能的,从而私人语言的存在也得以部分验证。但问题是这种"用法上的连续性"如何判定。举一个简单的例子。假设甲在看到某物时,便标识为O,那么下次在相同物体出现时甲便会写下或说出O。如果甲能连续地做到这一点的话,那么我们便可以认为甲在使用语言符号O时是遵守规则的。但是,正如上文所述,问题的关键在于如何保证这种"连续性"。就个人而言,"连续性"的存在只可能依据其私人的记忆,因为唯有记忆才可能让其确定出现的是同一个物体,同样也唯有记忆才可能使甲确定O对该物体的指称关系。相信一定会有人争辩说记忆总有准确的时候,然而只要承认记忆存在着不准确的可能,那么记忆作为一个系统,其准确性必然只是或然的。正是这一或然性本质剥夺了记忆作为规则遵守所可能依据的基础,这同时也就宣告了私人规则遵守的不可能。

因此,维特根斯坦认为,规则遵守不是一种凭借记忆而进行的活动。规则遵守实际是"一种习惯"。习惯是训练的结果。"我受过训练从而对这种记号以一种特定的方式做出反应,而现在我的确对它做出了这样的反应"。(第198节)"遵守规则,作报告,下命令,下棋,都是习惯(习俗,制度)。"(第199节)

既然规则无从解释,规则的遵守又无可靠的依据,那么维特根斯坦得出"我盲目地遵守规则"这一结论也就顺理成章了。然而,这一结论本身却又是一个自相矛盾的表述,因为它同时包含着"遵守规则"与"盲目行动"两个相互对立的行事要求。一方面,语言的公共性本质要求语言使用者必须遵守规则;另一方面,行动者只能盲目地参与规则遵守的实践。这一矛盾的存在似乎预示着刚刚走出悖论的我们又不得不面对另一个悖论。

**悖论二:** 没有规则无法行动,然而没有行动又无法形成规则。

为了消除这一悖论,我们需要对"规则"概念本身作进一步的分解与澄清。

要深入研究语言,有几个基本的问题必须回答。这其中至少包括:①语言如何构成;②语言如何习得[①]。"语言规则及其遵守"问题理应归属于宏观的语言研究范畴,因而也必须面对规则的"构成"与"习得"这两个基本问题。基于第一部分的论证,我们不难发现,维特根斯坦实际上已对这两个问题做出了回答。

"规则构成"实指规则的内容。根据一般的理解,内容指概念本身的知识组成。知识当然可以是公共的,为语言共同体所共享。然而,知识的这种公共属性并不能掩盖其内在隐含的诸多理论困境。首先,承认知识的存在实质上是承诺了一种内在实体的存在,这无疑是认可了知识或意义的本体论地位。其次,公共的知识本身无法直接被加以运用,其实现有待个人的介入,而这种介入只可能是以私人理解的方式呈现的。换句话说,公共性的知识唯有转化为私人的内在经验并成为其未来行动的内部样本时才可能被加以运用。这无疑又从另一方面承认了私人经验的存在。要消除这些困境,唯有否定知识作为非物理实体存在的可能。维特根斯坦为此开出了药方。他指出规则本无内容,因为"规则就是语言游戏本身",语言规则遵守是一种实践,"显示在我们所谓的'遵守规则'和'违反规则'的活动中"。

"习得"可以指对知识的获取,也可以指对能力的掌握。在这两种情况下,它都标志着一种从未知状态向获得状态的过渡。就语言规则而言,基于以上的分析,我们完全可以排除前一种情况,即语言规则的习得只可能是一种对能力的掌握。可喜的是,我们发现这一点与维特根斯坦的分析完全吻合。维特根斯坦认为对于规则的遵守源于行动者受过训练后所形成的习惯。这些习惯的习得源于我们生活形式的一致,它们使得我们在日常生活中并不会为是否遵守规则而苦恼且造成行动上的犹豫。由此可见,这些习惯实际已转化成了我们行动能力的一部分。因此,规则的习得实际上指对语言使用能

---

[①] N. Chomsky, *Knowledge of Language: Its Nature, Origin, and Use*, p.3. (乔姆斯基的论述中还包括第三点,即"语言(知识)如何使用")

力的掌握。

对语言的常识性认识也同样支持了维特根斯坦的论点。例如我们都能熟练使用自己的母语,但并不是我们中的每个人都能够说出自己母语的语法;知晓一门外语的语法并不能保证我们始终正确地运用该语言,等等。通常情况下,我们都不会否定这两个常识认识的正确性。这两个认识本身恰又均为维特根斯坦的论点提供了佐证,因为它们再次说明了如上观点,即语言习得是一种能力的掌握而不是一种知识的获取。

然而,我们的研究并不会就此止步。将规则遵守视为习惯与能力并不代表问题就此终结,因为仍有大量的未解疑问有待澄清,这其中我们需首先面对的便是"能力或习惯如何形成"。

要回答此问题,我们可以选取两条不同的路径:常识的路径与传统认识论的路径。前者为维特根斯坦所力主,而后者则是维特根斯坦力图要颠覆的。常识的路径诉诸对语言日常用法的描述。维特根斯坦强调:"在我们的研究中必须没有假设性的东西。我们必须抛弃一切说明,而仅仅代之以描述。"因此,"要说我们的考察不可能是科学的考察,那倒是对的",同样,"我们也不会提出任何的理论"。(第109节)维特根斯坦期望凭借这种描述的方法从哲学问题中得到光明,实现哲学研究的目标。如果仅从常识的视角,我们不难发现,维特根斯坦实现了他自己为哲学研究所设定的目标,因为他已几乎将有关规则及其遵守的描述加以详尽——包括规则遵守在内的语言能力源于训练所形成的习惯。维特根斯坦这一结论的获得基于他对语言使用的描述。而实际上,描述,尤其是过程描述,本身即不失为一种解释,恰如我们描述语言的习得过程本身也就是对于语言能力如何形成的一种解释。当然,这种解释不同于科学的解释,因为它不涉及"现象背后的东西","背后的东西"可能也同时是"不可说的"。对此,维特根斯坦所设定的常识研究路径无意为之,或也可能无力为之。

然而,在哲学史上,哲学家们对于语言能力"背后的东西"的探求却从未停止,这一点在哲学近代认识论转向以来表现得尤为明显。近代以来,笛卡尔开启了"语言能力及其创造性运用"这个话题。笛卡尔强调日常语言运用中的创造性,并认为这是人和动物的"真正区别"。至于人类的语言能力如何习得,笛卡尔认为除了将其归于天赋之外别无其他解释。莱布尼茨在有关语言能力习得的问题上继承了笛卡尔的天赋说,他认为语言能力与语言知识是作为"倾向、禀赋、习性或自然的潜在能力而天赋予我们心中的"。其后，洪堡认为语言能力实际上指"有限（语言）手段的无限运用"，它是人类大脑的重要组成部分，其存在基于人类天生的智力基础。经验论哲学家们也同样对语言能力做出了精彩的论述。经验论者坚持认为任何知识或能力的获得都源于人类的经验。然而，在对语言能力的理解上，他们的认识却令人惊奇地有所不同，转而强调天赋或本能的基础性作用。洛克认为上帝可能选择"给物质添加思维机能"，从而使包括语言能力在内的诸种能力成为可能。休谟、皮尔士、普特南等也都有过相似的论述。

遗憾的是，传统认识论的路径同样无法完全解答规则构成与规则习得的问题。将包括规则遵守在内的语言能力归结为所谓的"天赋性"、"自然之手"或"本能"只是将问题的解决延后，因为对于这些概念本身研究者仍需做出进一步的解释。

从以上对两条研究路径的分析中我们并没有看到消除规则悖论的希望。维特根斯坦常识化的解决路径无心消除悖论。从本质上来说，他认为规则遵守悖论根本就是诡辩，从而无需消除或无所谓消除。因为一旦进入语言游戏，进入语言使用的实践，悖论自然会消解，实际存在的只是遵守规则的言语行为本身。相比而言，传统认识论的解决路径则无力解决悖论。无论是理性主义，还是经验主义，所取得的研究进展都只是将问题的解决无限延后，并因此而陷入无限后退，从而难以直接触及问题的根本，无力实现问题的最终解决。

鲁滨逊·克鲁索（丹尼尔·笛福的长篇小说《鲁滨逊·克鲁索》(Robinson Crusoe)的主人公，只身流落荒岛）是有关规则遵守问题讨论中常见的例子，其中艾耶尔的论文《可能有一种私人语言吗？》影响较大[①]。该文旨在反驳维特根斯坦的私人语言论证。艾耶尔提出，设想一个鲁滨逊式的人，当他还是一个婴儿并且还没有学会说话时就被孤身留在一个岛上，并且被一只动物养育长大，那么当达到一定的年龄以后，他是否会创造出一种只有他自己理解并使用的语言呢？艾耶尔的回答是肯定的。他认为，至少我们设想鲁滨逊发明了描述其岛上动植物的词语与描述其个人感觉的词语是可

---

① 艾耶尔：《可能有一种私人语言吗？》，参见《语言哲学》，牟博等译，商务印书馆，1998年，第873—886页。

能的。艾耶尔论证的推理过程十分有力,但可惜这一论证的前提存在着明显的缺陷。这至少表现在两个方面:首先,"狼孩"卡玛拉与阿玛拉的真实故事告诉我们,一个脱离语言社区的人类婴儿是不可能形成人类复杂的语言描述能力的(而且,语言之外的其他人类特有的认识能力也难以完全形成);其次,"要发明一套词汇,他至少必须发明在各种情况下使用这些词汇的方法——这些情况属于社会生活,事实上,这种社会生活与语言一起生长发展,和语言一样不可能被发明出来"①。

艾耶尔设想的鲁滨逊明显不同于笛福原文中的鲁滨逊。而如果我们从笛福的原文开始展开论述,我们就将完全可以避免艾耶尔的错误。

我们的论述将分两个方面展开。

第一,鲁滨逊独自继续遵守语言共同体的语言使用规则是否可能?作为一个具有完全语言能力的人类个体,鲁滨逊虽只身流落荒岛,但之前多年的语言使用实践使得他已处于语言规则的习得状态。而且,可以肯定的是,这种习得状态通常情况下不可能因个人与语言共同体在空间上的分离而突然消失。那么,在这种情况下,我们认为鲁滨逊的语言活动,无论是写日记、自言自语还是对其熟悉的事物或状态进行指称与描述,都是遵守规则的。

第二,鲁滨逊个人创造一些语言使用规则是否可能?假设鲁滨逊到荒岛之后发现了一种新的树木,而且无意间发现这种树木有剧毒(因为他发现有动物因不慎接触该树木而死)。于是,为了提醒自己,他便用 D 来标识这种树木及其潜在的危险性。以后每当遇到这种树木时,他便会自言自语地说出"D"。此时,符号 D 不但得以与某一特定对象相联系,而且还同时兼有一种心理暗示(非常危险,别碰),从而指称某种心理经验。维特根斯坦认为,只有当某一用法获得语言共同体成员的普遍认可时,才可以说这一用法遵守规则。依据这一观点,鉴于语词 D 的使用无法获得任何共同体成员的认可,鲁滨逊对其使用不可能是遵守规则的。但在此处,维特根斯坦的论证却很容易反驳。首先,我们承认鲁滨逊检验自己在对 D 的使用上是否一致时唯一能依靠的只能是他自己的记忆,而且他的记忆可能错误。但"这些错误对他并不产生实际的差别"②,因为这些错误可能在实践中被他自己纠正(如通过

---

① 徐友渔:《关于遵守规则和私人语言的研究》,《哲学动态》,1992 年第 3 期,第 26 页。
② 艾耶尔:《可能有一种私人语言吗?》,第 880 页。

样本对比,等等)。经过长期实践经验的积累,鲁滨逊可以完全一致地使用 D,相信这一点并不是不可理解的。其次,鲁滨逊可能会将有关 D 的用法教给"星期五"(他救下的土著人,后训练成为他的仆人)。细致的读者可能会争辩说,相对而言,D 所指称的树木这个实体很容易教,但 D 所指称的"危险"内涵却很难教会,因为它涉及鲁滨逊个人的心理经验,无法客观验证。我们认可这一争辩,但同时我们认为,依据维特根斯坦的观点,这一困难并不难解决。既然"痛"、"快乐"等心理词汇可以在语言使用实践中为语言共同体成员所共享,那么通过一段时间的语言实践,D 当然也同样可以在实践中为鲁滨逊和"星期五"所共享。于是,我们可以由此进一步推断,D 也完全可能为第三个人所理解并使用。所以,我们的结论是:鲁滨逊个人创造一些语言使用规则完全可能。

综上所述,我们认为,只身处于荒岛上的鲁滨逊仍在遵守规则。

但问题仍然存在。鲁滨逊仍在遵守规则,但可能的另一种情况是,鲁滨逊遵守的不是我们的规则。于是,我们来到了另一个研究的岔路口。此处,我们将面对另一个难题,或许可称之为另一个悖论。

**悖论三**:我知道鲁滨逊在遵守规则,但我不知道他遵守的是什么规则。

至此,我们提出并分析了语言规则及其遵守论证中可能存在的三个悖论。但遗憾的是,虽然我们已经遵从维特根斯坦的建议,将悖论的解决诉诸语言使用的实践,我们仍没有办法真正消除其中的任何一个。于是,我们必须反思我们的论述本身。

我们将转换思路,一反通常的研究进路,舍弃对于"私人语言"的追问,转而追问"公共语言"何以可能。维特根斯坦认为规则就是语言游戏本身,语词的意义就在于其使用。然而很明显,就算我们认可使用可以决定一个语词的实际意义,但据此便认为使用是该语词之所以具有意义的充分条件仍难以令人信服,因为我们不可能无中生有,任何使用都必须以语词本身的存在为条件。现在的问题是:语词缘何产生?我们知道,语言符号的"能指"与"所指"之间并不存在逻辑对应的关系,但有一点可以肯定,即一个语言符号总有其所指,无论这一所指是具体的(如"树"、"山"等)还是抽象的(如"痛"、"高兴"或各种关系等)。"星期五"的命名得以实现正是由于其指称对象的存在,无论这一对象是在客观世界中(于小说情境而言)还是在概念上(于小说读者而言),而将命名与对象联系起来的唯有认识主体的个人内在经验。

维特根斯坦将语言的私人性归结为个人内在感觉经验的私人性。但需要注意的是,维特根斯坦并不否认私人经验本身的存在(这在《哲学研究》第304节中有明确表述),他实际否认的是私人经验进入公共语言游戏的可能性。虽然"盒子里的东西在该语言游戏中根本没有位置",但这本身并不构成对于"每个人盒子里都装着某种不同的东西"这一可能性的否定,而这"某种不同的东西"便是私人感觉或至少是私人感觉存在的基础。这一点并不难理解,因为语言本身就是心智活动的产物,没有内在的感觉与经验,语言的理解与生产是不可想象的。同样不可否认的是,正是包括语言在内的高级心智能力与复杂心智活动构成了人类与动物的根本区别。所以,对于私人语言的否定不可能同时构成对于私人经验的否定。相反,如果我们否认了私人经验的存在,那么我们由此否认的将不仅是私人语言的存在,而是任何人类语言的存在。这也就同时提示我们得扩展我们的论题,将规则及其遵守放到更加宏观的语境中来加以思考。

在以上的论述中,我们分析指出,独居荒岛的鲁滨逊依然是遵守规则的,虽然他所遵守的具体规则可能与我们遵守的规则完全不同,甚至可能完全不为我们所知。得出这一判断,我们并非依据"他是否是某一语言共同体成员",而是依据"他能否成为某一语言共同体的成员"。换句话说,在做出规则遵守判断时,我们依据的并不是其个体行为是否正在遵守某一规则,而是他的行为整体是否具有融入语言共同体的可能。在语言使用实践中,我们会遵守某些规则,我们也可能违反某些规则,但这并不会让我们感到苦恼,因为规则遵守是人类整体的一种行动方式,是由我们的生活世界协调并决定的,其实质是"生活世界的一致"。所以,我们对于鲁滨逊遵守规则与否的判定不是对于他所遵守的规则个体与具体规则内容的判定,而是对于他作为人类个体的语言能力的判定。

我们可以设想在人们的规则习得过程中存在着两个状态:初始状态($S_0$)与习得状态($S_L$)。$S_0$指规则习得开始前个体所处状态,而$S_L$指习得过程中人所处的部分或完全掌握规则的状态。$S_0$为人类所特有,并且普遍存在于每一个正常的人类个体中。一旦个体进入语言实践,这一状态便会在语言经验的激发下向$S_L$发展。需要注意的是,虽然人类的$S_0$相同,但由于个体所处的语言环境不同,因而$S_L$并不完全相同。例如,说不同语言的人遵守的语言使用规则并不相同;不仅如此,即便在同一种语言共同体中,由于地域、阶层、教育等因素的差异,说话者也可能会遵守某些不同的规则。

我们假设让一个不懂英文的人"听"一段美国总统的演讲,并要求他对演讲者的语言规则遵守情况做出判断。我们设想他的回答很可能是:这些话一定遵守某些规则,但我不知道它们具体是什么。在这一例中,做出判断的依据不可能是 $S_L$,而只可能是 $S_0$;也就是说,依据的不可能是判断者或演讲者所习得的具体规则内容,而只可能是演讲者作为一个人类个体所必然具备的初始状态及基于此而形成的语言能力。在此,我们十分乐意引用克里普克所扩展的"生活形式"概念(虽然总体上我们并不赞同他有关规则遵守的解读)。克里普克将其扩展的"生活形式"概念描述为"人类特有的鲜明的界限系统",这一系统"基于有限的句库便可以引导儿童依据具体情景产生无限多样的表达"[1]。很明显,$S_0$正是这样的"生活形式"。同时,由于这种"生活形式"为人类先天具有(进化选择与基因遗传),具有鲜明的理性主义先验论色彩,因而我们就称基于这种"生活形式"之上的规则遵守判定为"先验判定"。

当然,这并不是完全否认 $S_L$ 作为规则遵守与否判定依据的可能,但将涉及规则遵守判定的另一个层次——"经验判定"。经验层次的判定主要涉及具体规则与规则遵守的个体行为,因而只能发生于某一语言共同体中,甚至只能发生于一个语言共同体内某个语言社区中。

基于规则遵守判定的"先验"与"经验"二分,我们发现规则悖论的澄清得以可能。悖论本不存在,唯误解使其有了出现的可能。就规则遵守问题而言,普遍的误解在于:维特根斯坦是在先验判定的层次上谈论规则遵守,而众多研究者却在经验判定的层次上加以解读。一旦这一误解得到澄清,我们将会看到,"悖论三"属于经验判定,因为判定者与判定对象(鲁滨逊)从属于不同的语言共同体,所以并不包含任何矛盾之处;"悖论二"前半句属于经验判定,而后半句则应属于先验判定;"悖论一"并不存在,因为它并不涉及规则本身,而是旨在向我们描绘一条通向"生活世界"的路线图。

## 6.4 心灵的自然化之路

为心灵提供一种令人信服的自然化解释模式,这一任务对于当前的心灵

---

[1] S. Kripke, *Wittgenstein on Rules and Private Language*, Harvard University Press, 1982, p.97.

哲学研究来说不仅意义重大，而且十分紧迫。因为，如果没有这样一种解释模式，那么一方面，心灵或许只能永远作为未知而被归入奥秘或遁入神圣；另一方面，自然科学也会因此而无法完成对于自然世界的认知构建。

受益于自然科学的迅猛发展，对于心灵的自然化研究日益成为当代心灵哲学研究的焦点，并且先后呈现出不同的理论形态，其中具有代表性的至少包括：取消论、同一论、行为主义、功能主义、（强）物理主义、附随论、生物学的自然主义等。但遗憾的是，这些先后提出的理论也都先后陷入各自难以自拔的困境。

分析这些理论的困境，并进而为心灵的自然化研究寻找新的出路，即为本节讨论的目的。为了论述方便，我们将既往的相关理论大致分为三类：非还原论、还原论、机能论。非还原论主要指各种一元论与二元论；还原论主要涉及逻辑经验还原、物理还原与功能还原；机能论主要指身心附随理论与塞尔（J. Searle）的生物学的自然主义，它们均排斥还原。我们的论述将分为五个小部分：前三部分分别论述非还原论、还原论与机能论作为心灵自然化研究路径在理论以及方法论上所面临的困境，其中在第一部分中我们还对笛卡尔的二元本体划分进行了自然化解读；第四部分分析当前心灵自然化研究中存在的两个普遍误区；最后一部分基于乔姆斯基提出的方法论的自然主义思想，论证心灵自然化研究的可行途径。

什么是心灵的自然化？为什么不会有人提出"身体/物质的自然化"？有基本科学常识的人一般会认为在后一个问题中"身体/物质"与"自然"在概念内涵上多有重合。或者换句话说，"身体/物质"就是"自然"或至少是"自然"的组成部分。那么，接着我们面临的问题便是"心灵是否是自然的一部分"。这一问题可算作是对于前一个问题的进一步解释。

有关心灵本体地位的争论是哲学史上一个恒久的主题。对于"心灵是否存在"的直接回答构成了我们论述的第一部分。从最为简单的逻辑角度出发，回答"是"构成了二元论，回答"否"构成了一元论。

当西方世界走出中世纪的阴霾，并进一步开始思考人类何以认识世界时，哲学研究已不再是一种单纯的思考加论断的过程，它从此更加注重知识获得的基础——证据。笛卡尔是这一新的研究方法的开启者，他在与布尔曼（Burman）的一次对话中明确指出："需要注意的一点是，你不应该把太多精力用于沉思和形而上学问题上……不然,心灵离物理的和可见的事物太远了。"①笛卡尔首先是一位科学家,他是代数的奠基者之一,他发现了几何光学的基本定律,更为相关的是,他在生物学与生理学方面的努力也卓有成效。正是基于对生物与生理方面的研究,笛卡尔认定身体是一个机器,只不过其构造更加精密。但是,将人体视作机器无法解释另一些现象的存在,比如人可以思考、可以创造性地使用语言等。正是由于我们可以切身感受这些现象的存在,并且这些现象又无法用机械力学理论来加以解释,笛卡尔才不得不提出心灵实体设定。所以,可以认为,心灵实体的设定首先是笛卡尔所遵循的科学发现方法的产物,"在笛卡尔的同代人看来,他的工作与其说是先验化和演绎派的,毋宁说是一种'假言推理模式'"②。"假言推理模式"要求以经验为基础,并基于经验构建可能的解释性假说以待后续经验的进一步检验。正是基于此,我们甚至可以认为笛卡尔是试图将心灵研究纳入自然科学研究模式的第一位尝试者。

不可否认的是,笛卡尔的心灵实体设定无法获得后续经验尤其是后续自然科学研究成果的证实。面对实体二元论的困难,一些哲学家开始转而寻求一种较弱的二元论立场——属性二元论。但即便如此,属性二元论同样走不出实体二元论固有的困境:二元论立场设定了心灵(无论是实体还是属性)的非物质特质,这无法解释身心因果作用问题。

非是即否是人类逻辑认识的常态。对于心灵存在的否定构成了一元论,主要指取消主义。丘奇兰德认为:"取消主义是这样的一种主张,它认为我们关于心理现象的常识的概念是一种完全错误的理论。这种理论具有根本的缺陷:它的原则和本体都最终要被完成了的神经科学所取代,而不是被顺利地还原为这样的科学。"③同样,斯蒂奇也认为常识心理学与认知科学研究不相容,在未来的科学研究中将没有地位,只能加以取消。

---

① Descartes, *Descartes' Conversation with Burman*, (ed), trans. by J. Cottingham, Clarendon, 1976, p. 30.

② S. Gaukroger, "Descartes: Methodology, in Parkinson", G. H. R. *The Renaisance and 17th Century Rationalism*(*Routledge History of Philosophy Volume Ⅳ*), Routledge, 1993, p. 170.

③ P. M. Churchland, "Eliminative Materialism and the Propositional Attitudes", Lycan W. (ed.), *Mind and Cognition*, Blackwell, 1990, p. 206.

要反驳取消主义十分容易,但是要完全否定取消主义十分困难。至于反驳,我们只需要思考我们正在做的事情就可以了。写作时我正在陈述我的论点,而阅读时你可能正在评判我的论点。这两个过程均需要涉及我们的心灵活动,这一点应该可以确定。不仅如此,假设当某人坚持取消主义立场时,我们追问"您在坚持什么",那么无论他的回答是什么,他均会陷入逻辑上的自相矛盾:他坚持否认心智状态的存在,但他所坚持的"取消主义"理论本身却又恰是一种心智认知状态。另一方面,如果我们想要完全否定取消主义,那么可以为我们提供直接与最终证据的只能是自然科学(尤其是脑科学、神经科学等),但对于这一点当前的自然科学明显无能为力。所以,绝对的取消主义者与绝对的反取消主义者的主张均只能是论断,而且是仅基于当前自然科学发展水平的阶段性片断式论断。当前的自然科学只是为心灵的自然化研究提供了可能的方法论指导与部分论据,但如果据此便试图做出有关存在的本体论判断,那就明显是奢望了。

还原论在本节中主要指行为主义、物理还原主义、功能主义。这些理论的一个共同点是,它们均在某种程度上承认心灵现象的存在(同一论、功能主义),或至少是没有否定其存在(行为主义)。但与此同时,这些理论又坚持认为心灵现象中存在着某种非心灵的本质(non-mental essence),心灵现象只有还原成这些非心灵的本质才可以对其进行科学的研究,才可以被自然化。所不同的是各理论对于这一非心灵本质的认识不同。以"疼痛"(pain)为例,还原论持有者不是要问"什么是疼痛",而是要追问"什么是使疼痛之所以是疼痛的共同基础"。对此,"功能主义认为共同的基础是某种功能;物理主义认为是某种物质;而行为主义认为是某些行为"①。具体来说,功能主义认为"疼痛"的共同基础就是某种通常由机体损伤引起并带来呻吟与逃避等行为的内部状态;物理主义认为是 C—神经纤维的激活;行为主义则将其描述为个体龇牙咧嘴、呻吟、捂着某一部位、躲避等一系列具体行为。

一旦研究者找到了心灵现象背后所蕴藏的非心灵的共同基础,那么对于心灵的研究也就转化为对这些共同基础的研究,心灵自然化目标的实现也将不再遥远。这便是还原论的研究路径。在自然科学的研究中有着不少成功

---

① N. Block, "Introduction: What is Functionalism", *Readings in the Philosophy of Psychology*, Volume 1, Harward University Press, 1980, p.172.

还原的先例。如在热力学研究中,通过将温度等同于分子运动从而将热力学还原为经典力学;在化学研究中,通过量子力学,化合价概念被还原为物理学概念,等等。在这两个例子中,分子运动与量子力学便构成了还原得以实现的共同基础。但在以下的分析中,我们将证明,无论是以行为、物质(神经生理基础)还是以功能为共同基础,均无法实现对心灵状态的还原。

哲学行为主义深受逻辑经验主义的影响,坚持这一理论的哲学家多希望借助类似语言分析的方法将心灵现象分解为有关主体的行为倾向描述。在逻辑经验主义者看来,一个理论的内容包含在对其的陈述之中,而如果相关陈述是物理的,那么这个理论便具有了物理性质,因为这一陈述可以获得相应的证实条件。此处的证实条件最有可能成为心灵状态与物理状态的共同基础。于是,当我们发现某人正做出龇牙咧嘴、呻吟、捂着某一部位、躲避等一系列动作,并且通过细致的检查发现此人确有机体损伤时,我们便认为他正经历着"疼痛"。正是在这一意义上,亨普尔认为"所有的心理学陈述都可能转换为不包含心理学概念而只包含物理学概念的陈述,因此,心理学陈述是物理主义的陈述,心理学是物理学的一个重要部分"①。这样的分析看似有道理,但请思考:①并非所有的心灵状态都会表现为外在的行为或行为倾向;②相同的心灵状态可以表现为不同的外在行为。①与②的情况真实存在,这即表示心灵状态与外在行为并非一一对应,二者之间的这种空缺与断裂至少否定了行为主义作为一门严谨学科的可能,那么它作为心灵自然化的选择必然难以令人信服。

物理主义还原论者看到了行为主义的不足,因而在他们的还原规划中,行为作为外在表现形式被彻底摒弃,心灵状态被直接还原为个体的大脑神经生理过程。比如,同一论者就认为心灵状态与生物体内在的大脑物理状态是等同的,因为每当生物体产生感觉等心灵状态时,一定存在着与该心灵状态在时间、空间上同步的大脑神经生理过程,而这一过程就是与心灵状态"同一"的物理状态。其后戴维森提出的个例同一论虽然扩展了"同一"的内涵,但在基本的物理还原立场上并没有多少不同。

物理主义还原论试图在神经生理层面实现心灵状态与物理状态的统一,

---

① C. Hempal, "The Logical Analysis of Psychology", *Readings in the Philosophy of Psychology*, Volume 1, Harward University Press, 1980, p.18.

但这一努力的结果仍不能令人满意。感觉质(qualia)问题的提出便对其构成了最大的挑战。当内格尔(T. Nagel)问"成为蝙蝠会怎样",或当杰克逊(J. Jackson)问"走出小屋的科学家玛丽第一次看到红色时她会有什么感觉"时,明显地,我们发现大脑的神经生理基础并不能代表心灵状态的全部,至少作为心灵状态一部分的感觉质无法用纯粹的物理语言表述。于是我们发现,继行为还原之后,物理还原也同样无法建立心灵状态与物理状态之间的严格统一性。

相对于行为还原与物理还原而言,功能还原更为抽象。功能主义认为心灵状态即功能状态,心灵状态在本质上就是其因果或功能角色,即它在与感官刺激、行为反应和其他心灵状态的互相关系中所扮演的角色。将心灵状态统一于功能状态既避免了强物理还原的困境,又坚持了物理主义的基本立场。恰如福多所说,功能主义具有两个明显的优点:第一,它主张心灵状态的个例与物理状态的个例相统一,因而它与物理主义是一致的;第二,它主张同一种心灵状态可以在不同种类的物理基础上实现。但以功能为共同基础来还原心灵状态依然无法实现心灵与物质之间严格的统一性,我们完全可以设想:①相同的心灵状态可以行使不同的功能;②不同的心灵状态可以行使相同的功能;③行使功能的可能是机器,因而根本不具有心灵状态;④心灵状态事实上存在,但它却没有行使任何一项功能。这四条足以否定功能作为实现心灵还原共同基础的可能性。

否定了前两种情况(非还原论与还原论)并不意味着我们的逻辑推理就走到了尽头,相反,我们完全可以在两个极端之间求得更大的论证空间,但这同时也就表示我们将不得不面对这样一种十分复杂的局面:①承认一切存在都是物质的;②承认心灵状态的存在;③认为心灵状态不能还原为物理状态。在心灵哲学研究中,有两种观点同时符合这三个要求,即身心附随论与生物学的自然主义。因为这两者均强调心灵状态是大脑神经生理基础所引起的一种生物机能,所以我们可以将它们概括称为"机能论"。

"附随"主要指两种属性之间的某种依附关系。假使任何事物只要具有同样的属性B,那么它们就"必然"有同样的属性A,此时我们就说属性A附随"属性 B①。以此为基础,身心附随论指"生物体的心灵状态附随于它们的大脑状态之上,当且仅当它们的心理有所区别,它们的大脑就有所区别"②。附随关系强调心灵状态对于大脑状态的依赖关系,但却否认前者可以在本体论上还原为后者。附随论的提出与当代心灵哲学对世界的多层次等级结构的看法密切相关。当代唯物主义的心灵哲学家主张世界是由基本粒子组成的多层次等级结构体,而心灵状态则是在较高的生物层次实现的属性。然而,身心附随论并没有能够对心灵状态的性质与心灵状态如何依赖于大脑状态做出进一步的解释。这一不足在塞尔的生物学的自然主义理论中得到了部分弥补。

塞尔的生物学的自然主义主要包括以下四个主张:①意识状态是处在实在世界中的实在现象;②意识状态完全是由大脑中较低层次的神经生物学进程引起的;③意识状态是作为脑系统的特征而实现于脑中的,因此它们是在一个比神经元与触突更高的层次上实存的;④因为意识状态是实在世界的实在特征,所以它们是以因果方式来发挥功用的③。很明显,塞尔在身心附随论的基础上为心灵状态提供了更加明确的界定。在塞尔看来,心灵状态是由基本物质粒子构成的实在世界长期演化的产物,是一种生物学过程所引起的生物学事实,因而是一种自然过程,并且属于实在世界的一部分。同时,心灵状态的这种实在性也赋予了发挥因果功能的可能。举个简单的例子:口渴的感觉导致我们去喝水。

相对于非还原论与还原论而言,机能论只承认心灵状态作为属性而实存,这种属性虽然必须基于物质基础才能实现,但却不是必然地等同于物质基础。至于心灵状态是如何从物质基础上演化而来的,那只能交由自然科学(脑科学、神经科学等)来解释了。因而,机能论支持者似乎给我们这样一种印象(恰如当年维特根斯坦对于"不可说"的限定):心灵自然化研究的困境其实是自然科学的困境,而机能论已经是做到了哲学研究所能做到的一切。在以下的第四部分中,我们将会对这一态度进行反驳。

---

① 刘纪璐:《心灵哲学》。参见《哲学》(西方人文社科前沿述评系列,余纪元主编),中国人民大学出版社,2008年,第119页。

② J. Fodor, *Psychosemantics*, The MIT Press, 1987, p. 30.

③ J. Searle, *Mind: A Brief Introduction*, Cambridge University Press, 2004, pp. 79—80.

基于以上几个部分的论述,我们可以大致将心灵的自然化之路分为四种:①承认心灵作为实体存在;②否认其存在;③将其还原为某种非心灵的条件;④将其作为生物属性并加以描述。①和②分别表现为本体二元论与一元论,均已被否定。③曾一直占据着心灵哲学研究的核心,但从以上第二部分的分析中,我们得知目前我们尚无法为心物找到可依赖的共同基础,因此也就无法真正实现由心灵状态到物理状态的还原。相比而言,④初看起来的确没有明显的漏洞,似乎可以成为心灵自然化研究的可行路径。

仔细分析,我们会发现,④即机能论,就其自身性质而言与前三者不同:它不是一种完全的解释性理论,而更多地是侧重于对心灵状态进行描述。不可否认的是,作为一种描述,无论是身心附随论还是生物学的自然主义,均较为准确地描绘了心灵状态所表现出的基本特征及其与生理基础之间的关系。但是,机能论只是告诉我们心灵状态是由生理基础产生的,却并没有告诉我们这一产生的过程具体如何。因此,我们认为机能论只是技巧性地跨越了心灵与物理之间的鸿沟,却并没有真正地试图去填平它。在机能论的理论模式中,心灵自然化的核心论题——心灵如何获得自然科学式的解释——并没有真正被解答。

我们将要进一步反驳的不仅是机能论描述式的研究路径,更是机能论(以及以上的非还原论与还原论中的诸多理论)立论的基础。无论以上各种心灵自然化的探索是试图将心灵消除在物理之外还是将其归为某种物理条件,它们在其各自理论中均已预设了"物理"概念。而事实上,这一预设的基础并不成立,因为对于什么是"物理"并没有定论。这正是各种心灵自然化研究中的第一个普遍误区。

我们可以通过三种方式来为"物理"下定义[①]。首先,我们可以将"物理"定义为当前物理学界的共识;其次,我们可以采用否定方式将"物理"定义为"非心灵的事物";再次,我们可以将"物理"及与之相关联的"物理主义"定义为一项不断推进的研究方案。

先来看第一种,即"当前物理学界的共识"。这里有必要对这一定义进行逐词解读。首先,什么是"当前"?"当前"是一个相对概念,它不具有历时性,这也就意味着这一定义难以给定"物理"以确定内涵。物理学的发展历程告

---

① J. Ritchie, *Understanding Naturalism*, Acumen Publishing Limited, 2008, p. 154.

诉我们,"物理"的内涵是不断得以扩展的。无论是分子、原子、夸克等微观粒子被发现,还是引力、场等抽象概念被证实,"物理"概念均得到了进一步的扩展。其次,物理学虽然是自然科学中最为基础的学科,但却并不是自然科学的全部。我们知道,虽然其他学科往往只有在实现了与物理学的统一之后才能最终获得自然科学的认可,但是这并不表示在统一之前它们就一定不是"物理"的存在。再次,"共识"并不能代表"物理"概念的全部,没有形成"共识"的领域同样可能真实存在。

第一种定义过于谨慎,以至于依据这一定义,即使我们知道了有关物理的全部,我们关于外界的知识仍然十分有限。那么在这种情况下,我们又凭什么认为心灵状态一定不存在,或者一定要被归结为这种有限的物理条件呢?

给出第二种定义,我们相信实在是无奈之举,因为这一定义依赖于我们对于什么是"心灵"的认定,但这一定义有其特殊的功用。在第二部分,我们提到了内格尔与杰克逊有关感觉质的思想试验。以杰克逊的科学家玛丽为例,我们设定天才科学家玛丽知道全部有关颜色的物理知识,但我们可以设想当她第一次看到红色时,她一定会感觉到某种她已有知识之外的东西,这便是感觉质。那么此时,我们回过头来问:玛丽到底知道了多少有关颜色的物理知识才算是全部呢?对这一问题,很明显我们难以从正面直接解答。于是,我们只能从否定的角度说,全部的物理知识是指全部的有关"非心灵事物"(非感觉质)的知识。

前两个定义均隐含着这样的思想:"物理"概念并没有确切的内涵。定义一表明"物理"是一个相对性概念,定义二则表明"物理"概念是开放的。因此,我们不妨转向定义三,认为"物理"并不是一个具有确定内涵的名称,而是一个有待不断推进的研究方案。波兰特(J. Poland)认为任何可以被称为"物理"的东西必须能同时回答以下四个问题[①]:

(1)时空占有者的最基本构成是什么?
(2)这些时空占有者之间的因果关联或相互作用的本质过程如何?
(3)时空展开以及其他所有变化的相关系数是什么?

---

① J. Poland, *Physicalism: The Philosophical Foundations*, Clarendon Press, 1994, p.125.

(4) 时空自身的本质、起源与归宿是什么？

对于这些问题的回答本身即构成了一系列研究的规划，而远不是提出一个理论或明确一个概念所能做到的。不仅如此，相对于物理学的发展，波兰特的问题本身已显落后，因为根据量子力学，并非所有的变化均发生在时空之中。这即表示即便我们成功回答了波兰特的问题，这些回答也无法构成对于"物理"的最终定义。"物理"概念的内涵恰如物理学本身一样仍处在不断的发展过程中，其未来难以预料。

再次回顾以上三部分中所论述的各种心灵自然化之路，我们会发现它们所遇到的种种困境均与对"物理"概念的认识不清有关。笛卡尔将心灵设定为第二实体的原因在于他认为心灵无法在机械力学中获得解释，而且明显不同于身体。要知道在笛卡尔的年代，能获得机械力学解释的才是物理的。与笛卡尔相对，包括取消论在内的一元论者将一个没有确定内涵的事物作为论断的基础，其观点自身当然也就难以立足。还原论中，物理还原正如一元论一般不可采信。就行为还原与功能还原而言，两者均强调以可观察的物理状态或生物基础为依据，那么当"物理"概念本身内涵不明时，其说服力也就大打折扣了。以生物学的自然主义为代表的机能论者认为心灵状态真实存在，同时又认为心灵状态高于大脑的神经生物基础而存在，且不可还原为后者。这即表示，心灵状态既实存却又不是"物理"性质的实存。但我们不禁要问：何为"物理性质"的实存？在"物理"概念的内涵尚未明确之前就断定某一事物不是"物理性质的"是否过于武断了？

当"物理"概念内涵不明时，所谓的"心灵"是什么也就同样难以明确。此时，我们更应该做的是探究心灵状态（既然我们不可否认其存在）的内在运作机制，分析心灵作为一种存在形式的性质与特征，而不是在对心灵尚不了解之前就试图将其归入另一个我们同样不甚了解的概念"物理"之中，或急于实现两者的统一。这便是心灵自然化研究中的第二个普遍误区。

自然化研究的目标是寻求所研究学科与以物理学为代表的基础自然科学的最终统一。目标虽然一致，但对于不同的学科而言，实现统一的路径却很难一致。乔姆斯基认为学科统一存在着四种主要的可能：①还原；②扩展；

③整体修正;④无法统一①。①指运用物理原则将所研究学科在本体论意义上纳入到基础自然科学中去;②指对基础理论或高位理论进行修正,从而将两者统一于某一修正的原则之上;③指对所涉及的全部或大多数理论进行修改;④则暗指所研究对象可能包含认识之谜,永远无法为人类破解。

①的路径在当前自然科学水平下走不通,我们只能试着去寻求其他的可能。③并不是正常的自然科学发展路径。恰如纽拉特(Otto Neurath)的比喻:研究者是身处一只正在航行的船上的水手,虽然知道船有缺陷,但他们却不可能将船完全拆毁然后重新建造,而只能边航行边修补。④有违人们认识的初衷与不断探求的本性,因而不到最后研究者绝不会接受。

于是,②成为我们当前唯一的选择。而且,自然科学发展的历史也证实了这一路径的可行性。例如在化学的现代发展史上,研究者们曾使用原子、化合价、有机化合的结构公式以及它们之间的化合法则等来描述各种复杂物质的属性,但这在当时受到了基础自然科学的嘲笑,因为用当时的物理学物质概念无法解释这些化学实体或属性的存在。然而,分子物理学的出现修正了传统的物质概念,扩展了物质概念的内涵,从而最终实现了化学与物理学的统一。化学的发展史提示我们两点:一方面,统一的实现可能需要基础学科(物理)做出必要的修正;另一方面,统一的实现也必须要求高位学科(化学)自身相对较为成熟。

然而,对于心智研究而言,这样的两个条件当前均得不到满足。但是,我们又无法做到舍弃待统一双方(心智与物质)中的任何一方。要知道,对于心智与大脑中任一方的舍弃均意味着将另一方置于本体地位,而这却又恰恰是严谨的自然科学研究态度所不能接受的。将心智置于本体地位是明显的唯心主义;将大脑置于本体地位实际上是取消了心智存在的可能,而这又无法解释包括语言的创造性、信念、情感等在内的众多心智现象存在的事实。这也就直接导致了一个看似累赘且可能带来混乱的术语"心智/大脑"被启用。

理解"心智/大脑"概念的关键在于我们必须彻底摒弃二元论。将包括语言官能在内的心智现象归入心智实体,无疑是笛卡尔的二元论;但如果我们就此便决定将心智现象转而归入大脑或神经系统,无疑也是一种变相的笛卡

---

① J. Poland, "Chomsky's Challenge to Physicalism", L. M. Antomy and N. Hornstein (eds.), *Chomsky and His Critics*, Blackwell Publishing Ltd., 2003, p.40.

尔主义①。然而,笛卡尔是由于心智现象无法在机械力学的范围内得到解释才设定了心智实体,这对于17世纪的哲学(当时还没有出现科学与哲学的分化)来说无疑具有重大的理论意义。而当前,如果我们因为无法证实心智现象存在的具体物理基础便决定将其取消,那么我们也未免过于武断了,并可能因此而阻碍相关研究的进程。除了实体二元主义与取消主义之外,同样需要反对的还有方法论的二元论(methodological dualism)。这种二元论强调"脖子以上"问题(心智问题)不适用于自然科学研究的方法②,因为一切涉及人类知识的研究只能被限定在经验可及的范畴之内。这明显忽略了人类猜测本能(理论构建能力)的存在,因为正是基于猜测本能,人类才得以进行溯因推理,从而可能从观察到的经验事实中构建出具有解释力的理论。

摒弃二元论的认识倾向之后,我们须重新确立科学的研究态度。科学的态度要求我们"大胆假设,小心求证"。既然一方面我们的确观察到了心智现象的存在,另一方面任何的还原论在当前又是难以接受的,那么在当前的科学水平没有突破的情况下,我们只能采用"心智/大脑"这一术语,以免由于行事武断而给研究带来不必要的损害。但采用这一概念,我们必须解释以下几个问题。

首先,心智到底指什么呢?乔姆斯基指出:"在我使用'心智'、'心智表征'、'心智计算'等术语时,我是在对某些目前还几乎不为人所知的身体机制的特征进行抽象描述的层面上来说的。"③这即表示,心智是对某些身体机制特征的抽象描述,但由于对这些机制我们目前还几乎一无所知,"心智"概念具有了某种神秘性。正是对于这种神秘性的设想,使身处17世纪的笛卡尔将心智设定为物质之外的第二个独立实体,但身处20世纪的乔姆斯基不可能再对心智作任何实体性的设定。在乔姆斯基的理论中,"心智"概念没有任何本体论的含义。

其次,"心智"概念的存在有何必要?简言之,采用"心智"或"心智的表

---

① 贝内特,哈克:《神经科学的哲学基础》,张立等译,浙江大学出版社,2008年,第74页。

② N. Chomsky, *New Horizons in the Study of Language and Mind*. Foreign Language Teaching and Research Press, 2002, p.93.

③ N. Chomsky, *Knowledge of Languages: Its Nature, Origin, and Use*. Greenwood Publishing Group, 1985, p.5.

征"与"心智的计算"是为了自然科学研究中对于某些机制的特征进行描述时更加方便。这就好比早期研究者在研究中采用"引力"、"电子"、"化学"的概念一样,虽然当时这些概念并没有为自然科学研究成果所证实。

再次,"心智"概念有何特征?端尔(Georges Rey)认为既然"心智"等概念是为了方便而进行的设定,那么这些设定与有关"经度"、"纬度"的设定应十分相似[①]。端尔的理解实际上是错误的。因为,虽然同是出于方便,但有关"经度"、"纬度"的设定是以约定为基础的,具有偶然性与随意性;而"心智"、"引力"等概念的设定则是以经验事实为基础,是对未知自然机制的特征加以抽象描述时所需要的,属于经验科学,并有待于后续经验的最终验证。

## 6.5 本章小结

在作为全书主体部分的最后一章,我们希望为全书论述做一个理论上的总结。总结的本意应该是对上文论述的梳理与适度提炼,因此在本章中我们无意为吸引眼球而提出什么标新立异的论点,更无意为乔姆斯基"封赏"什么大的名号。我们所做的也就是基于以上各章的论述,客观地总结乔姆斯基都研究了什么,这些研究成果对于解决认识论问题有何意义,又是如何表现的。

乔姆斯基希望借助语言研究最终解决认识论问题。就这一研究的路径而言,弗雷格、罗素、卡尔纳普、蒯因等都可以算作是他的先行者。然而,这些前辈们却没有谁像乔姆斯基一样如此关注语言。乔姆斯基的关注源于他的信念:语言是心灵的镜子,语言(习得与运用)问题的解决将为解开心智之谜提供一把钥匙。当前,在自然科学尚无法为认识论问题提供确定性支持的情况下,关注语言研究应该是实务之举。因此,虽然解决认识之谜是乔姆斯基的最终目标,但其研究成果本身均是来自语言研究,或至多是基于语言研究之后的适度扩展。这种扩展表现为两个方面:首先,乔姆斯基会对与语言研究发现明显不符的观点加以批判;其次,乔姆斯基会在批判之后,基于语言学研究发现对同一现象(经验事实)提出更具说服力的解释性假说。

我们在本章第 2 节将乔姆斯基定位为"温和的科学主义者",主要是基于以下三个理由。第一,乔姆斯基采用的研究方法并无特别之处,"大胆假设、

---

① G. Rey, "Chomsky, Intentionality, and a CRTT", L. M. Antomy and N. Hornstein (eds.), *Chomsky and His Critics*, Blackwell Publishing Ltd., 2003, p.105.

小心求证"正是自然科学家们在研究中的基本态度。第二,乔姆斯基并没有固守自己的研究结论,他只将它们视为科学假说,事实上乔姆斯基本人亦在不断地修正着自己的观点。第三,乔姆斯基并不认为自然科学可以解决人类所面临的一切问题。他将人类面临的问题分为两类:难题与奥秘,前者是可以通过自然科学研究加以解决的,而后者则可能永远难为人类所知。至于哪些是难题、哪些是奥秘,则必须有待于研究之后才可能知道。

作为"温和的科学主义者"的乔姆斯基得出的结论也是温和的,就本章涉及的两个主要观点(语言观与本体论立场)而言均是如此。乔姆斯基在语言观上的特别之处在于他将语言与人类的其他认识能力相类比,认为语言能力的发展(语言的习得与使用)就如同视觉能力或运动能力的发展一样,是人类天赋的生理基础与外在经验共同作用的结果。这两点均是显而易见的,因为正是生理基础将人类与其他动物区分开来。同时现实中的一些悲惨的事例告诉我们(参见5.2节中"珍妮的例子"),如果没有语言经验的参与,儿童也不可能习得语言。当然乔姆斯基的贡献不仅在于他说出了这些明显的事实,更在于他从这些事实出发,尝试以开放的自然科学态度推进了相关研究的进展。乔姆斯基在本体论问题上实际所持有的立场同样是温和的、开放的。他在这一问题研究上的贡献,与其说是论证了什么存在、什么不存在,倒不如说是批判了论断本身。当前的自然科学研究成果还不足以证实任何一个有关"何物存在"的一般论断,在此之前保持一个开放的心态对于科学研究而言是十分必要的。

当然,我们不可能期望乔姆斯基为认识之谜提供最终的答案。实际上不要说解开认识之谜,就连有助于解开这一谜底的钥匙——语言学研究——乔姆斯基也没有打造完成。但是,这不是乔姆斯基个人的责任,这本就是自然科学发展的必经道路。要知道,在自然科学发展的历程中,更多的时候,走在正确的道路上(即便成就甚微)要比强硬地下一个论断更为有益。

最后需要指出的是,本章中我们仅从语言观与本体论两个角度总结了乔姆斯基的理论贡献。我们相信乔姆斯基的理论贡献肯定不止于此。同时,在理论运用上,我们也仅在这两个方面各举了一例加以说明,同样这肯定也不是运用范围的全部。

# 第7章

# 结论

我们不妨将以上几章分别定位为理论渊源（第2章）、理论核心（第3、4章）、理论特点（第5章）、理论的价值与应用（第6章）。单就一本书而言，论证体系已经较为完整了，因此进入结论部分也合乎情理。然而，这只是本章的写作目的之一。实际上在以上的各章中均已加入了"本章小结"，分别对该章的理论要点与可能引起的不解或误解加以了澄清。不仅如此，在第6章中，我们也已从语言观与本体论两个角度对乔姆斯基语言哲学思想的认识论意义做出了总结，也勉强可算是全书的"高潮"部分。所以，本章虽然名为结论，但我们却不打算仅重复性地总结以上各章研究所得，因为在我们看来研究之后的推进式思考对于研究本身而言同样重要。以下将非常简洁地总结乔姆斯基的三个头衔——哲学家、科学家、政治评论家，并解释它们之间的共通之处。

乔姆斯基已经拥有足够多的头衔，与本书最为相关的一个应该是哲学家。哲学家的头衔可以再一分为二：理性主义者与自然主义者。前者是乔姆斯基一再强调的，也同时代表了其理论的基本形态；后者则基于乔姆斯基语言学与认识论的研究路径，也是对其理论自然科学化的一种肯定。乔姆斯基以复兴传统理性主义为己任。所谓"复兴"包含两层含义：其一为恢复，其二是发扬。然而，即便是从笛卡尔的时代算起，理性主义至今也已有近400年的历史，所以无论是恢复还是发扬，其内容均应与人类认识实践的新发展相一致，或至少不能与这400年间新的实践成果相违背。据此来看，乔姆斯基复兴的只可能是传统理性主义之中依然有价值的部分。认识了这一点，我们也就可以避免将乔姆斯基的理论与传统理性主义简单相连的错误。那么乔姆斯基恢复了什么，又发扬了什么呢？首先来看恢复。乔姆斯基恢复了传统理性主义"天赋观念"式的思维视角与内在构建式的方法原则。"天赋观念"式的思维视角指在经验之外为人类的认识找寻根源，这是理性主义的一个基本主张:对于认识而言,经验本身是不够的(甚至是不可靠的)。内在构建式的方法原则指充分发挥人类理性能力对知识进行大胆猜测、细致演绎、小心求证。在这样一个过程中,人类内在的理性而非外在的经验起着主导作用。肯定有人会质疑这两点的科学性,这就要求我们注意到乔姆斯基对理性主义发扬的一面。乔姆斯基将"天赋"的主体限定为人类进化而来的生理基础(基因),将经验视作理性能力应用的起点与最终结果的检验依据。通过这两个限定,他不仅避免了"知识天(上帝)赋"的荒谬,同时也避免了理论形成过程中主观性的膨胀。引入"进化"、"基因"这些概念,并不会令乔姆斯基在理性主义发展史上显得另类,因为笛卡尔也曾论述过"折光"、"解剖",康德曾论述过"星云"、"器官"等。实际上历史上伟大的理性主义者多数也同时兼是(甚至首先是)伟大的科学家。从这个角度来说,笛卡尔与康德也是某种程度上的自然主义者。

语言研究为乔姆斯基提供了深入了解人类本质的钥匙。利用这把钥匙,乔姆斯基最终要打开的是人类知识殿堂的大门。由点及面,由个别见整体,这既表明了人类认识的互通性,同时也是人类认识世界的必由之路。相比于笛卡尔谈心智、休谟谈人性、康德谈道德、牛顿谈上帝、罗素谈和平,乔姆斯基谈及认识与自由并没有什么越位之处,这也就难怪有国内媒体将乔姆斯基2010年来华与上世纪初的杜威与罗素来华相提并论。

与诸位先贤尤其是笛卡尔、康德相比,乔姆斯基的优势在于:①由于生于后世,乔姆斯基享有更多的自然科学研究成果;②乔姆斯基对自然科学研究方法的运用更加自觉。①无需说明。就②而言,乔姆斯基放弃了笛卡尔对于万能上帝的依赖,也放弃了康德对于"物自体"的本体设定。在他看来,自然科学研究是通往一切认识结论的唯一路径。而在自然科学有所发现之前,人们虽然可以运用理性能力对世界做出猜测、提出假说以推进研究进展,但在此过程中任何无端的超自然信仰或本体论设定都是无益的。显然,乔姆斯基在自然化的道路上走得更远,他对自然科学研究方法与成果的运用也更加自觉、更加彻底。如果说对理性主义的复兴使乔姆斯基荣登"哲学家"殿堂的话,那么对于传统理性主义的自然化改造则同时赋予了乔姆斯基"科学家"的身份。美国《科学》杂志的评选或许可以部分佐证这一点:依据该杂志的评选,乔姆斯基是20世纪全世界前10位最伟大的科学家,并且是其中唯一的在世者。

乔姆斯基的科学发现以语言研究为基础，但并不仅限于此，他的研究成果惠及心理学、脑科学、认识科学、生物学、计算机科学、机器翻译等。本书关注作为"科学家"的乔姆斯基一方面基于这些具体研究成果，另一方面更是基于他的科学态度与研究方法。具体来说，这种态度与方法可以从以下三个方面加以理解：首先，以经验与科学研究成果为依据，但不满足于此；其次，在科学研究过程中，不做任何先入为主的论断；最后，既要勇于实践，又需保持一种谦虚、谨慎的态度。先看第一点。皮尔士认为归纳与演绎均无法带来新认识，因此要引入溯因推理。溯因推理的核心是基于经验或事实对现象/事物的本质进行大胆假设，并不断将新的研究成果交付后续经验进行检验。这种研究方法与经验主义的根本区别在于它敢于在经验的基础上跳出经验。这么做的好处在于它不仅充分发挥了人类理性的力量，同时也避免了经验主义亦步亦趋的还原式研究路径。当然，跳出经验并不表示可以随意猜想，这其中还有一点限制，即人类进化而来的理性思维能力。这一限制基于人类的生理基础，所以它是天赋的。再看第二点。自然进化赋予了我们基于经验"猜测"本质的理性能力，这是一种普惠的能力，任何智力正常的人类个体均可以恰当运用。但"可以"并不等于"必然"，构成这一理性能力恰当运用的最大障碍是在认识世界过程中"先入为主"式的论断。经验主义者犯了这一错误，因为他们在认识世界之前就先行断言"经验是知识的唯一来源"；物理主义者犯了这一错误，因为他们在尚没有获得一个完整的"物质"概念之前就先行认定了心智不存在；笛卡尔和康德也部分地犯了相似的错误，因为笛卡尔虽然恰当地提出（而非假定）了"心智"概念但却武断地赋予了其本体地位，康德虽然恰当地提出人类认识结构但却对其来源讳莫如深。在这一方面，乔姆斯基对于"大脑/心智"概念的运用无疑具有启发性，这同时也提醒我们在科学研究中应该正确对待宗教信仰。对此，英国生物学家、无神论者道金斯（Richard Dawkins）在与美国生物学家、基督教徒柯林斯（Francis S. Collins）论辩时有过精彩的论述[①]，他认为正是因为将一切自然界难以解释的现象都归为上帝创造的奇迹，才关闭了研究之门："一旦你陷入信仰的立场，你突然就会发现自己失去了所有自然主义的怀疑论及其科学的可信度"，因此"所需要的只是研究，但猛然间端出个答案说就是上帝，这就等于终

---

① 在2006年9月，两人在纽约的《时代》周刊办公室就科学与宗教的关系问题进行了一场面对面的辩论。

止了讨论"①。最后来看第三点。乔姆斯基的一生都是一个实践者:在语言研究上,他提出并不断地改进着自己的设想;在社会生活中,他勇于对抗主流媒体,揭示真相,争取民权与自由,终成美国社会"永远的异见者"。然而,乔姆斯基并非是一个极端的科学主义者,他并不认为科学就一定可解释或解决一切人类问题,尤其是一些涉及人性的问题②。乔姆斯基将认识问题分为两类:一类是"问题"(problem),一类是"谜"(mystery)。"问题"是可以通过科学研究来解决的,但"谜"可能涉及人类的认识局限,对此人类永远无法认识。但是,乔姆斯基认为,在人类还没有确定什么是"认识之谜"之前,唯一能做的应该是把一切都当作是"问题"来加以研究,绝不轻易放弃。这既体现了他作为科学家的谨慎、执著,同时也表明了他对于自然的敬畏。

除了哲学家与科学家之外,乔姆斯基的另一个称谓更是无可争议——政治评论家。在本书之前的各章中,我们已经论证了乔姆斯基哲学家与科学家的身份均是基于他的语言学研究。现在的问题是:乔姆斯基作为政治评论家的身份与其语言学研究是否相关联呢?回答是肯定的。乔姆斯基本人明确地说:"我的语言学研究和思想启发了我对社会和政治问题的思考,即在人类本质这个核心概念的深层和抽象层面上,人类拥有争取自由和摆脱外部压迫与控制的需求。"③

对于问题的本质可能存在着许多误解,这其中就包括一些看似是常识性的认识。对于语言,常识性的理解认为它是因交际需要而产生的,并且作为一种社会共识存在,同时儿童对于母语的掌握是学习的结果。但严谨的科学研究发现,以上认识可能并不正确(具体参见本书以上各章中的论述)。同样,对于生活在"民主"社会中的人们来说,因为他们常可以"自由"地投票选择自己的领导人、"自由"地接收各种信息并做出判断、"自由"地参与市场经济竞争等,所以常识的理解是他们是"自由"的。然而,乔姆斯基指出,这些均只是社会的表象。恰如他在语言学研究中的表现一样,乔姆斯基又一次革命

---

① 转引自陈蓉霞"一场科学与宗教信仰间的精彩对话——述评道金斯与柯林斯的辩论",《科学文化评论》,2007年第2期,第55—56页。

② 在这一点上,道金斯与威尔逊(Edward O. Wilson,主张基因决定人性,甚至决定人的行为)走得更远。

③ Noam Chomsky, *Language and Politics*, (edited by Carlos P. Otero), *Black Rose Books*, 1998, pp. 696—697.

性地颠覆了人们的认识。

生成语言学主张人生来具有语言官能,语言官能在适当外在经验的刺激下自发生长。儿童语言习得是一个在语言经验激发下的机能自发成熟过程,这一过程并不需要成人的指导或训练。因此,语言既是社会现象,更是自然现象,这便是语言的本质。这一本质要求我们不要无故干预儿童语言的"生长"过程,因为任何有违自然本性的干预均只会妨碍语言能力的充分发展。同样,人在本质上是自由的,追求自由是人类的本能。有史以来,正是对于自由权的关注引导人类不断打破各种枷锁,奴隶制的废除、封建反抗、妇女解放运动、第三世界的崛起等都是其具体表现。

虽然乔姆斯基对于人类追求自由的努力与成果持乐观态度,但在"民主"的外衣下,自由遇到了新的威胁。自由本是一项"自适"的权利,但在包括美国在内的西方民主国家,它却变成了一种"律他"的权力。美国常常会借"自由"、"民主"之名,干涉他国内政,如制裁古巴、伊朗,入侵伊拉克、利比亚,指责中国人权状况等。自由受到的威胁也同样表现在美国国内。乔姆斯基指出,为了美化其对外政策,博得选民的支持,美国政府在国内利用各种宣传工具,大肆进行选择性的报告与明显有倾向性的评论,以此来暗示其行为的合理性,从而有效地控制人们的思想,避免人们发挥本能进行独立思考,并最终形成"没有同意的同意"。美国向来标榜其新闻媒介是建立在一个民主社会的多元理论与自由机制上的,那么它又是如何实现利用媒介对国民进行思想控制的呢?乔姆斯基通过对美国新自由主义的剖析为我们提供了解释。新自由主义取消了众多政府对媒体的直接监管,但与此同时私有化、商业化的媒体发展模式却为信息传播强加了另一道杠杆——经济实力。随着媒体发展私有化、商业化的日益加剧,新闻媒介逐渐集中到了拥有大量财富的少数人手中。对于普通人而言,信息传播的途径在不断减少,费用却愈发提高。渐渐地,普通民众很难参与信息传播,他们多只能沦为信息的接收者。乔姆斯基称之为"有自由而无机会"。在美国式宣传模式之中,国家通过与媒体的结合实现了对信息传播的"操控",不断地人为"制造共识",有效地实现了对国民思想的控制。很显然,这是对人类自由权利的压制,是对人权与人类本能的扭曲。乔姆斯基的这一态度有助于我们进一步理解他反行为主义的立场。行为主义宣扬"刺激—反应—强化"的习得模式,如果它获得广泛认可,也就意味着通过观察和操作说话者的物理环境来预见和控制其语言行为成为可能,那么统治者便会以此为借口,否认人类自由、创造性等本质属性的存在,并基于行为训练名正言顺地对公众加以操控。乔姆斯基不无担心同时又不乏讽刺地说,每个优秀的狱警和负责审讯的警察都知道这一方法论所暗含的意义,但是他们将其粉饰,使之看起来既仁慈又科学,所以这对他们非常有价值。

乔姆斯基一生关注的是两个基本问题:①我们是如何在证据如此之少的情况下知道得如此之多?②我们为何在证据如此丰富的情况下却了解得如此有限?前一个问题被称为"柏拉图的问题",它是一个语言学问题,同时也是认识论的基本问题。乔姆斯基通过复兴理性主义尝试对其做出了解答。后一个问题被称为"奥威尔的问题"(Orwell's Problem)[1],它是一个政治问题,乔姆斯基借此充分表明了民主外衣下政府利用新闻媒介对人们的思想控制。这两个问题的不同之处在于,基于当前的自然科学发展水平,①已经可以被纳入到自然科学的研究范围并以语言学研究为突破口加以探讨,而②却不行,因为很多时候对于自由的追求仅能以政治斗争的形式出现。但这两个问题却是相通的,它们的最终解决均需依赖于人类本质与潜能的充分发挥。为此,乔姆斯基提出了"理想社会"的设想。乔姆斯基的"理想社会"不依赖于任何空洞的政治纲领,而是完全依赖于人类的本质,它以自由互助为基础,以人类潜能的充分发挥为目标。乔姆斯基指出:"对人的本质和需求持这样一种观点,人们就能思考一种社会组织形式。这种形式允许每个人,不论他拥有哪方面的潜力,都能得到自由充分的发展,从而使他成为一个拥有最大限度的自由和主动性的完整的人。"[2]"理想社会"建立的首要前提便是政府必须减少对个体发展的干涉。因此,在这一理想指引下,享有一定社会地位与社会话语权的知识分子应该敢于承担社会责任,成为真理的"催化剂",而不是"世俗传教士"。

---

[1] 奥威尔是一位作家,也是一位政治活动家,他同情并支持社会主义运动。他的小说《向加泰罗尼亚致敬》、《动物农庄》等对乔姆斯基的政治立场影响很大。在其代表作《一九八四》中,奥威尔设想了一种新的人工语言——"新语"。这种语言以英语为基础,但大量词汇及文法被简化、取代或取消,从而削弱人们用不同方式表达意见的能力,让人们不需在语言上作深入思考,从而达到控制和消灭思想的目的。

[2] 转自文芳、王瀚东《控制的"宣传模式"与自由的"理想社会"》,《理论月刊》,2011年第10期,第66页。

# 参考文献

Antony, L. M. & Hornstein N., *Chomsky and His Critics*[C]. Blackwell Publishing Ltd., 2003.

Baldwin, T. R., "Two Types of Naturalism", *British Academy Proceedings of the British Academy* 80[C]. Oxford University Press, 1993.

Bellitti, A. (ed.) *Stucture and Beyond: the Cartography of Syntactic Structures*[C], Volume 3. Oxford University Press, 2004.

Block, N. "Introduction: What is Functionalism", *Readings in the Philosophy of Psychology*[C], Volume 1. Harvard University Press, 1980.

Boechx, C. *Linguistic Minimalism: Origins, Concepts, Methods and Aims*[M]. Oxford University Press, 2006.

Bracken, H. "Chomsky's Variations on a Theme by Descartes"[J], *Journal of the History of Philosophy*, 1970.

Bunnin, N. & Yu Jiyuan, *Blackwell Dictionary of Western Philosophy*[Z]. Blackwell Publishing, 2004.

Carnap, R. *The Logical Structure of the World: Pseudo Problems in Philosophy*[M]. Trans. By R. A. George Routledge & Kegan Paul, 1967.

Chomsky, N. "Systems of Syntactic Analysis"[J], *The Journal of Symbolic Logic*, 1953.

Chomsky, N. "Review of Skinner"[J], *Language*, 1957 (35).

Chomsky, N. *Syntactic Structures*[M]. Mouton & Co., The Hague, 1957.

Chomsky, N. *Aspects of Theory of Syntax*[M]. MIT Press, 1965.

Chomsky, N. *Cartesian Linguistics*[M]. Harper & Row, 1966.

Chomsky, N. *Language and Mind* (first edtition) [M]. Harcourt Brace, 1968.

Chomsky, N. "Comments and Criticism: What the Linguist Is Talking about"[J], *Journal of Philosophy*, 1974.

Chomsky, N. *Reflections on Language*[M], Pantheon, 1975.

Chomsky, N. *The Logical Structure of Linguistics Theory*[M]. MIT Press, 1975.

Chomsky, N. "On Innateness: A Reply to Cooper"[J], *The Philosophical Review*, 1975.

Chomsky, N. *Language and Responsibility*[M]. Pantheon, 1977.

Chomsky, N. *Rules and Representatives*[M]. Bail Blackwell Publisher Ltd., 1980.

Chomsky, N. "On Cognitive Structures and Their Development: A Reply to Piaget"[A], Piatelli—Palmerini, M. (ed.), *Language and Learning*[C]. Harvard University Press, 1980.

Chomsky, N. *Lectures on Government and Binding*[M]. Foris, 1981.

Chomsky, N. *The Generative Enterprise: A Discussion with Riny Hugbredgts and Henk Van Riemsdijk*[M]. Foris, 1982.

Chomsky, N. *Knowledge of Language: Its Nature, Origin, and Use*[M]. Greenwood, 1985.

Churchland, P. M. "Eliminative Materialism and the Propositional Attitudes", *Mind and Cognition*[C]. Blackwell Publishing, 1990.

Chomsky, N. *Language and Problems of Knowledge: The Managua Lectures*[M]. MIT Press, 1988.

Chomsky, N. *Language and Thought*[M]. Moyer Bell, 1993.

Chomsky, N. "Language and Nature"[J], *Mind*, New Series, 1995.

Chomsky, N. *The Minimalist Program*[M]. MIT Press, 1995.

Chomsky, N. *Minimalist Inquiries: the Framework*[M]. MIT Press, 1998.

Chomsky, N. *Language and Politics*[C], (edited by Carlos P. Otero),

Black Rose Books, 1998.

Chomsky, N. *New Horizons in the Study of Language and Mind* [M]. Foreign Language Teaching and Research Press, 2002.

Chomsky, N. "On Nature and Language" [J]. Cambridge University Press, 2002.

Chomsky, N. "Beyond Explanatory Adequacy" [A], *Adriana Bellitti Stucture and Beyond: the Cartography of Syntactic Structures* [C]. Oxford University Press, 2004.

Chomsky, N. "Three Factors in Language Design" [J], *Linguistic Inquiry*, 2005.

Chomsky, N. *Language and Mind* (3rd Edtition) [M], Cambridge University Press, 2006.

D'Agostino, F. *Chomsky's System of Ideas* [M]. Oxford University Press, 1986.

Descartes. *The philosophical Works of Descartes* [M], Rendered into English By Elizabeth S. Haldane and G. R. Ross. Cambridge University Press, 1973.

Descartes, *Descartes' Conversation with Burman* [M], (ed.), trans. by J. Cottingham. Clarendon, 1976.

Flavell, J. Miller, P. H. & Miller S. A. *Cognitive development* (Fourth Edition) [M]. Prentice Hall, Inc, 2001.

Fodor, J. *Psychosemantics* [M]. MIT Press, 1987.

George, A. "Whence and Whither the Debate Between Quine and Chomsky" [J], *The Journal of Phylosophy*, 1980.

Goodman, N. "On the Simplicity of Ideas" [J], *The Journal of Symbolic Logic*, 1943.

Haley M. C & R. F. Lunsford. *Noam Chomsky* [M]. Twayne, 1994.

Hanson, N. R. *Patterns of Discovery* [M]. Cambridge University Press, 1958.

Harman G. (ed.) *On Norm Chomsky: Critical Essays* [C]. University of Massachusetts Press, 1974.

Harman, G. "Review of Chomsky: New Horizons in the Study of Language and Mind"[J], *The Journal of Philosophy*, 2001.

Hauser, M. D., Chomsky, N. & Fitch, T. "The Faculty of Language: What Is It, Who Has It, and How Did It Evolve"[J], *Science*, 2002.

Heitner, R. M. "An Odd Couple: Chomsky and Quine on Reducing the Phoneme"[J], *Language Sciences*, 2005.

Hempal, C. The Logical Analysis of Psychology, *Readings in the Philosophy of Psychology*, [C]. Volume 1. Harvard University Press, 1980.

Kripke, S. *Wittgenstein on Rules and Private Langauage*[M]. Harvard University Press, 1982.

Parkinson G. H. R. & Shanker S. G. (eds.). *Routledge History of Philosophy (Volume IV)*[C]. Routledge, 1993.

Peirce, C. S. *Collected Papers of Charles Sanders Peirce*, Vol. V [M], (ed.), by Charles Hartshorne and Paul. Harvard University Press, 1998.

Pinker, S. & Jackendoff, R. "The Faculty of Language: What's Special about It?"[J]. *Cognition*, 2005.

Poland, J. *Physicalism: The Philosophical Foundations* [M] Clarendon Press, 1994.

Quine, W. V. "Replies (to Chomsky)"[J], *Synthese*, 1986—1987(19).

Quine, W. V. *Pursuit of Truth*[M]. Harvard University Press, 1990.

Quine, W. V. "Structure and Nature"[J], *The Journal of Philosophy*, 1992, Vol. 89.

Ritchie, J. *Understanding Naturalism* [M]. Acumen Publishing Limited, 2008.

Sauerland, U. & Gartner, H. (eds.) *Interfaces + Recursion = Language* [C]. Mouton de Gruyter, 2007.

Searle, J. *Mind, Language and Society*[M]. Basic Books, 1999.

Searle, J. *Mind: A Brief Introduction* [M]. Cambridge University Press, 2004.

Smith, N. *Chomsky: Ideas and Ideals*[M]. Cambridge Universtiy Press, 2004.

Sosa, E. & Kim, J. (eds.), *Epistemology: An Anthology*[C]. Blackwell Publishing, 2000.

Stich, S. P. "Between Chomskian Rationalism and Popperian Empiricism"[J], *The British Journal for the Philosophy of Science*, 1979.

Stich, S. *From Folk Psychology to Cognitive Science*[M]. MIT Press, 1983.

Tomalin, M. "Goodman, Quine, and Chomsky: from a Grammatical Point of View"[J], *Lingua*, 2003.

Tomalin, M. *Linguistics and the Formal Sciences: The Origins of Generative Grammar*[M]. Cambridge University Press, 2006.

阿尔诺·安托尼,朗斯洛·克洛德:《普遍唯理语法》,张学斌译,湖南教育出版社,2001。

北大哲学系:《16—18世纪西欧各国哲学》,北大哲学系编译,商务印书馆,1975。

贝内特,哈克:《神经科学的哲学基础》,张立等译,浙江大学出版社,2008。

陈波:《蒯因哲学研究》,三联书店,1998。

陈波:《分析哲学:回顾与反省》,四川教育出版社,2001。

陈波,韩林合:《逻辑与语言:分析哲学经典文选》,东方出版社,2005。

陈嘉明:《实在、心灵与信念:当代美国哲学概论》,人民出版社,2005。

陈嘉映:《语言哲学》,北京大学出版社,2003。

陈蓉霞:《一场科学与宗教信仰间的精彩对话——述评道金斯与柯林斯的辩论》,《科学文化评论》,2007。

笛卡尔:《第一哲学沉思集》,庞景仁译,商务印书馆,1986。

达米特:《分析哲学的起源》,王路译,上海译文出版社,2005。

邓晓芒:《康德哲学诸问题》,三联书店,2006。

邓晓芒:《哲学名家对谈录:英美分析哲学PK欧洲大陆哲学》,湖南教育出版社,2007。

冯俊:《开启理性之门:笛卡尔哲学研究》,中国人民大学出版社,2005。

弗朗西斯·培根:《新工具》,许宝骙译,商务印书馆,1984。

高新民,储昭华:《心灵哲学》,商务印书馆,2002。

高新民:《意向性理论的当代发展》,中国社会科学出版社,2008。

高新民,沈学君:《现代西方心灵哲学》,华中师范大学出版社,2010。

贺川生:《乔姆斯基语言天赋思想的皮尔士哲学根源:溯因逻辑》,《当代语言学》,2004。

哈勒:《新实证主义——维也纳学派哲学史导论》,韩林合译,商务印书馆,1998。

何兆熊,梅德明:《现代语言学》,外语教学与研究出版社,1999。

江怡:《分析哲学教程》,北京大学出版社,2009。

江怡:《当代西方哲学演变史》,人民出版社,2009。

马蒂尼奇:《语言哲学》,商务印书馆,2004。

《马克思恩格斯选集(第4卷)》,人民出版社,1972。

马亮:《卡尔纳普意义理论》,社会科学文献出版社,2006。

卡尔-奥托·阿佩尔:《哲学的改造》,孙周兴、陆兴华译,上海译文出版社,2005。

卡茨J.J.:《意义的形而上学》,苏德超、张离海译,上海译文出版社,2010。

康德:《未来形而上学导论》,庞景仁译,商务印书馆,1978。

康德:《纯粹理性批判》,邓晓芒译,人民出版社,2004。

卡罗尔·D.W.:《语言心理学》,缪小春等译,华东师范大学出版社,2007。

克拉夫特:《维也纳学派》,李步楼等译,商务印书馆,1998。

科尼利斯·瓦尔:《皮尔士》,郝长墀译,中华书局,2003。

凯特纳,K.L.:《查尔斯桑德斯皮尔士:科学家而非哲学家》,张留华译,《世界哲学》,2005。

蒯因:《蒯因著作集(1—6卷)》,涂纪亮、陈波主编,中国人民大学出版社,2007。

刘放桐:《新编现代西方哲学》,人民出版社,2000。

洛克:《人类解释论》,关文运译,商务印书馆,1959。

郦全民:《用计算的观点看世界》,中山大学出版社,2009。

罗姆·哈瑞:《认知科学哲学导论》,上海科技教育出版社,2006。

罗素:《我们关于外在世界的知识》,任晓明译,东方出版社,1992。

罗素:《逻辑与知识》,苑莉均译,商务印书馆,1996。

李小兵:《古德曼的现代唯名论》,《北京社会科学》,1996。

李侠:《自然主义与自然化的认识论》,复旦大学博士后研究工作报告,2005。

尼古拉斯·布宁,余纪元:《西方哲学英汉对照辞典》,王柯平、江怡等译,北京:人民出版社,2001。

纽迈尔:《乔姆斯基语言哲学述略》,柯飞译,《福建外语》,1998。

奥特弗里德·赫费:《康德——生平、著作与影响》,郑伊倩译,人民出版社,2007。

皮埃尔·弗雷德里斯著:《勒内·笛卡尔先生在他的时代》,管震湖译,商务印书馆,1997。

帕金森 G. H. R.《文艺复兴和 17 世纪理性主义》,中国人民大学出版社,2009。

钱捷:《溯因推理:笛卡尔、康德和皮尔士》,《哲学研究》,2003。

齐良骥:《康德的知识学》,商务印书馆,2000。

乔姆斯基:《乔姆斯基语言哲学文选》,徐烈炯等译,商务印书馆,1992。

乔姆斯基:《如何看待今天的生物语言学方案》,司富珍译,《语言科学》,2010。

苏德超:《哲学、语言与生活——论维特根斯坦的语言哲学》,湖南教育出版社,2010。

斯迪芬·平克:《语言本能:探索人类语言进化的奥秘》,洪兰译,汕头大学出版社,2004。

约翰·塞尔:《心、脑与科学》,上海译文出版社,2006。

约翰·塞尔:《社会实在的建构》,上海世纪出版集团,2008。

约翰·塞尔:《意识的奥秘》,南京大学出版社,2009。

石毓智:《认知能力与语言学理论》,学林出版社,2008。

涂纪亮:《分析哲学及其在美国的发展》,中国社会科学出版社,1987。

涂纪亮:《当代西方著名哲学家评传(第一卷语言哲学)》,山东人民出版社,1996。

涂纪亮:《现代西方语言哲学比较研究》,中国社会科学出版社,1996。

田平:《自然化的心灵》,湖南教育出版社,2000。

唐孝威:《脑与心智》,浙江大学出版社,2008。

唐孝威:《心智的无意识活动》,浙江大学出版社,2008。

沃尔夫冈·斯波里奇:《乔姆斯基》,何宏华译,北京大学出版社,2010。

文芳,王瀚东:《控制的"宣传模式"与自由的"理想社会"》,《理论月刊》,2011。

吴刚:《生成语法研究》,上海外语教育出版社,2006。

吴刚:《伽利略—牛顿风格与生成语法研究》,《自然辩证法通讯》,2006。

王路:《走进分析哲学》,中国人民大学出版社,2009。

维特根斯坦:《哲学研究》,李步楼译,商务印书馆,1996。

魏屹东:《认知科学哲学问题研究》,科学出版社,2008。

徐慈华,李恒威:《溯因推理与科学隐喻》,《哲学研究》,2009。

夏国军:《蒯因自然化认识论研究》,人民出版社,2009。

徐友渔:《关于遵守规则和私人语言的研究》,《哲学动态》,1992。

余纪元,张志伟:《哲学》(西方人文社科前沿述评),中国人民大学出版社,2008。

张庆熊,周林东:《二十世纪英美哲学》,人民出版社,2005。

周允程:《乔姆斯基对经验主义分析哲学传统的超越》,《清华大学学报》,2008。

http://www.uea.ac.uk/~j108/chomsky.htm

http://plato.stanford.edu/

http://baike.baidu.com/view/1511.htm

# 后 记

我的本科专业是英语，硕士阶段的研究方向是外国语言学与应用语言学，博士专业是外国哲学。在我一直以来的学习与思考中，有一个问题并没有随着专业的改变而消失，反而愈加凸显，迫切需要得到合理的解答。这一问题便是：语言如何帮助我们认识世界并从中反思自我？对于这一问题，语言学家总是回答得太过细微，哲学家又总是回答得太过抽象。直到我读到了乔姆斯基，这一问题的答案似乎才渐趋明朗。沿着这一线索，从硕士阶段开始，十余年来，我收集并阅读了乔姆斯基几乎所有的论著（几十本书、百余篇论文），分析了他与主要"论敌"（包括当代大部分语言学家与认识论哲学家）的论辩，一个体系性的认识在脑中逐渐形成，并最终表现在这本书中。

本书的写作分为两部分：主体部分是我的博士论文写作，另一部分是之后不断的修改、充实。博士论文在送审与答辩环节均获得了本领域专家的高度评价，对此我甚感欣慰，但专家们在提出表扬的同时给出的批评之声也同样震耳。在后续与多位专家不断的沟通中，我依然极力自辩，但随着交流的深入，自辩渐渐转变为反思。专家的建议与自己的反思构成了本书修改的主线。

遗憾的是，本书只部分回答了第一段中问题的前半部分，即语言如何帮助我们认识世界；对于问题的后半部分——语言如何帮助我们反思自我——只是在最后一章中作为本书内容的扩展简单论及，未作细致处理。